Geschlecht und Altern

Cornelia Brunnauer • Gabriele Hörl
Ingrid Schmutzhart (Hrsg.)

Geschlecht und Altern

Interdisziplinäre Betrachtungen

 Springer VS

Herausgeber
Cornelia Brunnauer
Universität Salzburg, Österreich

Ingrid Schmutzhart
Universität Salzburg, Österreich

Gabriele Hörl
Universität Salzburg, Österreich

Unterstützt von der Abteilung Kultur, Bildung und Wissen der Stadt Salzburg, Magistrat

ISBN 978-3-658-04816-7   ISBN 978-3-658-04817-4 (eBook)
DOI 10.1007/978-3-658-04817-4

Die Deutsche Nationalbibliothek verzeichnet diese Publikation in der Deutschen Nationalbibliografie; detaillierte bibliografische Daten sind im Internet über http://dnb.d-nb.de abrufbar.

Springer VS

Gedruckt auf säurefreiem und chlorfrei gebleichtem Papier

Springer Fachmedien Wiesbaden ist Teil der Fachverlagsgruppe Springer Science+Business Media
(www.springer.com)

Inhaltsverzeichnis

Einleitung

Gabriele Hörl, Cornelia Brunnauer, Ingrid Schmutzhart

Das „Alter(n)" ist als aktuelle Thematik in der breiten Öffentlichkeit wahrnehmbar. Es sind Begrifflichkeiten wie alternde Gesellschaft, Überalterung, demographischer Wandel, Finanzierung des Pensionssystems, Steigerung der Lebenserwartung, Agilität im Alter oder „Best Agers" im öffentlichen Diskurs dominant. Denn je älter Menschen werden, desto mehr gewinnt das Thema „Alter(n)" an Bedeutung. Gleichzeitig ist es ein gesamtgesellschaftliches, generationenübergreifendes Thema. Problemstellungen wie die Ausgrenzung in der Arbeitswelt aufgrund des Alters, der Erhalt der Jugendlichkeit oder die Betreuung von älteren und pflegebedürftigen Menschen beschäftigen uns privat wie politisch oder wirtschaftlich.

Diese Publikation möchte in der Auseinandersetzung mit dem Thema „Geschlecht und Alter(n)" den Diskursen mit der Kategorie Geschlecht eine wesentliche Dimension hinzufügen. Aus geschlechtersensibler Perspektive soll der Prozess des Lebensfortschrittes mit besonderem Fokus auf „das Alter" beleuchtet werden.

Die Auseinandersetzung mit dem Thema *Alter* erfolgt nicht erst in jüngster Zeit, sondern bereits bedeutende Philosophen wie Platon oder Cicero beschäftigten sich eingehend mit diesem Begriff. „The inaudible and noiseless foot of time" (nach Shakespeare: der unhörbare und geräuschlose Schritt der Zeit) ist nicht zu stoppen, auch wenn die Menschheit immer wieder neu versucht, das Rad der Zeit anzuhalten und den Alterungsprozess zu verhindern oder wenigstens zu verlangsamen. Dennoch, die Urbedingung menschlicher Existenz bleibt, trotz vieler Heilungsmöglichkeiten moderner Medizin, ihre Begrenztheit in der Zeit.

Geschlecht als notwendiges Unterscheidungsmerkmal bezüglich des „Alter(n)s" gewinnt zunehmend an Bedeutung. Die conditio humana wirft verschiedene Grundfragen und Urängste im Alter auf, die es unter Genderaspekten zu beleuchten gilt. Hierzu zählen die Erfahrung von Endlich- und Vergänglichkeit, Angst vor Einsamkeit und Tod, Angst vor der Entfremdung vom eigenen Körper und die Frage nach dem Lebenssinn. Ebenso soll „Alter" als gesellschaftlich und kulturell bestimmte Lebensphase und Stellung näher untersucht werden. Welche Rolle spielt das Geschlecht in den Unterteilungen von Lebensaltern und im Verständnis des Alters? Wie kann die gesellschaftliche und politische Partizipation von Mann und Frau im Alter gleichermaßen gewährleistet werden? Wie sehen biologische Realitäten aus, wie wirken diese und soziale Konstrukte von Kategorisierungen zusammen? Welche Rolle spielen Kategorien wie Würde, Freiheit, Unabhängigkeit, Selbstbestimmung, aber auch Gerechtigkeit und Sorge bei der Bewertung eines guten Alter(n)s? Welche Formen des Alterns werden als gutes Leben bewertet? Älterwerden bedeutet auch Älterwerden in einem geschlechtlichen Körper. Die Analysen zum Thema Altern und Schönheits-Chirurgie wie auch zu Sexualität im Alter geben einen Einblick zur Wirkmächtigkeit gesellschaftlicher Normen und Bewertungen von alternden Körpern und Sexualität im Alter.

Wie wird und wurde *Geschlecht und Alter* in kulturellen Bildern, Literatur und Film dargestellt? Wie eng können literarische Repräsentationen von Geschlecht und Alter mit gesellschaftlichen Diskursen verknüpft sein? Welchen Einfluss haben *Geschlecht und Alter* auf das künstlerische Schaffen von Männern und Frauen?

Nicht zuletzt aufgrund ungleicher Lebenssituationen von Männern und Frauen kommt es im Alter zu einer ungleichen Betroffenheit von sozialen und moralischen Problemen. Die Fragen des Lebensunterhaltes im Alter (Altersarmut, Pensionierungsalter, Abhängigkeit) sowie der Beurteilung von Betreuung und Pflege aus ethischer und sozial-politischer Sicht müssen ebenso unter einer Genderperspektive geklärt werden. Dabei ist nicht nur von Relevanz, wer gepflegt wird, sondern ebenso, wer unter welchen Bedingungen von wem gepflegt wird.

In diesem Sammelband werden in unterschiedlichen Disziplinen individuelle und gesellschaftliche Praktiken in der Konstruktion und Gestaltung von *Geschlecht und Alter(n)* reflektiert und analysiert.

Ulrike Aichhorn zeigt in ihrem Beitrag „Wenn ich einmal alt (und arm) bin", welche Auswirkungen Lebens- und Partnerschaftsmodelle im Alter und vor allem für die Alterssicherung von Frauen haben können. Sie kommt dabei zu dem Fazit: Frauen leben länger als Männer. Frauen gehen früher in und beziehen eine niedrigere Pension. Der Frauenanteil beim Bezug der Ausgleichszulage ist überproportional hoch. Frauen sind seltener voll erwerbstätig, dafür in der Teilzeitbeschäftigung überrepräsentiert. Frauen sind wesentlich öfter Alleinerzieherinnen. Männer verdienen mit zunehmendem Alter mehr, bei Frauen flacht die Verdienstentwicklung in der Altersgruppe ab 30 Jahren ab. Frauen tragen ein höheres Risiko der Armutsgefährdung als Männer.

Aichhorn zeigt auf, dass die Ursachen vielfältig sind, Reformversuche und politische Bekenntnisse ebenfalls. Der Blick richtet sich dabei meist auf das Sozialversicherungsrecht, weniger auf das Ehe- und Familienrecht. Aichhorn stellt fest, dass aber gerade bei der Wahl des Familienmodells eine junge Frau häufig – unwissentlich – einen Weg einschlägt, der ein hohes Risiko der Altersarmut in sich birgt.

Die Psychologin Christiane Bahr erörtert in Ihrem Text „individuelle, gesellschaftliche und globale Chancen nachhaltigen Alters und Alterns" und stellt ihren Überlegungen die berühmten Worte des Lyrikers Horaz „Sapere aude, incipe" („Wage es, weise zu sein, fange an!") voran. Sie beleuchtet die dramatische globale Zerstörung unseres Sozial- und Ökosystems, betont den damit verbundenen dringenden Bedarf an nachhaltigen Initiativen und Entwicklungsprozessen und stellt diesbezüglich üblichen Forderungen die Potenziale, Ressourcen und weltweit möglichen Handlungsspielräume älterer Frauen und Männer gegenüber. Demnach vermögen ältere Generationen sowohl im individuellen Alltag durch ihre Lebensführung und Zahlungskraft nachhaltig und fair in Erscheinung zu treten als auch mittels eigenen, gezielten Engagements im Rahmen nachhaltiger und gerechter Initiativen aktiv zu werden. Diesen vielfältigen Bedarf und damit verbundene Optionen veranschaulicht Bahr einerseits regional anhand der demographischen Realitäten Älterer am österreichischen Arbeitsmarkt und im Gemeinwesen, andererseits global betrachtet anhand des weltweiten Trends der Urbanisierung sowie der hiermit verbundenen sozialen Problematiken von Slums und vieler alleingelassener älterer Menschen am Land.

Die Heterogenität älterer Frauen und Männer wird dabei laut Bahr jedoch nicht nur zu einer sehr großen humanitären Herausforderung, sondern insgesamt auch zur großen Chance für die bewusste Würdigung und Integration Älterer sowie deren nachhaltig gelebtes bürgerschaftliches Engagement. Dies gelte es ihrer Ansicht nach zu nutzen, um den Herausforderungen hierzulande und weltweit gewachsen zu sein, wobei „erfahrene (ältere) Mentorinnen und Mentoren" aktiv dazu beitragen könnten, dass Menschen weltweit dabei unterstützt werden, nachhaltig und erfolgreich zu altern.

Die Frauen- und Geschlechterforschung zielt vor allem darauf ab, Praktiken und Strukturen sozialer Ungleichheit sichtbar zu machen, um sie zu verändern. *Gender* ist nur eine dieser Kategorien. Sie steht in unterschiedlichen Verhältnissen zu anderen Achsen der Ungleichheit. Analysen, die Intersektionalität berücksichtigen, fokussieren jene Diskriminierungskriterien, die für die einzelnen Ungleichheitslagen charakteristisch sind und die sich in unterschiedlichen Kontexten unterschiedlich entwickeln. Wenn sich „Differenz" selbst als kulturell, historisch, geographisch, sozial modifiziert zeigt (Jane Flax), so erweist sich „Intersektionalität" als ein „hybrides Forschungsprogramm" (Becker-Schmidt). Als solches kann es auf aktuelle Entwicklungen flexibel reagieren und innovative Forschungsperspektiven anbieten: Intersektionalitätsforschung zu *gender* und *generation* rührt viele Bereiche an: Sie argumentiert etwa die als problematisch gezeichnete demographische Entwicklung mit gesellschaftlichen Modellen und Konzepten zu Familien und zu Frauen als Mütter; sie problematisiert die hierarchische Ordnung der Generationen und der Geschlechter, die in der Altenbetreuung sichtbar wird; sie macht Vorstellungen über Kindheiten, die von Erwachsenen sexualisiert werden, zum Thema und konfrontiert die Desiderate „Kinder als Akteure ihrer eigenen Lebenswelt" und „Schonraum Kindheit" mit Forderungen nach gesellschaftlicher Verantwortlichkeit für Kinder. Diesem Thema widmet sich Andrea Bramberger eingehend in ihrem Beitrag „Intersektionalität von gender und generation".

Auch im Bereich der Medizin spielt *Alter(n) und Geschlecht* eine wesentliche Rolle. In seinem medizinischen Beitrag beschreibt der Neurologe und Psychiater Bernhard Iglseder die Veränderungen des ZNS in Abhängigkeit von Alter und Geschlecht und liefert durch seine Ergebnisse eine neurobiologische Ergänzung zu den gesellschafts- und geisteswissenschaftlich ausgerichteten Beiträgen.

Er stellt fest, dass es im Alter zu einer Reduktion der Dicke des Cortex Cerebri kommt, aber der Neuronenverlust im Alter weniger als 10% beträgt. Frauen haben eine kleinere Neuronenzahl im Cortex bei reziproker Zunahme des Neuropils, daher führen Schädigungen bei Frauen zu größeren Defiziten, da pro Neuron mehr Verschaltungen verloren gehen. Das alternde Gehirn erfährt für die Mehrzahl der Gene eine verminderte Expression, ein Effekt, der bei Männern ausgeprägter ist. Die meisten Gene, die herunterreguliert werden, sind mit Proteinprocessing und Energiegeneration assoziiert. Im männlichen Gehirn sind die sechste und siebte Dekade eine Periode prominenten Alterns, wobei eine Stabilisierung nach dem 80. Lebensjahr eintritt. Im weiblichen Hirn sind Veränderungen der Expressionsprofile bis in die neunte Dekade nachweisbar. Diese Geschlechtsunterschiede im zentralen Nervensystem lassen sich auf molekularer, morphologischer und funktioneller Ebene nachweisen. Ihre Auswirkungen lassen sich koordinatorisch sowie kognitiv feststellen und betreffen das physiologische Altern wie Krankheitsverläufe.

Medizinisch aus einer historischen Perspektive ist die Herangehensweise von Meike Lauggas in ihrem Beitrag „Geschlecht, Alter und Sexualität". Sie stellt Mythen über das Hymen ins Zentrum ihrer Betrachtungen. So hat das Hymen im Laufe der Geschichte mannigfaltige Zuschreibungen erhalten, vom Beweismittel für den Hormonstatus über die Aussagekraft des Alters bis hin zum Nachweis (hetero-)sexueller Aktivität. Über die Bedeutungsänderungen, die das Hymen erfahren hat, hebt sich als konstant hervor: der Beweis der Virginität, der nur von

Frauen verlangt wird. Es waren Versuche unternommen worden, entwicklungs-
biologische Reste des männlichen Hymens nachzuweisen, die allerdings in Be-
deutungslosigkeit verschwanden. Die Konzentration liegt ausschließlich auf dem
weiblichen Hymen, dessen Bedeutung durch die „Entjungferung der Frau in der
Hochzeitsnacht" ihre Spitze erfährt.

Ein aktueller medialer Trend, der sich feststellen lässt, ist die vermehrte filmische
Repräsentation älterer Menschen. Menschen jenseits der 60er-Jahre werden zunehmend als Zielgruppe wahrgenommen und finden daher auch ihre Auftritte auf
den Kinoleinwänden. Diesem Phänomen geht die Kommunikationswissenschaf-
terin Irmtraud Voglmayr nach. Sie weist darauf hin, dass es bei diesen medialen
Abbildungen nicht um die Vermittlung sozialer Wirklichkeiten geht, sondern um
fiktionale Erzählungen. Zentrale Fragestellungen, die sie in ihrer Analyse beschäftigen, betreffen die Art der vergeschlechtlichten Repräsentationen im Film.
Wie werden hochaltrige Menschen verortet und wie sind die Darstellungsformen
ihrer Körper mit den Alters- und Geschlechterdiskursen verknüpft?

Voglmayr identifiziert das Altersheim als zentralen Ort, dem verschiedene Bedeutungen zugeschrieben werden. So wird das Altersheim ausschließlich den
hochaltrigen Alten zugeordnet. Es kumulieren darin Negativvisionen wie Passivität, Krankheit, Gebrechlichkeit, Abhängigkeit oder Einsamkeit und lassen es zu
einem Ort der Segregation und Bedrohung werden. Andererseits wird dieses Bild
aufgebrochen – durch „rebellierende" Alte, die durch ihre Unangepasstheit das
System Altersheim verändern, aber auch durch die Darstellung als Rückzugsort
ohne Konkurrenz und Wettbewerb, als Ort des Austausches und der Erinnerung.
Interessant ist in Voglmayrs Analysen, dass es in den Filmen immer wieder zum
Aufbrechen von Geschlechterstereotypen kommt, wenn zum Beispiel der Mann
aus Liebe seine Frau bis zum Tode pflegt oder der Sohn sich um seinen dementen
Vater kümmert.

Die Frage nach einem guten Altern stellt die Theologin und Gerontologin Renate
Wieser in den Kontext von Religion, Religiosität und Spiritualität. Gerade in diesem Zusammenhang wird das Alter(n) von Frauen wissenschaftlich wenig thematisiert. Wieser geht in ihrem Beitrag auf dieses Desiderat ein, das erstaunlich erscheint, da das Naheverhältnis zwischen älteren und alten Frauen und Religiosität
als erwiesen gilt. Vor diesem Hintergrund behandelt die Autorin Religion, Religiosität und Spiritualität im Alter besonders hinsichtlich ihrer Auswirkungen auf
Gesundheit, Wohlbefinden und Lebenszufriedenheit. Sie geht genderspezifischen
Altersbildern in traditionellen wie neuen religiös-spirituellen Zugängen zum Altern von Frauen nach, fragt nach den Rollen von alten Frauen in religiösen Gemeinschaften und präsentiert mögliche Konzeptionen des Älterwerdens auf der

Basis einer christlich-theologischen Anthropologie. Auch Wieser spricht von religiösen Traditionen wie gelebter Religiosität und Spiritualität als Ressource, die zu einer Haltung eines „Pro-Agings" beiträgt und gesellschaftlichen Diskriminationen des Alter(n)s positive Konzeptionen entgegenzuhalten vermag.

Die Psychologin Beate Wimmer-Puchinger geht in ihrem Beitrag auf gesellschaftliche Zuschreibungen zum weiblichen Körper ein. Er ist Projektionsfläche von ethischen, moralischen, ästhetischen, intellektuellen und emotionalen Zuordnungen. Mit Blick auf das weibliche Altern stellt Wimmer-Puchinger fest, dass das Frauenbild speziell ab der zweiten Lebenshälfte stark von einem Defizitmodell geprägt ist. Besonders ab dem Klimakterium sind Konzepte von Verlustgefühlen oder depressiven Stimmungen wirkmächtig. Die Forderung nach aktivem Altern und jugendlichem Aussehen geht in Richtung einer gesellschaftlichen Verpflichtung und Instrumentalisierung. Das Konzept „Anti-Aging" wird als gesellschaftliche Gefahr kritisiert, indem das Alter als Krankheit gesehen wird, die behandelt werden muss. Wimmer-Puchinger weist darauf hin, dass diese Entwicklung zu einer Eigenverantwortung der Frauen führt, im Alter jung, schön und fit zu bleiben, was zu einer Ausgrenzung all derer führt, die diesem Bild nicht entsprechen. Sie plädiert dafür, das Alter nicht als ästhetisches Stigma und gesellschaftlichen Makel zu sehen, damit ein selbstbewusstes und zufriedenes Alter(n) in „Schönheit, Würde und Gesundheit" möglich wird.

Abschließend kommt Freda Meissner-Blau, Politikerin und Galionsfigur der österreichischen Ökologiebewegung, zu Wort. Sie referierte im Rahmen der Ringvorlesung über ihren Zugang zum Altern, über körperliche Veränderungen, Einschränkungen, aber auch über Möglichkeiten, die das Alter bietet. In einem sehr persönlichen Interview, das Cornelia Brunnauer mit ihr führte, bietet ihr Blick aus Sicht einer Betroffenen eine Ergänzung zu den wissenschaftlichen Betrachtungsweisen. Sie schaut zurück auf Markantes und Richtungsweisendes in ihrem Leben und reflektiert mögliche Freiheiten und Weisheiten im Alter. Sie diskutiert gesellschaftliche Erwartungshaltungen, wie den Zwang aktiv zu altern und der Konsumgesellschaft bis ins hohe Alter von Nutzen zu sein. Letztendlich ruft sie zum „Mut zum Altern" auf, der in einem offenen Annehmen des Unabwendbaren als Lohn persönliche Entfaltung und Freiheit verspricht.

Wenn ich einmal alt (und arm) bin

Ulrike Aichhorn

Warum die Kombination „alt" + „Frau" in vielen Fällen zu „arm" führt, wird rasch deutlich, wenn man auf das Datenmaterial der entsprechenden Statistiken blickt:

Der Anteil an gesellschaftlich geleisteter Arbeit, der bezahlt wird, beträgt rund ein Drittel%, im Gegensatz zu zwei Dritteln unbezahlter Arbeit, wie Betreuungs-, Haushalts- und Pflegetätigkeiten sowie ehrenamtliche Arbeit (Statistik Austria, 2009, S. 33). In Summe werden in Österreich rund 186,5 Millionen Stunden an unbezahlter Arbeit pro Woche geleistet, zwei Drittel davon von Frauen, ein Drittel von Männern (Statistik Austria, 2009, S. 33).

Annähernd umgekehrt ist das Verhältnis bei bezahlter Erwerbsarbeit. Hier liegt der Anteil der Frauen bei 39%, jener der Männer bei 61% (Statistik Austria, 2009, S. 34). Dazu kommt, dass nach wie vor die Einkommensunterschiede zwischen Frauen und Männern groß sind und auch bei den Einkommensgruppen finden sich deutliche geschlechtsspezifische Unterschiede. So sind Frauen in den unteren Einkommensgruppen überrepräsentiert, mit steigendem Einkommen sind in den höheren Einkommensgruppen immer weniger Frauen vertreten. So ist in der Gruppe der 10% mit den höchsten Einkommen nur mehr jede fünfte Person weiblich (Bundesministerin für Frauen und Öffentlicher Dienst im Bundeskanzleramt Österreich [BMF], 2010, S. 201).

2007 lag das mittlere Bruttojahreseinkommen der Frauen bei EUR 16.748, jenes der Männer bei EUR 28.226. Der Median des Bruttojahreseinkommens von Frauen lag also bei 59% desjenigen von Männern (BMF, 2010, S. 201). Zieht man Lohnsteuer und die Sozialversicherungsbeiträge von den Bruttoeinkommen ab, blieben den Frauen netto durchschnittlich EUR 13.345, den Männern EUR 20.068. Der relative Anteil am mittleren Nettoeinkommen der Frauen betrug im Vergleich zu den Männern 66% (BMF, 2010, S. 201).

Diese Einkommensdifferenz beruht aber nicht lediglich auf dem hohen Anteil von Frauen bei den Teilzeitbeschäftigten. Wird die Statistik um den Anteil von Teilzeitbeschäftigten bereinigt und nur die Einkommen von ganzjährig in Vollzeit Beschäftigten verglichen, erhöht sich das Einkommen der Frauen im Mittel auf 78% des mittleren Einkommens der Männer (BMF, 2010, S. 204).

Die unbezahlte Arbeit ist also zwischen den Geschlechtern sehr ungleich verteilt und reproduziert die geschlechtsspezifische Arbeitsteilung. Die starke Mehrbelastung von Frauen durch die Übernahme reproduktiver Tätigkeiten schränkt ihre Möglichkeiten zur Teilnahme am Erwerbsleben – mit all den bekannten Konsequenzen – massiv ein. Vermehrte Betreuungsaufgaben mit daraus resultierenden geringeren Verdienstmöglichkeiten machen insbesondere Ein-Eltern-Haushalte, von denen rund 87% aus Frauen mit Kind oder Kindern bestehen, zur größten von Armutsgefährdung[1] betroffenen Gruppe (30%; Bundesministerium für Arbeit, Soziales und Konsumentenschutz [BMASK], 2011, S. 50 f.).

Aber auch alleinlebende Frauen mit Pensionsbezug haben mit einem Anteil von 28% ein sehr hohes Armutsrisiko, alleinlebende Frauen ohne Pension sind eine weitere von Armutsgefährdung betroffene Gruppe (18%; BMASK, 2011, S. 51). Jede 8. Frau hat keine eigene Pension (auch keine Witwenpension). Das Armutsrisiko für alleinstehende Männer mit Pension ist mit 11% leicht unterdurchschnittlich (BMASK, 2011, S. 68).

Die höchste Wahrscheinlichkeit, nie armutsgefährdet zu sein, haben Männer zwischen 40 und 64 Jahren mit österreichischer Staatsbürgerschaft seit Geburt (Statistik Austria, 2011, S. 69).

Zusammen- und kurz gefasst lautet also der traurige Befund: Frauen verdienen weniger als Männer. Frauen haben weniger Pensionsversicherungszeiten als Männer, Frauen haben eine geringere Pension. Frauen sind seltener voll erwerbstätig, dafür in der Teilzeitbeschäftigung überrepräsentiert. Frauen sind wesentlich öfter Alleinerzieherinnen und somit häufig in ihren Möglichkeiten im Erwerbsleben eingeschränkt. Frauen tragen ein höheres Risiko der Armutsgefährdung als Männer. Das größte Armutsrisiko tragen alte Frauen und alleinerziehende Frauen.

Diese Zahlen und Fakten sind bekannt, auch die vielfältigen Ursachen. Unzählige Reformversuche und politische Bekenntnisse zur Behebung der Misere tragen nur langsam kleine Früchte, das negative Gesamtbild herrscht immer noch vor.

Werden die Ursachen für die Armutsfalle „Frau und Alter" betrachtet, richtet sich das Augenmerk meist auf die bekannten Faktoren wie hohe Teilzeit- und geringe Vollzeitbeschäftigung von Frauen, die geschlechtsspezifische Segmentierung des Arbeitsmarktes, die schlechtere Bezahlung in typischen Frauenberufen und den Karriere- und Einkommensknick durch Karenzzeiten. Es stehen also die arbeitsmarktpolitischen und sozialversicherungsrechtlichen Belange im Vorder-

---

1   Die Armutsgefährdungsschwelle beträgt laut EU-SILC 2009 für einen Einpersonenhaushalt € 11.932 pro Jahr; vgl. BMASK, 2011, S. 44.

grund. Diese sind aber nicht die einzigen relevanten Parameter, auch wenn sie natürlich einen großen Anteil haben. Wenig im gesellschaftlichen und politischen
Bewusstsein sind hingegen jene Faktoren für die „Armutsfalle Frau", die im mehr
oder weniger bewusst gewählten Familienmodell ihren Ursprung haben.

Gerade bei der Wahl eines Familienmodells schlagen junge Frauen häufig –
unwissentlich – einen Weg ein, der ein hohes Risiko der Altersarmut in sich ber-
gen kann. Bevor ich näher auf die „Fallstricke" eingehe, kurz ein Überblick über
mögliche Familienmodelle. Die eingetragene Partnerschaft für gleichgeschlechtliche Partnerinnen bzw. Partner wird hier nicht extra behandelt, da die für das
Thema „Altersarmut" rechtlich relevanten Normen weitgehend dem Eherecht
entsprechen (siehe Bundesgesetz über die eingetragene Partnerschaft, BGBl I
Nr. 135/2009).

Wird eine Ehe geschlossen, sind vor allem die sogenannte „Hausfrauenehe"
und die Ehe mit einem Ehemann als Allein- bzw. Hauptverdiener und einer geringfügig dazuverdienenden Ehefrau zu unterscheiden. Verdienen in einer Ehe
beide EhepartnerInnen annähernd gleich viel (DINK), ist das Risiko für die Frau
deutlich geringer, allerdings verschiebt sich hier das Gleichgewicht üblicherweise mit der Geburt eines Kindes dramatisch.

Dennoch herrscht in der rechtlichen Konstruktion der Ehe noch ein gewisser
Schutzrahmen für die nicht oder wenig verdienende Ehefrau – Stichwort Unterhalt. Dieser entfällt zur Gänze, wenn eine nichteheliche Lebensgemeinschaft eingegangen wird. Gerade in Fällen, in denen eine Lebensgemeinschaft jahre- oder
jahrzehntelang andauert, Kinder geboren und großgezogen werden und de facto
alles abläuft wie in einer Ehe, entsteht in der Gesellschaft häufig das Gefühl, dass
diese Lebensgemeinschaften rechtlich wie eine Ehe behandelt werden. Ansichten
wie etwa, dass nach 5, 10, oder 15 Jahren die Lebensgemeinschaft einer Ehe
gleichgestellt werde, werden häufig vertreten. Das böse Erwachen ist dann vor-
programmiert.

Wie sieht es nun im Detail aus, welche Armutsrisiken sind in den verschiedenen Familienmodellen auszumachen?

Hausfrauenehe

In einer sogenannten „Hausfrauenehe" (die übrigens auch für den Hausmann gilt)
ist die Ehefrau Vollhausfrau, sie hat keine oder nur eine sehr geringe Erwerbstätigkeit und widmet sich der Kindererziehung, der Pflege von Angehörigen, der
Haus- und Familienarbeit. Die Hausfrau ist damit in vielerlei Hinsicht vor allem
von ihrem Ehemann abhängig. So hat sie keine eigenständige Krankenversiche-

rung, sondern ist mitversichert (mit eingeschränkten Leistungen), sie hat keine eigene Pensionsversicherung und keine eigene gesetzliche Unfallversicherung (außer es handelt sich um einen bäuerlichen Betrieb).

Für EhepartnerInnen besteht die eheliche Pflicht zur „zumutbaren Mitwirkung im Erwerb des/der anderen" (§ 90 Abs 2 ABGB), die in der Praxis meist Frauen in Familienunternehmen trifft. Üblich und praktisch relevant ist die Mitwirkung in landwirtschaftlichen Betrieben[2], in (kleineren) Gewerbe- und Dienstleistungsunternehmen, z. B. im Gastgewerbe,[3] und bei kleinstrukturierter „freier" Berufstätigkeit, z. B. in Arztpraxen, Steuerberater- oder Rechtsanwaltskanzleien (Höllwerth, 2011).

§ 90 Abs 2 ABGB Im Erwerb des anderen hat ein Ehegatte mitzuwirken, soweit ihm dies zumutbar, es nach den Lebensverhältnissen der Ehegatten üblich und nicht anders vereinbart ist.

Diese Mitwirkungspflicht ist eine Form der materiellen Beistandspflicht und wurde bereits im ABGB 1811 verankert. Versuche, sie als nicht mehr zeitgemäß zu streichen, sind zuletzt 1999 gescheitert. Einzig eine Entschärfung ist gelungen, da nunmehr im Gesetz (§ 90 Abs 2 ABGB) deutlich darauf hingewiesen wird, dass die Regelung über die Mitwirkungspflicht dispositiv ist und durch Vereinbarung (formfrei, ausdrücklich oder konkludent) abbedungen werden kann. Dies hat aber kaum praktische Relevanz.

Die „Mitwirkung im Erwerb des anderen" ist nicht mit einer arbeits- oder sozialrechtlichen Absicherung verbunden, es sei denn, der Mann räumt dies freiwillig ein. Die mitarbeitende Ehefrau hat auch keinen der Arbeitsleistung adäquaten Entlohnungsanspruch. Auch hier scheiterte 1999 der Versuch, für die Mitwirkung einen Vergütungsanspruch zu normieren, der sich an jenen Einkünften orientieren sollte, die für gleiche oder eine ähnliche Arbeit „am freien Markt" zu erzielen wäre. Der mitwirkenden Ehefrau wird nur ein „Anspruch auf angemessene Abgeltung" eingeräumt.

Abgeltungsansprüche für die Mitwirkung im Erwerb des anderen verjähren innerhalb von sechs Jahren ab dem Ende des Monats, in dem die Leistung erbracht wurde (§ 1486a ABGB). Da Abgeltungsansprüche – wenn überhaupt – meist erst nach dem Ende einer Ehe eingeklagt werden und die Ansprüche aber nach 6 Jahren verjähren,[4] wird hier die Arbeitsleistung von Frauen weitgehend unentgeltlich erbracht und sie bleibt vor allem für die sozialversicherungsrechtliche Absicherung völlig unbeachtet.

---

2   10 ObS 257/91 = JBl 1992, 403.
3   2 Ob 10/87 = JBl 1987, 575.
4   Vor 1999 verjährten sie bereits nach 3 Jahren.

§ 98 ABGB Wirkt ein Ehegatte im Erwerb des anderen mit, so hat er Anspruch auf angemessene Abgeltung seiner Mitwirkung. Die Höhe des Anspruchs richtet sich nach der Art und Dauer der Leistungen; die gesamten Lebensverhältnisse der Ehegatten, besonders auch die gewährten Unterhaltsleistungen, sind angemessen zu berücksichtigen.

Der Abgeltungsanspruch ist also familienrechtlicher Natur und entspricht nicht der Entgeltforderung aufgrund eines Arbeitsverhältnisses (Beck, 2011). Es besteht lediglich eine Art „Gewinnbeteiligungsanspruch", der erfolgsabhängig ist. Es ist also nicht die Arbeitsleistung alleine schon anspruchsbegründend, sondern es muss auch ein wirtschaftlicher Erfolg auf Seiten des Unternehmens des Ehemannes eintreten. Völlig unerheblich ist es, welches Einkommen die Ehefrau bei der Ausübung einer vergleichbaren Tätigkeit auf dem freien Arbeitsmarkt bekommen hätte. Besteht ein grundsätzlicher Abgeltungsanspruch, so ist dieser auf den Aufwendungen anzurechnen, die der Mann z. B. aus seinen Betriebsgewinnen für die Familie oder als Unterhaltsleistungen für die Ehefrau getätigt hat.

Sollte die Ehefrau auf einer Abgeltungszahlung bestehen – was in der Praxis bei aufrechter Ehe kaum vorkommt – muss sie ihren Anspruch gerichtlich (§§ 93 f. AußStrG) geltend machen.

Würde eine mitarbeitende Ehefrau im Unternehmen ihres Ehemannes angestellt, versichert und bezahlt wie die anderen Arbeitnehmerinnen und Arbeitnehmer im Betrieb auch, dann könnte die „Mitwirkungsfalle" umgangen werden.

Ein weiteres Problem, das sich vor allem für eine Hausfrau oder geringfügig mitverdienende Ehefrau häufig auftut, ist im Ehegüterrecht begründet. Grundsätzlich besteht bei aufrechter Ehe Gütertrennung. Das heißt, Ehefrau und Ehemann behalten jeweils an ihrem vor der Ehe erworbenen Vermögen Alleineigentum, durch die Ehe wird nicht automatisch Miteigentum daraus. Alles, was in aufrechter Ehe erworben wird, was man geschenkt bekommt oder man erbt, geht ebenfalls ins Alleineigentum. Damit ist klar, dass eine Hausfrau, die kein eigenes Einkommen hat, kaum Vermögen erwerben kann, es sei denn, ihr Mann schenkt ihr etwas oder sie erbt. Trägt die Ehefrau also durch ihre Familienarbeit zur Steigerung des ehelichen Vermögens und der Ersparnisse bei, so erwirbt sie während aufrechter Ehe dennoch kein Eigentum daran. Während aufrechter Ehe kann die Hausfrau beispielsweise ihren Anteil nicht vererben, verschenken etc. Auch ihre Verfügungsgewalt ist eingeschränkt und beschränkt sich im Wesentlichen auf Abwehrrechte, z. B. darf der Ehemann als Eigentümer über die Ehewohnung nicht nachteilig verfügen.

Zu einem gewissen Ausgleich der Vermögensverhältnisse kommt es erst bei einer Scheidung, wo eine sogenannte „verschämte Gütergemeinschaft" zum Tragen kommt. Dann nämlich werden das sogenannte eheliche Gebrauchsvermögen und die ehelichen Ersparnisse aufgeteilt. Würde beispielsweise der Bausparvertrag der Familie auf den Namen des Mannes lauten oder das Sparbuch, müsste er dennoch bei der Scheidung der Ehefrau einen Anteil davon geben. Eine einvernehmliche Scheidung ist daran geknüpft, dass sich das Ehepaar über die Aufteilung des ehelichen Gebrauchsvermögens, z. B. Haus, Wohnung, Auto, Einrichtung etc. und der ehelichen Ersparnisse sowie der ehelichen Schulden einigt. Bei einer streitigen Scheidung wäre ein gerichtliches Aufteilungsverfahren möglich.

Bei der Vermögensteilung taucht häufig das Problem auf, dass die Ehefrau nicht genau weiß, welche Vermögenswerte vorhanden sind. Es zählt zwar zu den Ehepflichten, dass die Einkommens- und Vermögensverhältnisse dem Ehepartner/der Ehepartnerin gegenüber offenzulegen sind. Verletzt der Partner diese Pflicht aber, ist dies eine Eheverfehlung, nur erfährt man trotzdem nicht, wie hoch das Einkommen und das Ersparte sind. Lehre und Rechtsprechung sind uneinheitlich bei der Beantwortung der Frage, ob die Rechnungslegung eingeklagt werden kann. In der Praxis kommt es ausgesprochen selten zu derartigen Klagen bzw. Klagsversuchen. Verweigert der erwerbstätige Ehepartner also beharrlich die Einsicht in sein Einkommen, dann besteht zwar ein theoretischer Aufteilungsanspruch bei Scheidung, nur ist nicht bekannt, wie hoch eigentlich das Aufzuteilende ist. Damit riskiert man eine Überklagung, was hohe Prozesskosten bedeutet, und es kann passieren, dass man um seinen Anteil gebracht wird.

Besonders gravierende finanzielle Folgen kann auch die Tatsache haben, dass Unternehmen aus dem nachehelichen Aufteilungsverfahren prinzipiell ausgeschlossen sind. Gerade bei Familienunternehmen, bei denen die Grenzen zwischen Privatem und Betrieblichem oft fließend sind und Ehefrauen mitarbeiten – und auch grundsätzlich die Ehepflicht zur Mitwirkung haben – kann dies zum großen Nachteil für Ehefrauen gereichen.

Gerade ältere Frauen, die sich jahrzehntelang um Haus, Familie, Kinder etc. gekümmert haben, keine eigene Erwerbstätigkeit ausübten und somit keine eigenständige sozialversicherungsrechtliche Absicherung haben, können sich eine Scheidung aus Gründen der Alterssicherung oftmals nicht leisten. Bleiben sie in der Ehe, behalten sie zwar einen Unterhaltsanspruch und partizipieren auch z. B. an der Rente des Mannes, sie erhalten aber nicht ihren Anteil am lebenslang gemeinsam erwirtschafteten Vermögen.

Apropos Unterhalt: Bei aufrechter Ehe steht der Vollhausfrau ein Unterhaltsanspruch in Höhe von 33% des Nettoeinkommens des Mannes zu. Jedes unterhaltsberechtigte Kind reduziert diesen Anspruch um je 4% (Babys nur 2%), gibt es eine unterhaltsberechtigte Ex-Ehefrau, dann reduziert dies den Anspruch der aktuellen Ehefrau nochmals um 0–3%. Naturalunterhaltsleistungen, die der Ehemann erbringt, z. B. Miete, Betriebskosten, Versicherungen etc., werden angerechnet und reduzieren den Unterhaltsanspruch der Ehefrau.

Berufstätige mitverdienende Ehefrauen haben einen Unterhaltsanspruch in Höhe von 40% des Familieneinkommens, wieder reduziert durch konkurrenzierende weitere Unterhaltsberechtigte.

Ein Unterhaltsanspruch der Ehefrau, die selbst kein oder nur ein geringes Einkommen hat, besteht allerdings nur bei aufrechter Ehe. Im Fall einer Scheidung hängt der nacheheliche Unterhalt davon ab, dass sich der andere Ehepartner eine schwere Eheverfehlung zuschulden kommen ließ, diese im streitigen Ehescheidungsprozess bewiesen werden konnte, es zu einem gerichtlichen Verschuldensausspruch (alleiniges oder überwiegendes Verschulden) gekommen und der schuldig geschiedene Ehepartner auch leistungsfähig ist. Grundsätzlich kann ein geschiedener Ehepartner natürlich auch freiwillig Unterhalt leisten.

Mit Wirkung vom 1.1.2000 wurde eine neue Unterhaltskategorie eingeführt, die einerseits der Fallgruppe „junge Mutter" und andererseits jener der älteren oder alten Frau zugutekommen sollte: der sogenannte verschuldensunabhängige Unterhalt.

§ 68a EheG geht von einem verschuldensunabhängigen Unterhalt dann aus, wenn jemand – meist wird es die Ehefrau sein – aufgrund von Haushaltsführung und Kindererziehung den eigenen Unterhalt nicht bestreiten kann und eine Erwerbstätigkeit daher unzumutbar ist. Konkret nennt das Gesetz zwei Fallgruppen. Verschuldensunabhängiger Unterhalt nach einer Scheidung kann ausnahmsweise dann zustehen, wenn

1. die Ehefrau (bzw. der haushaltsführende Ehemann) derzeit für die Pflege und Erziehung von ehelichen Kindern zu sorgen hat (§ 68a Abs 1 EheG) – Fallgruppe „junge Mutter" – oder wenn

2. eine Wiederaufnahme bzw. eine Neuaufnahme einer Erwerbstätigkeit nach einem familienbedingten Ausstieg aus dem Berufsleben aufgrund mangelnder beruflicher Aus- oder Weiterbildung, aufgrund des Alters oder der Gesundheit oder aufgrund der Dauer der Ehe nicht zugemutet werden kann (§ 68a Abs 2 EheG).

3. Auch Mischformen sind denkbar.

Der Unterhalt nach § 68a EheG ist grundsätzlich nur in Ausnahmefällen zu gewähren. Es dürfen keine Unbilligkeitsgründe vorliegen, der Unterhalt ist grundsätzlich zeitlich befristet und die Zumutbarkeit der Selbsterhaltungsfähigkeit wird nicht nur in Bezug auf die Ehefrau geprüft, sondern es ist in Fallgruppe 1 (§ 68a Abs 1 EheG) auch zu berücksichtigen, ob es im Kindeswohlinteresse liegt, dass die Mutter nicht in den Berufsprozess einsteigt. Bis zur Vollendung des 5. Lebensjahres des (jüngsten) Kindes wird die Unzumutbarkeit vermutet, allerdings ist diese Vermutung widerlegbar. Einen Grund dafür, warum gerade mit dem 5. Lebensjahr eine Zäsur gemacht wurde, findet man in den Materialien nicht. Wird nach dem 5. Lebensjahr verschuldensunabhängiger Unterhalt gerichtlich zuerkannt, dann grundsätzlich jeweils auf längstens drei Jahre, mehrmalige Verlängerungen sind zulässig. Nur bei besonders krassen Einzelfällen, wenn z. B. ein behindertes Kind einen erhöhten Betreuungsaufwand erfordert, kann ausnahmsweise von einer Befristung abgesehen werden.

Während es im Fall einer jungen Frau unter Umständen noch nachvollziehbar ist, dass der Unterhalt zeitlich befristet ist, da mit ihrem mittelfristigen Wiedereinstieg in das Erwerbsleben zu rechnen ist, scheint die Unterhaltsbefristung für die zweite Fallgruppe, nämlich für jene Frauen, die sich jahre- oder jahrzehntelang um die Familie gekümmert haben und daher keinen Beruf und auch keine eigene Alterssicherung haben, schon beinahe zynisch. Auch Frauen, die sich aufgrund einvernehmlicher Gestaltung der ehelichen Lebensgemeinschaft der Haushaltsführung, der Pflege und Erziehung des gemeinsamen Kindes oder auch der Betreuung eines Angehörigen eines der beiden EhepartnerInnen gewidmet haben (§ 68a Abs 2 EheG), haben grundsätzlich nur einen mit maximal drei Jahren befristeten Unterhaltsanspruch.

Nur für den Fall, dass nicht mehr erwartet werden kann, dass die geschiedene Ehefrau in den Erwerbsprozess eingegliedert wird, kann das Gericht ausnahmsweise von einer Befristung absehen. Da wohl überwiegend ältere Frauen, mit fehlender Berufserfahrung und bestenfalls mangelhafter Ausbildung, diesen Unterhaltstitel anstreben werden, hat der Gesetzgeber hier den Normalfall des Rechtsalltags zur Ausnahme-Ausnahme-Bestimmung erklärt.

Normalfall wird also sein, dass Frauen durch die Befristung des Unterhalts regelmäßig in eine gerichtliche Auseinandersetzung über ihren Unterhalt gezwungen werden. Nach jeweils spätestens drei Jahren müssen sie ihren Unterhaltsanspruch sowohl dem Grunde als auch der Höhe nach rechtfertigen, womit de facto eine Beweislastumkehr zulasten der Frauen geschaffen wurde.

Der Vorteil eines auch nur befristeten Unterhaltsanspruchs steht aber nur dann zu, wenn der Unterhaltsanspruch nicht bereits an der Unbilligkeit des Begehrens scheitert (§ 68a Abs 3 EheG). Unbilligkeit liegt vor, wenn einseitig eine besonders schwere Eheverfehlung gesetzt wurde oder die Bedürftigkeit schuldhaft herbeigeführt wurde oder – für die Fallgruppe 2 – wenn die Ehe nur von kurzer Dauer war. Die Regierungsvorlage hält nur fest, dass es hier um jene Fälle geht, in denen das Opfer des ehelichen Fehlverhaltens eine auch nach objektiven Maßstäben als Ungerechtigkeit zu wertende Unterhaltsleistung erbringen müsste.

Bezüglich der Höhe des verschuldensunabhängigen Unterhalts wurde mit dem EheRÄG 1999 eine neue Unterhaltskategorie geschaffen, die sich am deutschen BGB (§ 1578) orientiert, nämlich der Unterhaltsbedarf. Dieser Unterhaltsbedarf wird zwischen dem Unterhaltsanspruch aufgrund der Lebensverhältnisse der EhepartnerInnen (§ 66 EheG) und dem nur notwendigen Unterhalt (§ 68

EheG) liegen. Die Unterhaltshöhe wird also wesentlich vom Einzelfall abhängen, wobei hier ein großer Spielraum besteht. Der Unterhaltsbedarf orientiert sich nicht mehr an den ehelichen Lebensverhältnissen und auch nicht mehr an der Lebensstellung der Ehefrau in der Ehe, sondern alleine an ihrer eigenen, eheunabhängigen Lebensstellung. Dies gilt aber nur dann, wenn ihr selbstständiger Lebensstandard unterhalb des ehelichen Lebensstandards liegt (Ministerialentwurf), liegt er darüber, orientiert sich der Unterhaltsbedarf dann nicht mehr an ihrem Lebensstandard, sondern am ehelichen.

Schließlich sei noch auf einen diskriminierenden Anachronismus in der Rechtsprechung hingewiesen. Unter bestimmten Voraussetzungen erlischt der Unterhaltsanspruch der geschiedenen Ehefrau. So verliert man den Unterhalt in voller Höhe und für alle Zukunft (Rummel, 2007), wenn man sich einer schweren Verfehlung gegen den Unterhaltspflichtigen, also üblicherweise gegen den Ex-Mann zuschulden kommen läßt oder wenn die Frau gegen seinen Willen einen „ehrlosen oder unsittlichen Lebenswandel" führt. Die Umstände, die den geschiedenen Mann zur Klage auf Unterhaltsverwirkung berechtigen, müssen laut Judikatur gravierender sein als schwere Eheverfehlungen,[5] sie müssen aber nicht die Intensität eines Verbrechens haben. Betrachtet man die ausjudizierten Anlassfälle, muss festgestellt werden, dass die Erheblichkeitsschwelle de facto dann doch manchmal deutlich unterschritten worden ist. Als schwere nacheheliche Verfehlung, die den gänzlichen und immerwährenden Verlust des Unterhalts bewirkten, wurden beispielsweise anhaltende Beschimpfungen oder Bedrohungen gewertet, wiederholte Beleidigungen, die Verbreitung wahrer Tatsachen, wenn an deren Geheimhaltung ein schutzwürdiges Interesse besteht[6] oder dass die geschiedene Ehefrau ihr Wissen darüber preisgab, dass der Ex-Mann sich Prüfungsvoraussetzungen durch eine Urkundenfälschung erschlichen hatte.[7] Ist eine Frau auf Unterhalt angewiesen, darf sie sich also nicht nur während aufrechter Ehe keinerlei Verfehlungen zuschulden kommen lassen, sie muss auch nach der Scheidung auf ihr Benehmen und ihren Lebenswandel achten.

Achten sollte eine unterhaltsberechtigte geschiedene Frau auch darauf, nicht in den „Verdacht einer Lebensgemeinschaft" zu kommen. Da bei einer Wiederverheiratung der Unterhaltsanspruch aus der früheren geschiedenen Ehe erlischt (§ 75 EheG), hat die Rechtsprechung aus dieser Bestimmung ein Ruhen des Unterhalts für die Dauer der Lebensgemeinschaft abgeleitet. Zwar wird ausdrücklich festgehalten, dass eine Lebensgemeinschaft selbst nicht sittenwidrig

---

5   OGH 19.4.1977, 3 Ob 7/77 = EF 29.657.
6   OGH 28.6.2007, 3 Ob 90/07t = EF 117.471.
7   OGH 19.4.1977, 3 Ob 7/77 = EF 29.661.

sei (!), aber eine Sittenwidrigkeit im Begehren auf Unterhalt während der Lebensgemeinschaft liegt (nach § 879 ABGB). Denn es widerspreche dem allgemeinen sittlichen Empfinden, dass der geschiedene Ehepartner die Lebensgefährtin des anderen finanzieren müsse.[8] Der Unterhalt ruht jedenfalls, auch dann, wenn die Frau von ihrem Lebensgefährten keinen Unterhalt bekommt.[9] Eine weitere Begründung ist, dass für wiederverheiratete Geschiedene auch kein weiterer Unterhaltsanspruch besteht und unverheiratete Lebensgefährtinnen bzw. Lebensgefährten nicht bevorzugt werden sollen. Bei diesen Argumentationen werden aber verschiedene Aspekte übersehen und außerdem Äpfel mit Birnen verglichen. So erlangt die Frau durch die Lebensgemeinschaft keinen Unterhaltsanspruch gegenüber ihrem Lebenspartner. In der Lebensgemeinschaft wäre eine Unterhaltsleistung rein freiwillig. Heiratet sie erneut, erlangt sie gegenüber ihrem neuen Ehepartner einen gesetzlichen Unterhaltsanspruch, wenn die Voraussetzungen stimmen, sie also insbesondere nicht selbsterhaltungsfähig ist. Durch den Unterhalt an die geschiedene Frau wird auch keinesfalls ihr neuer Partner finanziert, sondern es ist dies eine Leistung an die geschiedene Frau, für die sie Anspruchsvoraussetzungen erfüllen musste und die sie immer noch erfüllt.

Ein Unterhaltsanspruch, egal in welcher Höhe, ist niemals die Art Einkommen, die sozialversicherungsrechtlich positiv zu Buche schlägt. Eine einzige Ausnahme gibt es für unterhaltsberechtigte geschiedene Witwen und Witwer, die hier aber zu weit führen würde. Solange man nicht eine eigenständige Erwerbsarbeit ausübt, erwirbt man keine sozialversicherungsrechtlichen Ansprüche wie Pension oder Sozialversicherung.

Die nichteheliche Lebensgemeinschaft

Obwohl sich die nichteheliche (verschiedengeschlechtliche) Lebensgemeinschaft in zahlreichen Normen findet und ein weit verbreitetes gesellschaftliches Phänomen ist, fehlt eine allgemein verbindliche gesetzliche Definition. Was eine nichteheliche Lebensgemeinschaft ist und wann sie vorliegt, wird durch die Rechtsprechung der Höchstgerichte definiert. Die Wesenselemente der nichtehelichen Lebensgemeinschaft sind:

Wohngemeinschaft:[10] Eine Lebensgemeinschaft kann im Einzelfall aber auch dann vorliegen, wenn die Lebensgefährt/inn/en keine gemeinsame Wohnung haben, sondern jeweils ihre Wohnungen behalten. Keine Lebensgemeinschaft liegt bei einem bloßen Liebesverhältnis vor, wenn gelegentlich einer beim anderen übernachtet.

---

8   OGH 25.2.1993, 6 Ob 504/93 = EF 70.751.
9   OGH 29.3.1977, 3 Ob 26, 27/77 = EF 29.651.
10 EvBl 1989/59 = WBl 1989, 98.

Wirtschaftsgemeinschaft:[11] Gemeint ist sowohl eine immaterielle als auch eine materielle Gemeinschaft, also dass die PartnerInnen einerseits Freud und Leid miteinander teilen und sich Beistand leisten und sich andererseits an den zur Bestreitung des Unterhalts verfügbaren Gütern gegenseitig teilhaben lassen.

Geschlechtsgemeinschaft:[12] Fallweises Übernachten alleine wäre eine reine Geschlechtsgemeinschaft. Ohne weitere Elemente, wie z. B. Wirtschaftsgemeinschaft, würde noch keine nichteheliche Lebensgemeinschaft vorliegen.[13]

Dauer:[14] Eine Lebensgemeinschaft muss, damit juristisch von einer solchen gesprochen werden kann, auf unbestimmte Dauer angelegt und nicht ein vorübergehendes Zusammenleben gegeben sein. Es gibt keine allgemeine gesetzliche Bestimmung, ab wann eine Lebensgemeinschaft vorliegt. In den meisten Gesetzen wird dazu gar nichts normiert, in anderen gibt es verschiedene Fristen. Da in Österreich die Möglichkeit der Registrierung einer Lebensgemeinschaft (noch) fehlt, ist die Abgrenzung schwierig. Häufig will ein Paar auch nicht sofort beim Zusammenziehen in eine gemeinsame Wohnung von einer Lebensgemeinschaft sprechen, vielmehr soll „probiert" werden, ob das Zusammenleben funktioniert. Die Lebensgemeinschaft ergibt sich dann quasi „einschleichend".

Lebensgemeinschaftswille:[15] Eine Lebensgemeinschaft ist nicht nur ein äußerer Zustand, sondern setzt auch eine innere Einstellung der Lebensgefährt/inn/en voraus. Dieses subjektive Element, gemeinsam leben zu wollen, erschließt sich grundsätzlich über die äußeren Umstände.

Eheähnlich:[16] Die Judikatur fordert für die nichteheliche Lebensgemeinschaft einen eheähnlichen Zustand. Die Lebensgemeinschaft hat also dem typischen Erscheinungsbild des ehelichen Zusammenlebens zu entsprechen und es muss für die Außenstehende und den Außenstehenden das Bild einer eheähnlichen Bindung entstehen. Durch das Kriterium „eheähnlich" wird auch klargestellt, dass die Lebensgefährt/inn/en nicht in einem Verwandtschaftsverhältnis stehen dürfen. Keine eheähnliche Lebensgemeinschaft besteht also bei einem rein verwandtschaftlichen Verhältnis, z. B. wenn Bruder und Schwester zusammenleben oder Mutter und Sohn.

Es müssen nicht in jedem Fall alle Merkmale kumulativ vorliegen. So wie in einer Ehe auch, können die PartnerInnen ihre Lebensgemeinschaft einvernehmlich gestalten und das eine oder andere Merkmal kann in den Hintergrund treten oder wegfallen. Eine nichteheliche Lebensgemeinschaft kann etwa auch vorliegen, wenn zwar keine Wohngemeinschaft besteht, aber eine Wirtschafts- und Geschlechtsgemeinschaft. Ob eine Lebensgemeinschaft vorliegt, hängt somit wesentlich von den Umständen des konkreten Einzelfalls ab.[17]

---

11   EF 85.516; JBl 1988, 267 = NZ 1988, 225; ARD 5323/14/2002 = JBl 2002, 189 u. ö.; RdW 2002/ 614 = ZASB 2002, 44 u. ö.
12   EF 93.841; 46.307; 42.564.
13   VwSlg 7228 F/1997; VwSlg 6902 F/1994.
14   EF 87.524; 63.512; 63.511 = RZ 1991/45.
15   EF 90.374; RZ 1991/45.
16   EF 93.841 = JBl 2000, 530 = RZ 2001/5; EF 90.374; 66.483.
17   EF 93.841 = JBl 2000, 530 = RZ 2001/5; EF 90.374.

Rechte und Pflichten in der nichtehelichen Lebensgemeinschaft

Während es in der Ehe eine Reihe gesetzlich normierter Rechte und Pflichten gibt, bestehen innerhalb einer nichtehelichen Lebensgemeinschaft grundsätzlich keine gesetzlichen wechselseitigen Rechte und Pflichten. Zwar sollen auch in der nichtehelichen Lebensgemeinschaft die PartnerInnen „Freud und Leid" miteinander teilen und einander Beistand leisten, tun sie dies aber nicht, dann hat das keinerlei rechtliche Konsequenzen.

Im Einzelnen besteht – in Abgrenzung zur Ehe – in einer nichtehelichen Lebensgemeinschaft:

Keine Mitwirkungspflicht im Erwerb des/der anderen. Arbeitet daher z. B. die Lebensgefährtin in der Firma ihres Partners mit, hat sie grundsätzlich keinen Rechtsanspruch auf Abgeltung. Es müsste eine eigene Regelung getroffen werden, z. B. dass sie angestellt wird, damit sie einen Entgeltanspruch hat.

Kein Unterhaltsanspruch: Lebensgefährt/inn/en stehen zueinander in keiner unterhaltsrechtlichen Beziehung. Auch wenn z. B. die Lebensgefährtin nicht erwerbstätig ist, sich um den Haushalt und die gemeinsamen Kinder kümmert, und de facto dieselbe Arbeit leistet wie eine unterhaltsberechtigte Ehefrau, so hat sie keinen Anspruch auf Unterhaltszahlung durch ihren Partner. Hat eine geschiedene Ehefrau (ein geschiedener Ehemann) einen nachehelichen Unterhaltsanspruch, dann ruht dieser Anspruch während aufrechter nichtehelicher Lebensgemeinschaft. In einem derartigen Fall steht der Frau also für die Dauer der Lebensgemeinschaft weder gegen den Ex-Mann noch gegen den Lebensgefährten ein Unterhaltsanspruch zu. Mit dem Ende der Lebensgemeinschaft lebt der Unterhaltsanspruch gegen den geschiedenen Mann wieder auf.

Kein gesetzliches Erbrecht und kein gesetzliches Pflichtteilsrecht: Gerade im Erbrecht ist die nichteheliche Lebensgemeinschaft besonders deutlich gegenüber der Ehe benachteiligt. Im Einzelnen haben Lebensgefährt/inn/en kein gesetzliches Erbrecht, sie haben kein gesetzliches Vorausvermächtnis (Wohnrecht, Hausrat), sie zählen nicht zum Kreis der Pflichtteilsberechtigten, sie können keinen Erbvertrag und kein gemeinschaftliches Testament schließen. Um die Lebensgefährtin bzw. Lebensgefährten für den Todesfall des Partners oder der Partnerin abzusichern, bedarf es des Aktivwerdens, da kein gesetzliches Schutznetz vorhanden ist. Will man die Lebensgefährtin oder den Lebensgefährten durch Testament absichern, z. B. indem man sie oder ihn zur oder zum Universalerbenden einsetzt, sind allfällige Pflichtteilsberechtigte zu bedenken. Hat die Partnerin oder der Partner beispielsweise Kinder, sind diese pflichtteilsberechtigt. Ist die Erblasserin oder der Erblasser kinderlos, aber leben die Eltern noch, schränkt deren Pflichtteilsrecht ebenfalls das „Universalerbe" der Lebensgefährtin oder des Lebensgefährten ein. Häufig wird die Absicherung durch eine Lebensversicherung vorgenommen, die zugunsten der Partnerin bzw. des Partners abgeschlossen wird, indem sie oder er als Bezugsberechtigte/r eingesetzt wird (Begünstigungsklausel). Dabei sind mehrere Faktoren zu bedenken: Der oder die Bezugsberechtigte hat erst mit Eintritt des Versicherungsfalls (= Tod des Versicherungsnehmers bzw. der Versicherungsnehmerin) ein Recht auf die Versicherungsleistung (= Versicherungssumme). Bis dahin hat er oder sie nur ein Anwartschaftsrecht, das vom Versicherungsnehmer bzw. der Versicherungsnehmerin jederzeit frei widerrufen werden kann. Setzt z. B. die Frau ihren Lebensgefährten als Bezugsberechtigten in ihre Lebensversicherung ein, so kann sie dies – ohne seine Zustimmung und auch ohne sein Wissen – jederzeit widerrufen. Wünscht man die Unwiderruflichkeit der Bezugsberechtigung, dann muss dies ausdrücklich beim Abschluss der Versicherung vereinbart und in den Versicherungsvertrag aufgenommen werden.

Lebensgefährt/inn/en haben nach dem Tod des Partners oder der Partnerin keinen Anspruch auf Witwen- bzw. Witwerpension. Diese kann auch nicht vertraglich oder testamentarisch vereinbart werden.

Kein gemeinsamer Familienname: Das Eingehen einer Lebensgemeinschaft ändert nichts an den Familiennamen der Lebensgefährt/inn/en.

Keine Schlüsselgewalt: Während eine Ehefrau, die selbst keine Einkünfte hat, ihren Ehemann in Angelegenheiten der gemeinsamen Haushaltsführung und des täglichen Lebens verpflichten und auf seine Rechnung Geschäfte abschließen kann (z. B. Einkäufe für den täglichen Lebensbedarf), besteht diese Vertretungsbefugnis im Rahmen einer nichtehelichen Lebensgemeinschaft nicht.

Die Lebensgemeinschaft kann jederzeit von jedem Partner bzw. jeder Partnerin aufgehoben werden – auch einseitig und ohne Grund.

Vermögen und Schulden: Durch das Eingehen einer nichtehelichen Lebensgemeinschaft entsteht keine wie immer geartete vermögensrechtliche Bindung zwischen den Lebensgefährt/inn/en. Gehen nichteheliche Lebensgefährt/inn/en gemeinsam finanzielle Verpflichtungen ein, bestehen gewisse Schutzbestimmungen (richterliches Mäßigungsrecht gem. § 25d KSchG, Sittenwidrigkeitskontrolle gem. § 879 ABGB), die allerdings nicht so weit gehen wie jene für (geschiedene) EhepartnerInnen.

Ende einer Lebensgemeinschaft

Die nichteheliche Lebensgemeinschaft kann – auch nur einseitig – jederzeit aufgelöst werden, es besteht keinerlei Pflicht zur Fortsetzung der Gemeinschaft, auch dann nicht, wenn gemeinsame Kinder existieren. Anders als bei der Ehe bzw. der Scheidung spielt das Verschulden an der Auflösung der Beziehung bei der nichtehelichen Lebensgemeinschaft grundsätzlich keine Rolle. Im Gegensatz zur Ehe genießt die nichteheliche Lebensgemeinschaft keinen gesetzlichen „Bestandschutz".

Die Rechtsfolgen einer zerbrochenen Lebensgemeinschaft sind mangels gesetzlicher Regelung problematisch. Die Rechtsprechung zur Aufteilung von Leistungen, die in der Lebensgemeinschaft erbracht wurden bzw. hinsichtlich gemeinsamen Vermögens ist nicht einheitlich.

Darlehen oder Geschenk?

Im Trennungsfall entbrennt häufig ein Streit um die Frage, ob eine (Geld-)Zuwendung ein Geschenk war oder ein Darlehen. Damit es sich um ein Darlehen und nicht um eine Schenkung handelt, muss die Rückzahlung des Geldes verbindlich vereinbart worden sein. Das Vorliegen eines Darlehens ist in der Praxis mangels klarer schriftlicher Vereinbarung nur schwer beweisbar. Wird tatsächlich Geld nur geliehen, sollte eine schriftliche Vereinbarung mit klaren Regelungen über Kündigungs-, Tilgungs- und Zinszahlungsvereinbarungen geschlossen werden.

Abgeltung von Dienst- bzw. Arbeits- und Sachleistungen in der nichtehelichen Lebensgemeinschaft

Die Rechtsprechung geht davon aus, dass Dienstleistungen innerhalb einer nichtehelichen Lebensgemeinschaft grundsätzlich unentgeltlich („aus Liebe") erbracht werden. Diese Unentgeltlichkeitsvermutung gilt nur dann nicht, wenn eine Lebensgefährtin bzw. ein Lebensgefährte einen besonderen Rechtsgrund für die Entgeltlichkeit beweisen kann. Ein solcher Rechtsgrund kann ein zwischen den Lebensgefährt/inn/en bestehendes Dienstverhältnis sein, das auch konkludent vereinbart werden kann.

Wenn die Lebensgefährt/inn/en gemeinsam einen wirtschaftlichen Zweck verfolgen, z. B. den Bau eines gemeinsamen Hauses, kann unter bestimmten Umständen eine Gesellschaft bürgerlichen Rechts (GesBR) vorliegen. Eine GesBR entsteht durch einen Vertrag, in dem zwei oder mehrere Personen ihre Mühe oder auch ihre Sachen zu einem gemeinschaftlichen Zweck vereinen. Das bloße Eingehen einer Lebensgemeinschaft bedeutet noch nicht den Abschluss eines Gesellschaftsvertrages. Es muss vielmehr eine – wenn auch lose – Gemeinschaftsorganisation vereinbart sein, die jedem Partner bzw. jeder Partnerin gewisse Einwirkungs- oder Mitwirkungsrechte gibt. Relevant für eine GesBR sind somit die gemeinsame Wirtschaftsform und wechselseitige organisatorische Mitwirkungs- und Einwirkungsrechte. Es muss zwischen den Lebensgefährt/inn/en zumindest in grob bestimmbaren Zügen klar sein, wer was und in welcher Form zum gemeinsamen Ziel beizusteuern hat, was auch gegebenenfalls durchsetzbar sein muss. Es muss also bindende Organisationsabsprachen geben.

Ob zwischen Lebensgefährt/inn/en eine GesBR schlüssig zustande gekommen ist, muss jeweils im Einzelfall sorgfältig geprüft werden, wobei aber keine allzu strengen Maßstäbe an den gemeinschaftlich zu verfolgenden Zweck der Gesellschaft anzulegen sind.

Liegt eine GesBR zwischen den Lebensgefährt/inn/en vor, so bedeutet das Ende der Partnerschaft nicht zwingend bzw. automatisch das Ende der GesBR. Grundsätzlich stellt zwar die Aufhebung der Lebensgemeinschaft der GesellschafterInnen für die GesBR einen wichtigen Auflösungsgrund dar, der zur Erhebung der Klage auf Zivilteilung (§ 1215 ABGB) berechtigt. Allerdings können die Ex-Lebensgefährt/inn/en durchaus weiterhin ein gemeinsames Ziel verfolgen.

Ein großes Problem in der Praxis bei der Auflösung einer Lebensgemeinschaft ist die Refundierung von Arbeitsleistungen, die in der Erwartung einer Eheschließung oder in der Annahme des Fortbestandes der Lebensgemeinschaft getätigt wurden. Macht beispielsweise der Mann am Haus seiner Lebensgefährtin wertsteigernde Aufwendungen für den Ausbau des Hauses, weil er – für sie er-

kennbar – davon ausgeht, zukünftig Miteigentum übertragen zu bekommen, hat
er einen Bereicherungsanspruch (analog zu § 1435 ABGB). Auch wenn die Le-
bensgefährt/inn/en gemeinsam Haus bauen und zwar keine ausdrückliche Vereinbarung über den Rechtsgrund der Zuwendungen getroffen haben, aber klar zum
Ausdruck kommt, dass die Leistungen in Hinblick auf das zukünftige gemeinsame Wohnen erbracht wurden, steht bei Zweckverfehlung grundsätzlich ein Bereicherungsanspruch zu. Dasselbe gilt auch für den Fall, dass Verwandte des Lebensgefährten bzw. der Lebensgefährtin Leistungen im Hinblick darauf erbracht
haben, dass die Lebensgefährt/inn/en künftig in dem erbauten Haus gemeinsam
wohnen werden.

Nicht alle Leistungen sind rückforderbar, vor allem nicht reine Gefälligkeits-
leistungen oder Aufwendungen des täglichen Lebens, die nach herrschender
Rechtsprechung als unentgeltlich vereinbart bzw. unentgeltlich gewollt angesehen werden. Die gegenseitigen Leistungen für laufende Aufwendungen innerhalb
einer Lebensgemeinschaft sind also grundsätzlich unentgeltlich, außer es wurde
die Entgeltlichkeit ausdrücklich oder konkludent vereinbart.

Leistungen für den täglichen Lebensaufwand, die keinen in die fernere Zukunft reichenden Zweck haben, wie Einkaufen, Reinigen, Miete, Telefonrech-
nung etc., können bereicherungsrechtlich nach dem Ende der Lebensgemeinschaft nicht rückgefordert werden, auch dann nicht, wenn ein Partner oder eine
Partnerin einen erheblich höheren Beitrag geleistet hat als die oder der andere.

Rückforderbar sind nur „außergewöhnliche Zuwendungen" im Sinne von
Dauerinvestitionen, deren Nutzen die Lebensgemeinschaft überdauern und bei
denen der Partner bzw. die Partnerin nicht unbesehen darauf vertrauen darf, dass
sie unentgeltlich und ohne Erwartung einer Gegenleistung erbracht wurden. Die
Leistungen müssen sich auf solche Lebenssachverhalte beziehen, die beiden Le-
bensgefährt/inn/en zukünftig Nutzen bringen sollen, z. B. gemeinsamer Hausbau.

Der Rückforderungsanspruch für Sach- und Dienstleistungen steht nicht nur
den Lebensgefährt/inn/en selbst zu, sondern z. B. auch ihren Angehörigen, die
Leistungen erbracht haben. Wenn beispielsweise der Lebensgefährte am Haus
des Vaters seiner Partnerin Arbeiten für einen Zubau leistet, in dem er dann mit
seiner Partnerin leben will, so hat er das Vermögen seines „Schwiegervaters" vermehrt. Er handelte nicht zu dem Zweck, den Vater seiner Lebensgefährtin zu be-
reichern, sondern wollte für sich und seine Partnerin eine Wohnung schaffen. Gegen den Vater besteht somit ein Bereicherungsanspruch.

Für die Geltendmachung von Ansprüchen ist die dreijährige Verjährungsfrist
zu beachten.

Bei der Aufteilung gemeinsamer Sachen, insbesondere Gebrauchsgegen-
stände wie Möbel, PKW, Fernseher etc., sind die Eigentumsverhältnisse zu be-

achten. Bei gemeinsam angeschafften Sachen wird im Zweifel Hälfteeigentum vermutet. Wer ein gegenteiliges Eigentumsrecht behauptet, ist beweispflichtig. Dafür empfiehlt sich schon während aufrechter Lebensgemeinschaft die Dokumentation von Zahlungsvorgängen wie auf Namen ausgestellte Rechnungen, Überweisungsbelege etc.

Resümee

Wenngleich also unstrittig ist, dass eine Frau, die auf eigene (Vollzeit-)Erwerbsarbeit verzichtet, sich viele Jahre lang der Familienarbeit und Kindererziehung widmet, auf eine eigene Alterssicherung weitgehend verzichtet und sich in mehrerlei Hinsicht weitgehend vom Lebenspartner abhängig macht und somit ein hohes Armutsrisiko eingeht, scheint der Beruf Hausfrau dennoch durchaus verlockend zu sein, wie eine Befragung Jugendlicher ergeben hat:

Familienwünsche von Jugendlichen

Burschen	Angaben in Prozent	Mädchen
34	Ich möchte einmal heiraten	60
36	Ich möchte einmal Kinder haben	55
76	Kinder unter drei Jahren sollten von Eltern zuhause betreut werden	78
31	Kinder von drei bis sechs Jahren sollten von Eltern zuhause betreut werden	31
79	Männer sind genauso für Kindererziehung zuständig wie Frauen	95
53	Ausgleich zwischen Familie und Beruf ist wichtiger als Karriere	76

800 Jugendliche zwischen 14 und 24 Jahren befragt, April/Mai 2011

Grafik: © APA, Quelle: APA/Ministerium für Wirtschaft, Familie, Jugend **APA**

Literatur

Beck, S. (2011). Rz 1 zu § 98 ABGB. In E. Gitschthaler & J. Höllwerth (Hrsg.), *Kommentar zum Ehe- und Partnerschaftsrecht*. Wien.

BGBl I Nr 135/2009: Eingetragene-Partnerschaft-Gesetz (EPG).

BM für Arbeit, Soziales und Konsumentenschutz (Hrsg.). (2011). *Armutsgefährdung und Lebensbedingungen in Österreich. Ergebnisse aus EU-SILC 2009*. Wien.

Bundesministerin für Frauen und Öffentlicher Dienst im Bundeskanzleramt Österreich (Hrsg.). (2010). *Frauenbericht 2010. Bericht betreffend die Situation von Frauen in Österreich im Zeitraum von 1998 bis 2008*. Wien.

Höllwerth, J. (2011). Rz 38 zu § 90 ABGB. In E. Gitschthaler & J. Höllwerth (Hrsg.), *Kommentar zum Ehe- und Partnerschaftsrecht*. Wien.

Rummel, P. (Hrsg.). (2007). ABGB Kommentar Bd 23, Rz 1 zu § 74 EheG. Wien.

Statistik Austria (2011). *Armuts- und Ausgrenzungsgefährdung in Österreich. Ergebnisse aus EU-SILC 2010*. Studie der Statistik Austria im Auftrag des BMASK, 1. Aufl., 12/2011. Wien.

Statistik Austria (2009). *Zeitverwendung 2008/09. Ein Überblick über geschlechtsspezifische Unterschiede*. Wien.

„Sapere aude, incipe." Individuelle, gesellschaftliche und globale Chancen nachhaltigen Alters und Alterns

Christiane Bahr

> *Wer achtsam lebt,*
> *lebt in Beziehung mit sich selbst,*
> *der Schöpfung, Gott und*
> *den Menschen.*
> *Anselm Grün*[1]

Die individuelle, gesellschaftliche und globale Würdigung und Stärkung von Potenzialen und Kompetenzen älterer Frauen und Männer einerseits sowie Betonung globaler und generationenwirksamer Gerechtigkeit und einer verantwortungsvollen Nutzung und Verteilung der Ressourcen auf unserem Planeten andererseits bedürfen der Berücksichtigung umfassender humanitärer Prinzipien, nachhaltiger Leitgedanken und Handlungsprogramme, welche auf individueller Ebene in einem vernünftigen und achtsam geführten persönlichen Lebensstil und aus gesellschaftlicher Sicht in vielfältigen innovativen Lebensformen Ausdruck finden. – Im Laufe der letzten 15–20 Jahre führte diese globale Notwendigkeit zu vielen wertvollen Überlegungen und Publikationen (Ekardt, 2011; Diefenbacher, 2001). Achtsam erarbeitete, nachhaltige Lebens- und Handlungsleitlinien, zahlreiche Initiativen und innovative Projekte unterstütz(t)en konkrete Bemühungen um ein gerechtes gesellschaftliches und globales Zusammenleben und aufrichtig gelebtes nachhaltiges Engagement Einzelner im Alltag. Wertschätzend werden solcherart vielfältige Lebensräume unserer wirtschaftlichen, ökologischen, ökonomischen, spirituellen, wissenschaftlichen, sozialen und politischen Mikro- und Makrosysteme der globalen Gegenwart und Zukunft aus nachhaltiger Perspektive wahrgenommen und weiterentwickelt.

Es bedarf hierzu sowohl individuellen Einsatzes als auch gemeinsamen gesellschaftlichen und globalen Verstehens, Engagements und Handelns. Jede einzelne (ältere) Person ist gefragt und eingeladen, sich bewusst an diesem Prozess zu beteiligen und mit Bedacht den eigenen Anteil einzubringen. Jede Frau. Jeder Mann. Jede Institution. Jedes Land. Jeder Zusammenschluss von Staaten. – Es ist eine Frage der persönlichen Haltung vor dem Kollektiv und eines gemeinsam

---

[1]   Spruch auf einer der 30 zur Besinnung einladenden Karten mit Begleitbuch von Anselm Grün; vgl. Grün 2011.

vertretenen Staatsverständnisses, des Aufgreifens kritischen Wissens und Sich-
verantwortlich-Fühlens. Und schließlich bedarf es ganz bewusst getroffener –
individueller ebenso wie gemeinsamer – Entscheidungen und Handlungen.
„*Wage es, weise zu sein, fange an!*", möchte man da sagen. – „*Sapere aude,
incipe.*" (Horaz, 2006, S. 524–525) Denn diese Aufforderung von *Quintus Horatius Flaccus*, bekannt unter dem Namen Horaz, passt zu den geschilderten aktuellen Themen und Anliegen treffend, als wäre sie eigens dafür gefunden worden.
Tatsächlich ist sie mittlerweile über zweitausend Jahre *alt* und in ihrem Ausdruck
daher zeitlos *weise*, was auch mit diesen Worten in Verbindung gebrachte Überlegungen von Immanuel Kant belegen. – Die Worte des im Jahre 65 geborenen und
8 vor Christus verstorbenen römischen Lyrikers aus dessen Epistulae I, 2, 40 (Horaz, 2006, S. 524, 525) erinnern an die Leitgedanken der Aufklärung: „Habe Mut,
dich deines eigenen Verstandes zu bedienen!", und: „Wage es, vernünftig zu
sein!" (vgl. Holzberg, 2009). – Nach wie vor laden uns diese alten und inspirierenden Worte zu ermutigender Besinnung ein, zu gezielter Reflexion unseres
Wahrnehmens, Fühlens und Denkens und möchten dazu beitragen, daraus folgen-
dem verantwortungsvollem Handeln den Weg zu ebnen. – Für welchen Kontext
könnte dies gegenwärtig wohl besser zutreffen als den besagten Bereich
nachhaltigen Alters und Alterns?

Nie zuvor war dies in der Menschheitsgeschichte so wichtig wie heute, wo
„jedes einzelne Blatt an jedem einzelnen Baum auf dieser Welt einer CO_2-Kon-
zentration ausgesetzt" ist, die „es auf der Erde seit Millionen von Jahren nicht gegeben hat" (Emmott, 2013, S. 117).

Global betrachtet befinden wir uns gegenwärtig in einer katastrophalen Situation humanitärer und wirtschaftlicher Ungleichheiten, in der selbst in einem sich
fortschrittlich spottenden 21. Jahrhundert Worte wie „Sklaverei" und „Kinderar-
beit" zu geläufigen Termini des alltäglichen Sprachgebrauchs wurden. Im Kontext eines ungenügend achtsam gelebten, gesellschaftlichen und globalen Wirt-
schaftsverständnisses bezeichnen viele Menschen dies – unverbindlich und dis-
tanziert – als „*part of the game*", in dem „*die Karten immer wieder neu gemischt
werden*" und ohnehin eine „*neue Chance, neues Glück*" in Aussicht stelle.
Glück. – Wie viel *Glück* kann ein unter Tag arbeitendes Kind denn haben? Und
um welches *Spiel* handelt es sich hierbei? Um jenes der Ausbeutung anderer
Menschen und der Ökosysteme? Oder das Rennen um einen gemeinsamen globalen Untergang? Ist das denn ein *brutal aufregendes Spiel*? Und wer wird dabei
langfristig gewinnen?

Die Worte „*sapere aude, incipe*" (Horaz, 2006, S. 524) gewinnen angesichts
dessen bedeutendere Aktualität denn je und erscheinen dennoch vielen als unzeit-
gemäß. Das dürfte wohl kein Zufall sein. – Denken. Handeln. Etwas Gutes bewir-

ken wollen und können. – „*So läuft das doch nicht!*", erhalten engagierte Personen angesichts vernunftbetonter Bemühungen nicht selten zur Antwort. – *Ach ja?! – Noch immer nicht?* – Absolut klar dürfte mittlerweile sein, dass die Menschheit heute nicht nur ungerecht, sondern auch auf Kosten zukünftiger Generationen lebt und infolgedessen global an „Kipppunkte" gelangt, bei denen „eine winzige Veränderung oder Störung" (Emmott, 2013, S. 146–147) bereits zum Kippen des jeweiligen Systems führen kann. – Dabei erscheint gegenwärtig so manchem unvorstellbar, welche verheerenden Folgen aktuelle Zerstörungen des Sozial- und Ökosystems bewirken und, angesichts einer ungenügend nachhaltig gelebten Verantwortung aller beteiligten Menschen, in Zukunft mit hoher Wahrscheinlichkeit haben werden.

„So ziemlich die einzige Möglichkeit, das drohende Unheil abzuwenden, besteht darin (. . .) zu beweisen, dass es wirklich die Intelligenz ist, die uns von anderen Arten unterscheidet." (Weisman, 2012, S. 358)

Ältere Menschen: Best Ager?! Personen 50+ bis Hochbetagte!

Gleichzeitig gab es in der uns bekannten Menschheitsgeschichte nie zuvor eine so markante Zunahme älterer Menschen in der Gesellschaft, die mit ihrer Weisheit, Lebensfreude und Lebenserfahrung viele wertvolle Ressourcen und Potenziale zur Verfügung stellen *könn(t)en*, um nachhaltig Gutes für sich und andere zu bewirken. Headlines und Begriffe wie „Ehrenamt", „Freiwilliges Engagement im Alter", „Weisheit", „Lebenslanges Lernen", „Alternsgerecht Arbeiten", „Betriebliche Gesundheitsförderung", „Beschäftigungsinitiativen für Personen 50+" und „Beschäftigungsprogramm 50+" gewinnen dabei zunehmend und wegbereitend an Bedeutung. – Je mehr gut aus- und weitergebildete, erfolgreiche und innovationslustige „Babyboomerinnen" und „Babyboomer" sowie Personen höheraltriger Generationen – zunächst im Erwerbsleben und später in der Pension – aus wirtschaftlich gut funktionierenden Regionen wie Mitteleuropa oder Nordamerika sich auf den Weg machen, um bedürftigen Menschen, sei es im eigenen Land oder in wesentlich bedürftigeren Regionen unseres Planeten, wertschätzend – sowohl materielle als auch bildungsunterstützende – Hilfe zur Selbsthilfe anzubieten, desto besser und Erfolg versprechender wird sich unser aller Alter und Altern weltweit gestalten.

Die *Baby-Boom-Generationen* der späten 1950er- und 1960er-Jahre „wuchsen in einer ausgesprochenen Friedens- und Wohlstandsperiode auf, die stark von einer globalisierten Jugendkultur geprägt wurde" (Perrig-Chiello, 2011, S. 183). Viele von ihnen erlebten einerseits die 68er-Bewegung und Hippie-Kultur und genossen andererseits die Vorzüge eines umfassend etablierten und einfach zu nutzenden Bildungssystems. Bei Baby-Boom-Generationen handelt es sich um „Jahrgänge, die das Pensionsalter insgesamt in besserer Gesundheit und mit besseren sozioökonomischen Kennwerten erreichen als frühere Generationen und die deshalb eine erhöhte Wahrscheinlichkeit aufweisen, sehr alt zu werden." (Höpflinger, 2011, S. 37) Deutlich weniger Frauen und Männer dieser Generationen leiden im Unterschied zu *höheraltrigen Menschen* an „vorzeitigen körperlichen Abnutzungserscheinungen", was auf bessere berufliche Rahmenbedingungen infolge des gesellschaftlichen Wandels von der „Industrie- zu einer Informations- und Dienstleistungsgesellschaft" (Perrig-Chiello, 2011, S. 183) zurückzuführen ist.

Spannend erscheint aus wissenschaftlicher Sicht hierbei, dass insbesondere „die Zunahme der Lebenserwartung im Alter unterschätzt wurde", weshalb „die Zahlen zur Entwicklung hochaltriger Menschen immer wieder nach oben angepasst" wurden. Es stellte sich heraus, dass *Hochaltrige* „zu der am schnellsten wachsenden Bevölkerungsgruppe Europas" (Höpflinger, 2011, S. 51) zählen.

Wenngleich insgesamt *chronologische Alterskategorien* angesichts der großen *Heterogenität* des *Alters* und *Alterns* letztlich wenig über diesen umfassenden und herausfordernden menschlichen *Entwicklungsprozess* mit hoher *interindividueller* und *intraindividueller Variabilität* (Bubolz-Lutz, Gösken, Kricheldorff & Schramek, 2010) besagen, erscheint eine Differenzierung hinsichtlich einzelner Variablen in bestimmten Gruppen von *jungen und älteren Alten* hilfreich und sinnvoll. – Beim Altersabschnitt des hohen Alters und Alterns handelt es sich beispielsweise um eine Lebenszeit, in der Personen vom erhöhten „Risiko einer Fragilisierung und funktional-kognitiv bedingter Pflegebedürftigkeit" (Höpflinger, 2011, S. 47) betroffen sind, was mit reduzierten Reservekapazitäten und erhöhter Vulnerabilität in Verbindung gebracht wird. Dies impliziert, dass hochaltrige Frauen und Männer vermehrt vom Leid der *Multimorbidität* – dem gleichzeitigen Auftreten mehrer Krankheiten – und infolgedessen von hohem Medikamentenkonsum betroffen sind. In diesem Zusammenhang sei zudem erwähnt, dass das Armutsrisiko hochaltriger Menschen – „vor allem bei *hochaltrigen Frauen* – insgesamt über dem jüngerer Altersgruppen" (Höpflinger, 2011, S. 42) angesiedelt ist. Ursachen hierfür sind darin zu suchen, dass hochaltrige Frauen und Männer „weniger am Wohlstandsgewinn der letzten Jahrzehnte zu profitieren" vermochten als Generationen nach ihnen und Langlebigkeit zudem infolge eines pflegebezogenen Vermögensverzehrs „zur Verarmung beitragen" kann (Höpflinger, 2011, S. 42).

Für *integrative Überlegungen und Realisierungen* im Sinne nachhaltiger Konzepte, Planungsschritte und ermöglichender Maßnahmen hinsichtlich der

Förderung, Hilfe und *nachhaltigen Unterstützung hochaltriger Frauen und Männer* – in gemeinwesenorientierter Verantwortlichkeit – bedarf es daher vielfältiger sozialer und gesundheitsbezogener Dienstleistungs- und Angebotsstrukturen (Bahr, 1999), finanzieller Versorgungsalternativen sowie gezielten Empowerments mittels ermutigender kultureller, gerontopsychologischer und geragogischer Impulse, die gewährleisten, dass Menschen auch im Alter so lange wie möglich selbstständig und lebensfroh ein unabhängiges Leben zu führen vermögen.

„Im hohen Lebensalter entwickeln sich die Lebensformen von Frauen und Männern auseinander. Während ein Großteil der zuhause lebenden 80-jährigen Männer noch oder erneut in einer Partnerschaft lebt, ist die große Mehrheit der alten Frauen verwitwet." (Höpflinger, 2011, S. 52)

Nach der Kannisto-Thatcher-Database kommen „auf einen Mann etwa 3 Frauen im Alter 80 und älter und 7,5 im Alter 100 und älter" (Scholz, 2011, S. 23). – Trilling erläutert in diesem Zusammenhang, dass Frauen „aufgrund der lebensbegleitenden Benachteiligungen bei Bildung, Beruf und Einkommen" wesentlich öfter von „typischen Lebensrisiken" (Trilling, 2013, S. 19) des (höheren) Alters betroffen sind als Männer. Ihre höhere Lebenserwartung wäre folglich weniger als Privilegierung zu betrachten, als die zeitliche Ausdehnung der Phase, in der die Beschwernisse des Alters sich verstärkt bemerkbar machen. Allein deshalb – so steht zu vermuten – gab es nie einen Aufschrei des Protestes aus männlichen Kehlen angesichts der nach wie vor ungleichen Verteilung der Lebensjahre" (Trilling, 2013, S. 19). Es darf daher vermutet werden, dass niedrigere Werte der Lebenszufriedenheit bei älteren Frauen im Vergleich zu älteren Männern „nicht nur an einer subjektiv kritischeren Sicht" (Trilling, 2013, S. 19) von Frauen liegen dürften.

Eine deutliche *Mehrfachbenachteiligung* findet sich demnach eher bei älteren Alten als bei jüngeren Alten, weiters bei Menschen mit ausschließlicher Volksschulbildung eher als bei Personen mit höherer Schulbildung, und insgesamt bei Frauen häufiger als bei Männern. Im Unterschied zu früher berufstätig gewesenen älteren Personen weiblichen Geschlechts sind insbesondere jene Frauen vermehrt betroffen, die nie berufstätig waren. – Mangelnde finanzielle Möglichkeiten beeinflussen dabei sowohl eigene Handlungsspielräume, Kommunikationsmöglichkeiten und subjektive Einsamkeitsgefühle als auch die individuelle Wohnsituation, Ernährungsweise und das daraus resultierende gesundheitliche Befinden.

Im krassen Gegensatz dazu sollte andererseits nicht in Vergessenheit geraten, dass trotz des Umstandes, dass unter hochaltrigen Frauen und Männern überdurchschnittlich viele vermehrt vom Risiko der Fragilität und Armut betroffen sind, in dieser Altersgruppe durchaus auch zahlreiche *vitale* und zudem *materiell sehr gut situierte Seniorinnen und Senioren* zu finden sind. Zu diesen *hochaltrigen Menschen* zählen in der Schweiz etwa jene privilegierten 85- bis 89-jährigen Frauen und Männer, welche der Bevölkerungsgruppe der meist *erblassenden Personen* angehören (Höpflinger, 2011). – Angesichts hiermit verbundener finanzieller Handlungsräume und humanitärer Optionen böten sich zukünftig auch diesbezüglich viele Möglichkeiten für gezieltes nachhaltiges Engagement seitens älterer Frauen und Männer, das getragen ist von Weisheit und dem Bedürfnis, die Welt einmal besser hinterlassen zu wollen, als diese dereinst vorgefunden wurde!

Demographische Aspekte des Alters und Alterns in Österreich

Im Jahr 2012 lebten in Österreich im Jahresdurchschnitt 8.426.311 Österreicherinnen und Österreicher (Statistik Austria, 2013). 17,9% dieser rund 8,43 Millionen Frauen und Männer waren 65 Jahre alt und älter, was einem Wert von 1,51 Millionen Menschen entspricht. Für das Jahr 2020 prognostiziert Statistik Austria (2013) eine Zunahme der über 65-jährigen Österreicherinnen und Österreicher um 13% auf reale 1,71 Millionen Personen weiblichen und männlichen Geschlechts. Und bis 2060 rechnet man mit einer unglaublichen Steigerung dieses Bevölkerungsanteils um 79% auf prognostizierte 2,70 Millionen Menschen. – Demnach werden im Jahr 2020 voraussichtlich mehr als 20% der Gesamtbevölkerung über 65 Jahre alt sein, nach 2030 wird dieser Anteil aller Wahrscheinlichkeit nach mehr als 25% betragen.

Im Gegensatz dazu wird sich die Zahl der Personen im erwerbsfähigen Alter zwischen 20 und 65 Jahren nur kurzfristig von 5,21 Millionen im Jahr 2012 auf 5,31 Millionen Österreicherinnen und Österreicher im Jahr 2019 erhöhen, was in diesem Zeitraum einer Steigerung von 2% entspricht. Darauf folgend wird dieser Bevölkerungsanteil der 20- bis 65-Jährigen bis 2030 abnehmen und laut Prognose (Statistik Austria, 2013) auf 5,11 Millionen Frauen und Männer sinken.

Insgesamt betrachtet wird die österreichische Gesamtbevölkerung demnach vorerst weiterhin zunehmen. – Die Lebenserwartung von Frauen bei der Geburt lag im Jahr 2012 in Österreich bei 83,3 Jahren, die Lebenserwartung von Männern bei der Geburt bei 78,3 Jahren (Statistik Austria, 2013). Mehr denn je sind dabei individuelle und gesellschaftliche Lebensbedingungen und deren gesundheitliche Auswirkungen zu bedenken, was deutliche Unterschiede hinsichtlich der Lebenserwartung in verschiedenen EU-Ländern verständlich und nachvollziehbar macht.

Abbildung 1: Bevölkerungspyramide 2012, 2030 und 2060 (mittlere Variante)

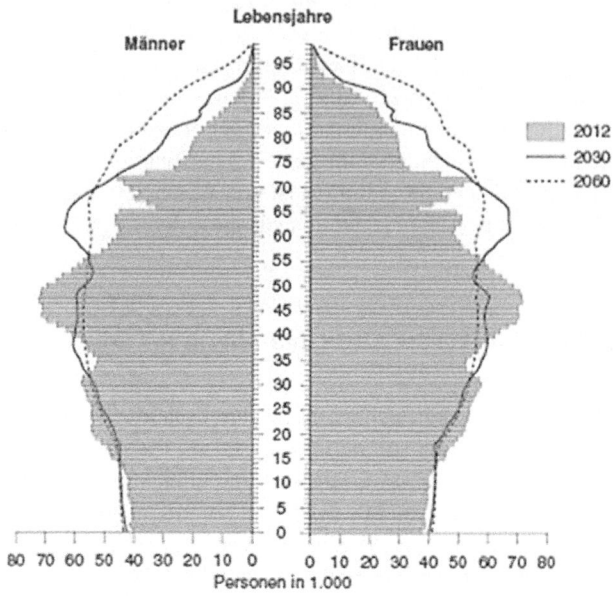

Q: Statistik Austria, Bevölkerungsprognose 2013. Erstellt am 09.10.2013

In Anbetracht des stetig wachsenden Bevölkerungsanteils älterer Menschen an der Gesamtbevölkerung und des abnehmenden Teils jüngerer Personen werden auf nationaler ebenso wie auch europäischer Ebene Bemühungen zur Steigung der Beschäftigungsquote älterer Arbeitnehmerinnen und Arbeitnehmer forciert, um „eine *nachhaltige Aufrechterhaltung des Lebensstandards für alle Bevölkerungsgruppen*" (Bundesministerium für Arbeit, Soziales und Konsumentenschutz [BMfASK], 2012, S. 2) zu gewährleisten. – Und tatsächlich gelang es im Jahr 2010, den Anteil von Arbeitnehmerinnen und Arbeitnehmern im Alter von 55 bis 64 Jahren in Österreich auf 42,4% zu steigern, was nicht zuletzt auf die Unterstützung entsprechender Programme zurückzuführen ist. Dieser im Vergleich zu den fünf Vorjahren deutlich verbesserte Beschäftigungswert Älterer lag laut dem zuständigen Bundesministerium allerdings immer noch 3,9% unter dem EU-weiten Durchschnitt (BMfASK, 2012, S. 2). – Kritische Stimmen entgegnen, dass neuerdings bessere Beschäftigungswerte allerdings auch aus der Perspektive zahlreicher *Mini- bzw. Teilzeitjobs* und vermehrter *Schulungsprogramme* für Ältere zu sehen seien. – Darüber hinaus gilt zu berücksichtigen, dass der öffentliche Dienst in Österreich „mit 30 Prozent den größten Anteil an Beschäftigten über 50 Jahren" aufweist, während Wirtschaftssparten wie „Industrie und Gewerbe" sowie „Handel und KFZ-Reparatur" lediglich „18 bzw. 16 Prozent" an älteren Arbeitnehmerinnen und Arbeitnehmern beschäftigen (BMfASK, 2012, S. 4). Die Prozentwerte der Beteiligung anderer Wirtschaftszweige erwiesen sich als noch geringer. Dies mag befremden, zumal sich ein *Altersmix* der Belegschaft von Betrieben laut *Zentrum für Europäische Wirtschaftsforschung (ZEW)* in Mannheim durchaus rechnet, wonach sich bei einer Steigerung des Anteils der 45- bis 50-jährigen Personen um ein Prozent auch eine Produktivitätssteigerung von 0,5% nachweisen (Zeit Online, 2012) und unter Berücksichtigung altersgerechter Arbeitsplatzbedingungen sogar noch weiter erhöhen ließ.

Beispielgebend und inspirierend agieren diesbezüglich Länder wie Schweden (Gasior, Marin, Schmidt, Vanhuysse, Waginger & Zólyomi, 2012), die mit einer Beschäftigungsquote Älterer von rund 70,5% beeindrucken. – Europäische Diskussionsprozesse und Bestrebungen, die Erwerbsbeteiligung von Menschen im Alter von 20 bis 64 Jahren bis 2020 auf 75% anzuheben und dabei ältere Arbeitnehmerinnen und Arbeitnehmer gezielt in den Arbeitsprozess zu integrieren, erscheinen deshalb realistisch, wenngleich hierbei insbesondere die Rolle und Unterstützung älterer Frauen stärkerer Berücksichtigung bedarf.

Die Urbanisierung – weltweiter Trend mit nachhaltiger Herausforderung

Betrachtet man die Bevölkerungsentwicklung Älterer weltweit, so gestaltet sich der vielfältige Prozess des Alters und Alterns und die Entwicklung von Personen einzelner Altersgruppen innerhalb der Generationen 50+ überaus unterschiedlich und um weitere Dimensionen vielschichtiger und herausfordernder als in Europa.

Besonders relevant erscheint in diesem Zusammenhang der globale Trend der Urbanisierung, der zu neuen Formen des Zusammenlebens von (älteren) Menschen mit und ohne Familienverband oder sozialem Netzwerk führt: Analysen der Vereinten Nationen zeigen, dass seit dem Jahr 2007 erstmals mehr Menschen in Städten leben als in ländlichen Regionen (UN-Habitat, 2008). Und aktuelle Prognosen gehen davon aus, dass dieser Anteil voraussichtlich weiter zunimmt und im Jahr 2050 bereits 70% betragen wird; insbesondere Städte in Asien und Afrika werden davon betroffen sein. – „Urbanization provides new jobs and new opportunities for millions of people in the world, and has contributed to poverty eradication efforts worldwide. At the same time, rapid urbanization adds pressure to the resource base, and increases demand for energy, water, and sanitation, as well as for public services, education and health care." (United Nations, 2013a, S. ix)

Viele (ältere) Bürgerinnen und Bürger der „low- and middle-income countries" (United Nations, 2013a, S. ix) leben in den Slums großer Städte und verfügen daher über einen mangelhaften oder gar keinen Zugang zu lebenswichtigen Versorgungsstrukturen wie der Basisversorgung mit „water, sanitation, electricity and health care" (United Nations, 2013a, S. ix). – Gegenwärtig betrifft dies mindestens eine Milliarde Menschen, die sich aus allen Altersgruppen zusammensetzt. Und schon warnen Fachleute mit aktuellen Prognosen vor einer drohenden Verdreifachung dieses Bevölkerungsanteils bis zum Jahr 2050, sofern „no policy framework is established to address this issue" (United Nations, 2013a, S. ix). – Hier besteht *dringender globaler Handlungsbedarf* zugunsten der Entwicklung, Umverteilung und Neustrukturierung von wirtschaftlichen und sozialen Handlungsabläufen und somit der Ermöglichung menschwürdigen Lebens für (ältere) Menschen weltweit. – „Sustainable development pathways share common features" (United Nations, 2013a, S. xiv): „The world is faced with challenges in all three dimensions of sustainable development – economic, social and environmental. (. . .) Sustainable development will need to be inclusive and take special care of the needs of the poorest and most vulnerable. Strategies need to be ambitious, action-oriented and collaborative, and to adapt to different levels of development." (United Nations, 2013a, S. v)

Ökonomische und soziale Gegebenheiten und Entwicklungsprozesse bedürfen dabei ebenso dringend wie die „food and nutrition security" (United Nations, 2013a, S. xxiii) und global erforderliche „energy transformation" (United Nations, 2013a, S. xv) einer weltweit gerechteren und umweltverträglichen Entwicklung und Entfaltung. – Wie verantwortliche Entscheidungsträgerinnen und Entscheidungsträger in Städten und regionalen Verbänden hierauf reagieren, orientiert sich allerdings am jeweiligen Modus der „upper-, middle- and low-income countries" (United Nations, 2013a, S. xi). – „Consequently, measures of sustainable development progress also need to be tailored to the particular challenges and opportunities identified and prioritized by the cities' main stakeholders" (United Nations, 2013a, S. xi).

Für die Lebenssituation älterer Menschen ergibt sich hieraus eine zeitgeschichtlich völlig neue Lebenssituation, die nicht selten von großem Leid geprägt ist (United Nations, 2013b). Während ältere Menschen unterprivilegierter Länder, die in Städten ihr Dasein fristen, aufgrund ihrer finanziellen Situation oft gezwungen sind, weiterhin etwas dazuzuverdienen, finden sich in Dörfern am Land häufig noch jene alten Menschen, die von jüngeren Familienmitgliedern – unter anderen Alten – zurückgelassen wurden. Unwillkürlich erhebt sich dabei die Fra ge: Was bedeutet dies für die Situation hilfe- und pflegebedürftiger und möglicherweise zudem an Demenz erkrankter Menschen in den erschütternd zahlreichen, infrastrukturell mangelhaft bis ungenügend versorgten Orten unseres Planeten?

Und was bedeutet das für unser aller Älterwerden am Land und in den Städten? Wie können wir unter diesen Voraussetzungen weltweit gewährleisten, nachhaltig zu leben und glücklich alt zu werden?

Die hierzu eindringlich warnende Weltgesundheitsorganisation (WHO, 2012, zitiert nach Spiegel Online, 2012) weist nach ihrer prognostizierten Schätzung von weltweit erwarteten 66 Millionen demenzerkrankten Menschen im Jahr 2030 anschaulich auf „10 Facts on Dementia" (WHO, 2013) hin, welche die Gegebenheiten ebenso realistisch wie dramatisch auf den Punkt bringen.

Wer wird dieser globalen Entwicklung und den hiermit verbundenen Bedürfnissen und Notwendigkeiten gerecht werden? Wer wird betroffenen Frauen und Männern adäquat begegnen und zur Seite stehen? Weltweit?

In einer an Komplexität täglich zunehmenden Welt der Gegensätze!?

Trotz der in vielen Städten, Gemeinden und Pfarren, Vereinen und Organisationen zur Begegnung und Linderung großer Not etablierten, zukunftsweisenden Projekte (regionaler) Hilfe und (internationaler) Entwicklungszusammenarbeit entdecken *hierzulande* – im krassen Gegensatz zur soeben beschriebenen Lebensrealität – bislang eher andere Interessensgruppen, Firmen und Institutionen ältere Menschen als interessante und begehrte Zielpersonen, indem diese für sie zunehmend als kaufkräftige Kundinnen und Kunden, ergo Werbeträgerinnen und Werbeträger, attraktiv werden. – Wenig verwunderlich wird in diesem Zusammenhang von der *Zielgruppe der Best Ager* gesprochen. – Demenz, Armut und Schwierigkeiten, die mit dem Risiko der Multimorbidität im höheren Alter sowie abnehmenden familiären Versorgungsstrukturen verbunden sind, gelten zwar auch hierzulande als große Herausforderung; im Unterschied zu ärmeren und wirtschaftlich mangelhaft entwickelten Ländern wurden in deutschsprachigen und skandinavischen Staaten, den Niederlanden und den USA jedoch viele institutionelle Rahmenbedingungen geschaffen, die älteren Menschen und ihren Bezugspersonen sowohl intramural als auch extramural wertvolle Unterstützung und Hilfe in Form vielfältiger Dienstleistungen anbieten (Bahr, 1998a, 1998b, 1999; Michell-Auli, Sowinski & Lanzerath, 2012).

Zahlungswillige Seniorinnen und Senioren *vermögen* durch ihre *Zahlungskraft* natürlich in vielen Ländern Europas und den USA lebensfroh mittels Inanspruchnahme diverser Dienstleistungsangebote und durch den Kauf von nachhaltig und fair produzierten Produkten wesentlich zu dem erwünschten gerechten Wirtschaftswachstum und somit gerecht erzieltem wirtschaftlichem Wohlstand beizutragen. Und dies ist selbstverständlich wichtig, weil es erneut Initiativen der Nachhaltigkeit stärkt. – Doch noch optimaler und wünschenswerter wäre zukünftig zudem eine deutlich stärkere Verbindung von unterschiedlichen, globalen Wirtschafts- und Lebensbereichen zwischen Arm und Reich und somit ein mögliches, gezieltes humanitäres Engagement älterer Menschen. Sowohl engagierte *Babyboomerinnen* und *Babyboomer* als auch *engagierte höheraltrige Menschen* könnten sich hierzulande und weltweit für dringend benötigte faire Entwicklungs- und Projektarbeit einsetzen und für nachhaltig lösungsorientierte (internationale) Initiativen begeistern, dabei mitarbeiten und es – bei ausreichend vorhandener Pension oder anderen finanziellen Einkünften – zuweilen sogar ehrenamtlich tun. – Wenn dies zu einem neuen, wachsam gestalteten *globalen Trend* werden *könnte*, bei dem achtsam und konstruktiv auf objektive Weise Not konkret gelindert und zum Guten gewandelt wird, dann stärken engagierte ältere Frauen und Männer mit ihrer Lebenserfahrung und Weisheit lebensfroh und voller Zuversicht neue Wege der Hoffnung, die langfristig – auch international – vermehrt zu sozialem Frieden führen.

Angesichts der Heterogenität des Alters und Alterns bedarf es – weltweit – einer Vielzahl an Zugangsweisen und Optionen, um den zahlreichen wichtigen Lebens- und Arbeitsbereichen nachhaltigen Alters und Alterns und damit verbundenen Möglichkeiten der Hoffnung für zukünftige Generationen tatkräftig und kreativ gerecht zu werden.

Ziel muss es sein, auch und vor allem für ältere Menschen – aller Kontinente – zu gewährleisten, dass deren „Menschenwürde und Persönlichkeitsrechte" realisiert werden, was sich „im Umgang von Menschen miteinander in guten menschlichen Beziehungen" (Zenz, 2006, S. 74) zeigt. Lebensfroh, zuversichtlich und gut in der eigenen Lebensgeschichte verankert, mit anderen gemeinsam und fröhlich, so *möchte* und *könnte* man alt werden.

Bausteine der Nachhaltigkeit

„Nachhaltigkeit", „Zukunftsverträglichkeit" oder „dauerhaft umweltgerechte Entwicklung" sind dabei jene drei wichtigen Begriffe, welche als „die drei gebräuchlichsten Übersetzungen von „sustainability" (Diefenbacher, 2001, S. 58) gelten. Diese mehrdimensionalen Begriffe sowie die ursprünglich englischen Termini „sustainability" oder „sustainable development", die in ihrer umfassenden Bedeutung jedoch schwer direkt zu übersetzen sind, werden in diesem Kontext sowohl aus wissenschaftlicher als auch aus praktischer Sicht mit Diskussionsprozessen, Ergebnissen und Publikationen der *Brundtland-Kommission, Rio-Konferenz, Johannesburg-Konferenz* und den *zahlreichen Programmen zur*

Förderung nachhaltiger Entwicklung seitens der *Vereinten Nationen* verbunden und in Anbetracht ihrer weitreichenden Bekanntheit und Aktualität an dieser Stelle als Allgemeinwissen vorausgesetzt.

Demgemäß orientiert sich das hier implizite, gemeinwesenorientierte Verständnis einer „Definition der Nachhaltigkeit aus dem Bereich der Politik", welche von der Brundtland-Kommission stammt und „die nachhaltige Entwicklung in ihrem Abschlussbericht als eine Entwicklung beschreibt, *„die die Bedürfnisse der Gegenwart befriedigt, ohne zu riskieren, dass künftige Generationen ihre eigenen Bedürfnisse nicht befriedigen können"* (Diefenbacher, 2001, S. 62–63). Die von vielen genutzte „anthropozentrische Formel der Brundtland-Kommission" entspricht „auch dem Begriffsverständnis von Nachhaltigkeit in den Dokumenten der UNCED", welche „diesen Begriff zum seither vorherrschenden Leitbild der internationalen Umwelt- und Entwicklungspolitik gemacht haben" (Diefenbacher, 2001, S. 63).

Als üblichste „Leitbildbeschreibung von nachhaltiger Entwicklung" gilt sowohl gemäß *Brundtland-* als auch *Common Future-Bericht*: „Nachhaltige Entwicklung ist eine Entwicklung, die gewährleistet, dass künftige Generationen nicht schlechter gestellt sind, ihre Bedürfnisse zu befriedigen, als gegenwärtig lebende." (Pufé, 2012, S. 36) – In der Unterscheidung zwischen „Nachhaltigkeit" und „nachhaltiger Entwicklung" ist dabei weiters zu beachten, dass sich Nachhaltigkeit „auf einen Zustand, Statik und Beständigkeit" bezieht, während nachhaltige Entwicklung „Bewegung, Dynamik, das Prozesshafte sowie das Werdende und Entstehende" (Pufé, 2012, S. 37) meint.

„Insgesamt plädiert die Wissenschaft für einen dauerhaften, weltweiten Gleichgewichtszustand (Homöostase), der nur durch weltweite Maßnahmen erreicht werden kann. Sie verknüpfen gezielt ökonomische, ökologische und soziale Aspekte der Nachhaltigkeit." (Pufé, 2012, S. 32)

Trotz vieler interdisziplinärer Erarbeitungsprozesse und diesbezüglicher Empfehlungen sowie stets aufs Neue zeitgemäß aktualisierter Zielvisionen der Nachhaltigkeit, und ebenso konstruktiver und kreativer Diskussionsdiskurse, bedarf es angesichts zahlreicher noch ausständiger praktischer Umsetzungsbemühungen gegenwärtig – weltweit – vieler weiterer Impulse, Kommunikations- und Reflexionsbemühungen, konstruktiver Diskussionsergebnisse und Handlungsschritte. Viele einzelne Bausteine dieses Gesamtprozesses der Nachhaltigkeit werden noch zu finden und zu gestalten sein, um langfristig ein lebenswertes und gerechtes Leben sowie Entfalten von neuen Lebenschancen auf unserem Planeten zu ermöglichen und zu gewährleisten.

Zum vielfältigen Spektrum wissenschaftlicher Reflexionen, Publikationen und Bedeutungszusammenhänge, die dieses *Bemühen um eine Entwicklung und*

Stärkung des Bewusstseins für nachhaltiges Erleben, Verstehen und Verhalten veranschaulichen, gesellen sich mittlerweile viele praktische Bemühungen um Nachhaltigkeit und nachhaltige Entwicklung seitens verschiedenster Institutionen, Firmen und Regierungen. Hinsichtlich *älterer Menschen* hieß es dazu beispielsweise seitens der Bundesregierung in Deutschland im *„Wegweiser Nachhaltigkeit 2005"*, nachdem zuvor im Jahre 2004 bereits ausgewählte gerontologische Themenbereiche wie „Lebenslanges Lernen", „Betriebliche Gesundheitsförderung" und „Beschäftigung" betont worden waren:

„Ältere Menschen wollen sich in Wirtschaft und Gesellschaft einbringen mit ihren kulturellen, ökonomischen und beruflichen Lebenserfahrungen, mit ihrer Bildung und ihrem Wissen. Dafür den Boden zu bereiten, ist Zukunftsaufgabe von Politik, Wirtschaft und Gesellschaft gleichermaßen. Es müssen Rahmenbedingungen geschaffen werden, in denen die bislang vielfach brachliegenden Potenziale Älterer in der Praxis besser genutzt werden können." (Die Bundesregierung, 2005, S. 57)

Erneut werden in diesem Bericht wichtige Themen wie *Lebensbegleitendes Lernen* und die *Förderung von (ehrenamtlichen) Tätigkeiten Älterer* nebst vielen weiteren, für ältere Frauen und Männer förderlich wirkenden Aspekten hervorgehoben. Das „Netzwerk für Lebens- und Berufsorientierung Fluxus" etwa „unterstützt das ehrenamtliche Engagement und das Lernen ab 50 Jahren und mehr" und richtet sich an Personen, die sich in dieser beginnenden höheren Lebensphase „mit ihren Erfahrungen, Kenntnissen, Fertigkeiten und Energien ein neues Lebensumfeld erschließen möchten" (Die Bundesregierung, 2005, S. 61). – Und das Aktionsprogramm „Lebensbegleitendes Lernen" widmet sich dem „Aufbau" und der „Weiterentwicklung übergreifender regionaler Netzwerke, in denen durch Zusammenarbeit möglichst vieler Beteiligter (z. B. Bildungseinrichtungen, Betriebe, Sozialpartner, Jugendämter, Arbeitsagenturen etc.) innovative Projekte zum lebenslangen Lernen entwickelt, erprobt und auf Dauer angelegt werden" (Die Bundesregierung, 2005, S. 61).

Nachhaltig zu leben *könnte* für viele ältere Menschen attraktiv werden

Mit ihrer Weisheit, Vernunft und Lebenserfahrung *könnten* (Ekardt, 2010, S. 14) ältere Frauen und Männer sowohl individuell als auch als politisch relevante Gruppe auf den vielfältigen Wegen der gelebten Nachhaltigkeit und nachhaltigen Entwicklung von zunehmend großer Bedeutung sein. Einerseits vermögen sie mit ihrer umfassenden Erfahrung und Kompetenz im Arbeitsalltag als ältere Arbeitnehmerinnen und Arbeitnehmer oder auch als ehrenamtlich Mitwirkende bei der

Konzeption und Implementierung humanitärer Projekte hierzulande und weltweit viel Gutes zu bewirken, andererseits ist ihr persönlicher Handlungsspielraum im alltäglichen Leben von zahlreichen Optionen geprägt, die nachhaltige Gedanken, Verhaltensweisen und Projekte ermöglichen und damit in Zusammenhang stehende Kommunikationsprozesse und Produkte maßgeblich unterstützen *könn(t)en*. Mainieri, Barnett, Valdero, Unipan & Oskamp (1997, S. 191) stellten bei ihrer Untersuchung fest, dass die Zahl an Leuten, „expressing environmental concern and engaging in ecological activities" mit der Zeit deutlich größer wurde. Nicht nur „young, well-educated, and affluent urban dwellers constituted the environmental public", sondern zunehmend auch Personen im Alter von 50+.

Vertraut ist diese Alltagsentwicklung vielen beispielsweise durch die zunehmend attraktiver werdende Bewegung des „green buying", welche mittlerweile in vielen Bevölkerungsgruppen als „schick" gilt. Angesprochen fühlen sich sowohl wirtschaftlich gut situierte als auch finanziell schlechter gestellte (ältere) Menschen. Dabei handelt es sich häufig um jene (alternden) Personen, die sich bewusst Gedanken zu globaler Gerechtigkeit und nachhaltiger Entwicklung machen und infolgedessen verantwortlich handeln möchten. Finanzielle Barrieren erweisen sich hierbei, wie zahlreiche Studien belegten, als letztlich nicht maßgeblich relevant hinsichtlich nachhaltigen Verhaltens, was anfänglich vorhandene Befürchtungen diesbezüglich erübrigte (Samdahl & Roberton, 1989; Arcury & Christianson, 1990). Harald Welzer meint dazu im Interview mit Jürgen Nakott (2011, S. 35) treffend: „Jeder kann etwas tun", und erzählt:

„Es geht um die Selbstwirksamkeit. Zu erfahren, dass das eigene, veränderte Verhalten etwas bewirkt – weniger Energie verbraucht, weniger Treibhausgase verursacht –, kann sehr befriedigend sein. Dann sucht man gleich die nächste Möglichkeit, um diese Erfahrung zu wiederholen. Mir persönlich ist es mit unserem neuen, energieeffizienten Kühlschrank so gegangen. (. . .) Und dann soll das nächste Gerät möglichst ebenso viel Energie sparen. Ein anderes Beispiel: Was nehmen die Menschen auf sich, um in zwei Stunden nach Mallorca zu fliegen? Anfahrt, Koffer schleppen, Warten, (. . .) Wie viel angenehmer ist es, mit der Bahn in den Bayrischen Wald zu fahren." (Nakott, 2011, S. 37)

Gegenwärtig verweilen (ältere) Frauen und Männer im Alltag allerdings noch häufig bei einem *„Ich könnte"* (Ekardt, 2010, S. 14) hinsichtlich eines aktiv gelebten, nachhaltigen Lebensstils, anstatt mit einem *„Ich kann"* tatsächlich *initiativ* zu werden. Mehr denn je bedarf es hierzu daher individueller Vernunft, Motivation und persönlicher Entschlossenheit. Nicht selten stagniert erworbenes nachhaltiges Verständnis bislang bedauerlicherweise auf der Ebene des Wissens und versagt bei individuell spärlich entfalteter Motivation zugunsten mangelnden nachhaltigen Handelns.

Nachhaltigkeit, Lebenserwartung und Gesundheitsbewusstsein im höheren Lebensalter

Unbenommen vermögen sowohl finanziell gut situierte Menschen 50+ als auch bescheiden lebende ältere Frauen und Männer viele gemeinsame Themen und Erfahrungswerte zur Nachhaltigkeit und der nachhaltigen Entwicklung sowie zu einem damit verbundenen, würdevoll achtsamen Umgang mit Ressourcen und Potenzialen in die Gesellschaft einzubringen. Bescheidenheit und Sparsamkeit – sei sie aufgrund ökonomischer Gegebenheiten unumgänglich (gewesen) oder davon unbenommen trotz Wohlstands als individuelle Lebenshaltung entfaltet worden – wird solcherart, unabhängig von gesellschaftlichem Status, zu einem kostbaren Potenzial, das auch vielen (jüngeren) Menschen hilfreiche Wege ressourcenschonenden Verhaltens aufzuzeigen vermag. – *Bürgerschaftliches Freiwilligenengagement* offeriert neben Erfahrungswerten und einer Vielzahl wertvoller Gedanken viele wertvolle Möglichkeiten kompetenzzentrierter Empowermentaspekte des Alters und Alterns (Schulz-Nieswandt & Köstler, 2011). – Es gilt, ältere Frauen und Männer dabei in ihrer individuellen Lebenssituation und bei persönlichen Bedürfnissen und Motiven abzuholen und ihre Neugierde und Begeisterung zu bekräftigen, um es ihnen zu erleichtern, sich aktiv und freudig mit großem Interesse an basisdemokratischen Mitsprachemöglichkeiten (Bahr, Leichsenring & Strümpel, 1996), nachhaltigen Themen und zukunftsweisenden Initiativen, wie beispielsweise der Erarbeitung innovativer, gesundheitsfördernder Projekte, zu beteiligen.

Scholz (2011, S. 34) weist darauf hin, dass sich „das individuelle Interesse alt zu werden und die Vermeidung von gesundheitlichen Risiken" auf „die Lebenserwartung erhöhend" auswirken, wenngleich verschiedenste Verhaltensweisen und Gesundheitsgefährdungen, wie etwa Rauchen, zu viel Alkohol oder Übergewicht, „von Teilen der Bevölkerung als erhöhtes Risiko in Kauf genommen werden". – Ein nachhaltiger Lebensstil und ein damit verbundenes, aktiv im Alltagsleben umgesetztes Gesundheitsbewusstsein *könnten* sich hierbei sehr positiv auf die individuelle Befindlichkeit und Lebensqualität, die weitere Entwicklung von Sozialkontakten im Alter und infolgedessen die individuelle Lebenserwartung auswirken.

Dies ist vor allem insofern von Belang, als sich die Lebenserwartung von Frauen und Männern seit 1990 stetig angleicht. So „geht man heute davon aus, dass der größte Teil des Unterschieds zwischen Männern und Frauen auf unterschiedlich gesundheitsschädigende Lebensstile zurückgeht. Nur ein bis zwei Jahre Unterschied gelten als vermutlich biologisch bedingt." (Burghard, 2008, S. 25, zitiert nach Trilling, 2013, S. 18)

Nachdenklich stimmen hierzu die inspirierenden Erkenntnisse der For-schungsergebnisse von Arber & Cooper (1999), die bei der „British General Hou-sehold Survey, 1992–1994" 14.000 über 60-jährige Frauen und Männer über den Zeitraum von drei Jahren hinsichtlich der „gender differences in health" unter-suchten und feststellten: „There is little difference between the sexes in the repor-ting of self-assessed health and limited longstanding illness, but older women are substantially more likely to experience functional impairment in mobility and personal self-care than men of the same age. (. . .) The results reveal a paradox in health reporting among older people; for a given level of disability, women are less likely to assess their health as being poor than men of the same age after ac-counting for structural factors. Older women's much higher level of functional impairment co-exists with a lack of gender difference in self-assessed health." (Arber & Cooper, 1999, S. 61)

In einer 15 Jahre später publizierten Forschungsarbeit der „large-scale UK survey data" betont Arber (2004, S. 91–108) zudem, dass geschiedene Frauen und Männer und nie verheiratet gewesene Männer sich als die materiell am stärksten benachteiligten Personengruppen herausstellten: „Social organisational membership is linked to material and health resources, but these only partly ex-plain the low levels of social organisational membership of older divorced men. Never-married woman, unlike never-married men, have high involvement in so-cial organisations. Material and social inequalities in later life are linked to the in-tersection of gender and marital status, reflecting gendered power relationships over the life course." (Arber, 2004, S. 91)

Deutsche Ergebnisse der GEDA-Studie 2009 (Robert Koch-Institut, 2011) veranschaulichen die Bedeutung dessen ebenfalls. Das bei älteren Frauen beob-achtete Verhalten erwies sich als gesundheitsbewusster als jenes älterer Männer, wenngleich hier nur 46% der befragten über 65-jährigen Frauen, gegenüber 52% der gleichaltrigen Männer, ihren Gesundheitszustand als gut oder sehr gut beur-teilten. – Unbenommen *könnte* ein bewusst gesundheitsfördernder, optimistischer und nachhaltiger Lebensstil in Anbetracht dessen sowohl bei älteren Frauen als auch betagten Männern eine merkliche Stärkung der Lebensqualität bewirken.

Bei der Unterstützung, dem Ermöglichen und Realisieren individueller Chan-cen gesundheitsbewussten, glücklichen und nachhaltigen Lebens wird Bildung und Beratung zukünftig einen bedeutenden Stellenwert einnehmen. Um hierbei die Motivation älterer Menschen zusätzlich zu inspirieren und zu stärken, könn-ten sich *erfahrene (ältere) Mentorinnen und Mentoren* als hilfreich erweisen, wel-che älter werdende Menschen auf kreative Weise dabei unterstützen, erworbenes Wissen – über nachhaltiges Leben und erfolgreiches Altern – lebensfroh und gemeinwesenorientiert im Alltag umzusetzen.

Zusammenfassendes Resümee und gegenwärtiger gesellschaftlicher Bezug

Die Bevölkerungsgruppe 50+ ist heterogen wie keine andere. – Viele Menschen dieser zahlreichen älteren Generationen erfreuen sich der hoffnungsvollen Perspektive, ihr Leben anregend und gut gestalten zu können. Je nach Lebensgeschichte, Bildung und Geschlecht, finanziellen Möglichkeiten, Wohnverhältnissen und gesundheitlichem Befinden widmen sich (älter werdende) Frauen und Männer erstmals in der Geschichte diesem Abenteuer gegenwärtigen Alters und Alterns auf völlig neue Weise. – Sie sind Pionierinnen und Pioniere eines langen Lebens und blicken auf zahlreiche Jahrzehnte wertvoller Erfahrungen, auf gewonnene Erkenntnisse und weise Gedanken zurück. Diese kostbaren Kompetenzen und Potenziale sowie individuellen und gesellschaftlichen Bedürfnisse einerseits und globalen Gegebenheiten andererseits gilt es aufzugreifen und mit den vielfältigen Herausforderungen nachhaltiger Entwicklung zu verbinden. Vernünftig und fröhlich gelebtes intra- und intergenerationelles Engagement im Kontext aufgaben- und sinnstiftender Selbstverwirklichung (Wouters, 2005) und Identitätsstärkung (Steinfort, 2010) offenbart unzählige Chancen gezielter kooperativer Selbsthilfe. Es vermittelt sowohl individuell als auch gesellschaftlich *lösungsorientierte Zuversicht, Freude, Unterstützung* und *begründeten Optimismus.* Bedarfsorientiert und konkret trägt dies zur Entwicklung und Entfaltung ermutigender Formen gelebter Nachhaltigkeit und zur Stärkung eines positiven, fairen Gesellschaftswandels bei.

Historisch neu ist bei dieser Gesellschaftsentwicklung allerdings auch die zunehmende Zahl jener Personen unter insbesondere *sehr alten Menschen*, die vermehrt von Multimorbidität und Fragilität betroffen sind, unmittelbarer Unterstützung, Hilfe und Pflege bedürfen und somit selbst einen großen und wichtigen, *integrativen Nachhaltigkeitsbedarf* verkörpern. – Viele hochaltrige, allein lebende Frauen mit niedrigem Einkommen trifft dies besonders schwer. Und noch dramatischer gestaltet sich dieses Bild für ältere Menschen in wirtschaftlich schlechter entwickelten Ländern dieser Erde. – Ihr Handlungsspielraum und Zugang zu möglicher sozialmedizinischer Versorgung ist deutlich begrenzt und veranschaulicht drastisch die Realität aktuellen Lebens vieler benachteiligter Menschen auf unserem Planeten. In einer Zeit, in der kein Mensch weiß, ob „unsere Kinder und Kindeskinder auch morgen noch etwas auf dem Teller haben" werden oder es – umgekehrt – endlich an der Zeit wäre, dass „überhaupt erstmals alle Menschen dieser Welt etwas auf den Teller" bekämen, wird dieses Ziel (Ekardt, 2010, S. 25) umso klarer. – Darum sollte es doch eigentlich gehen! Um die Erreichung dieses *Ziels* qualitätsvollen Lebens, dem sich *Nachhaltigkeit* bzw. *nachhaltige Entwicklung* widmet.

Und doch war die Zukunftperspektive für ein weltweit menschenwürdiges Leben und Altern – angesichts unserer globalen Gegenwart – selten trostloser und unsicherer als heute: „More than 1 billion people are still living in extreme poverty, and income inequality within and among many countries has been rising; at the same time, unsustainable consumption and production patterns have resulted in huge economic and social costs and may endanger life on the planet. Achieving sustainable development will require global actions to deliver on the legitimate aspiration towards further economic and social progress, requiring growth and employment, and at the same time strengthening environmental protection." (United Nations, 2013a, S. v)

Schutz für das Leben – die Umwelt, gerechte Wirtschaftbeziehungen und Lebensbedingungen und das Vertrauen in mitmenschliche Beziehungen. – Dass diese wichtigen Variablen *nachhaltigen Lebens* leider auch in unserer Gesellschaft noch unzureichend gesichert sind und daher mittels entsprechender Interventionen unmittelbarer Stärkung bedürfen, zeigen erschreckend hohe Suizidziffern bei älteren Menschen, was sich hinsichtlich des dokumentierten Umfangs besonders dramatisch auf ältere Männer bezieht. Während Suizidraten gesamtgesellschaftlich seit den 1980er-Jahren merklich zurückgehen, trifft dieser Trend bedauerlicherweise nicht auf die Suizidzahlen älterer Frauen und Männer zu. Auch hinsichtlich des weiblichen Geschlechts belegen erschreckende Statistiken: Die Hälfte aller suizidal verstorbenen Frauen sind über 60 Jahre alt! (Schmidtke, Sell & Löhr, 2008)

Wie können wir dieser Verzweiflung älterer Frauen und Männer sinnstiftende Alternativen des Lebens gegenüberstellen und hoffen, dass diese für sie *nachhaltig* attraktiv werden?

Wenn es über 50-jährigen Frauen und Männern in reflektierendem Selbstbezug zunehmend gelänge, über „die Notwendigkeit der Identifikation mit den eigenen Wünschen für das Gelingen von Selbstbestimmung" (Jaeggi, 2005, S. 240) hin zu aktivem eigenen Engagement, zu Selbstentfaltung und der Partizipation an spannenden Initiativen und Projekten zu finden, wäre dies für sie ein möglicher Weg, neue Hoffnung und sinnerfüllte Zuversicht zu leben, und somit auch eine gute *Suizidprävention*. – Dies wiederum ließe sich weiterführend gut mit den Anliegen und dem Engagement gelebter Nachhaltigkeit & globaler Gerechtigkeit verbinden. – Ältere Menschen hätten viel zu sagen und von Herzen zu geben, aber erhalten sie in unserer Gesellschaft auch ausreichend Beachtung, Raum und Zeit dafür?

„Self mastery means more than having a certain attitude towards one's desires at a time. It means in addition that one's values were formed in a manner or by a process that one had (or could have had) something to say about." (Christman, 1989, S. 346, zitiert nach Jaeggi, 2005, S. 241)

Nachhaltig leben – gut für sich und andere auf dem Weg des Älterwerdens sorgen. Mit Bedacht und Aufmerksamkeit für ein glückliches, gemeinsames Alter und Altern in Würde eintreten. Auf die Umgebung und Natur achten. Sich ein Herz fassen und mutig den eigenen Gedanken folgen. Der eigenen Vernunft Raum schenken. Sorgsam mit dem Anvertrauten umgehen. Jetzt glücklich sein oder es endlich werden. – „Sapere aude." (Horaz, 2006, S. 524) – Die Weisheit dieser Dichtung begegnet dem Geist aller, die bereit sind, sich dieser Aufforderung des Lebens neugierig, aufrichtig und guten Willens zuzuwenden. Jede einzelne Person ist eingeladen, diese Worte mit Bedacht wahrzunehmen, zu erwägen und individuelle Gedanken und Impressionen der Nachhaltigkeit zu entfalten. Überlegungen entstehen, die zu gegebener Zeit in die Wirklichkeit umgesetzt werden *könnten* und dann *Gutes bewirken. Gutes wird gerne wiederholt.* Und so würde es vermutlich nicht lange dauern, bis das nächste fröhliche Zeichen dieses konstruktiven und nachhaltigen Wandels gesetzt wird. – Wer würde damit nicht gleich beginnen wollen? – Richtig!

Incipe.

Literatur

Arcury, T. A. & Christianson, E. H. (1990). Environmental worldview in response to environmental problems: Kentucky 1984 and 1988 compared. *Environment and Behavior, 22,* 387–407.

Arber, S. (2004). Gender, marital status, and ageing: Linking material, health, and social resources. *Journal of Aging Studies, 18* (1), 91–108.

Arber, S. & Cooper, H. (1999). Gender differences in health in later life: the new paradox? *Social Science & Medicine, 48* (1), 61–76.

Bahr, C. (1998a). Aspekte der „Institutionalisierung" älterer Menschen im ausgehenden Jahrtausend. In Th. Weidenholzer & E. Marx (Hrsg.), *Hundert Jahre „Versorgungshaus" Nonntal* (S. 361–368). Schriftenreihe des Archivs der Stadt Salzburg. Nr. 9. Salzburg: Salzburger Druckerei.

Bahr, C. (1998b). Das Leben der Bella G. im Heim. Ein Fallbeispiel. In In Th. Weidenholzer & E. Marx (Hrsg.), *Hundert Jahre „Versorgungshaus" Nonntal* (S. 347–359). Schriftenreihe des Archivs der Stadt Salzburg. Nr. 9. Salzburg: Salzburger Druckerei.

Bahr, C. (1999). Entwicklungspsychologische Möglichkeiten im höheren Lebensalter am praktischen Beispiel des Sozial- und Gesundheitszentrums Gnigl. Person. *Zeitschrift für Klientenzentrierte Psychotherapie und personzentrierte Ansätze, 3* (1), 69–75.

Bahr, C., Leichsenring, K. & Strümpel, Ch. (1996). Mitsprache älterer Menschen in Österreich. Forschungsberichte aus Sozial- und Arbeitsmarktpolitik. Nr. 58. Bundesministerium für Arbeit und Soziales. Wien.

Bubolz-Lutz, E., Gösken, E., Kricheldorff, C. & Schramek, R. (2010). *Geragogik.* Stuttgart: Verlag W. Kohlhammer.

Bundesministerium für Arbeit, Soziales und Konsumentenschutz [BMfASK] (2012). *Dossier: Länger Beschäftigung ermöglichen: Betriebliche Gesundheitsförderung und ältere ArbeitnehmerInnen.*

Im Rahmen des Europäischen Jahrs für aktives Altern und Solidarität zwischen den Generationen 2012. Verfügbar unter: http://www.aktivaltern2012.at/cms/aa2012/attachments/8/7/9/CH2465/ CMS1325234152530/120418_dossier_laenger_beschaeftigung_ermoeglichen_betriebliche_ge-sundheitsfoerderung_und_aeltere_arbeitnehmerinnen_web.pdf (Zugriff am 27.07.2014).

Die Bundesregierung (2005). Wegweiser Nachhaltigkeit 2005. Bilanz und Perspektiven. Nachhaltigkeitsstrategie für Deutschland. Kabinettsbeschluss vom 10. August 2005.

Diefenbacher, H. (2001). Gerechtigkeit und Nachhaltigkeit. Zum Verhältnis von Ethik und Ökonomie. Darmstadt: Wissenschaftliche Buchgesellschaft (WBG).

Ekardt, F. (2010). Das Prinzip Nachhaltigkeit. Generationengerechtigkeit und globale Gerechtigkeit (2. Auflage). München: Verlag C. H. Beck OHG.

Ekardt, F. (2011). Theorie der Nachhaltigkeit. Baden-Baden: Nomos Verlagsgesellschaft.

Emmott, S. (2013). Zehn Milliarden. Berlin: Suhrkamp Verlag.

Gasior, K.; Marin, B.; Schmidt, A.; Vanhuysse, P.; Waginger, U. & Zólyomi, E. (2012). Maßnahmen zur Belebung des Arbeitsmarktes für ältere ArbeitnehmerInnen. Studie im Auftrag des Bundesministeriums für Arbeit, Soziales und Konsumentenschutz. Verfügbar unter: http://www.sozialministerium.at//cms/site/attachments/0/0/9/CH2247/CMS1318326022365/massnahmen_aeltere_endbericht.pdf (Zugriff am 28.07.2014).

Grün, A. (2011). *Rituale der Achtsamkeit.* Münsterschwarzach: Vier Türme GmbH-Verlag.

Horaz, Q. (2006). *Quintus Horatius Flaccus. Sämtliche Werke.* (Universal-Bibliothek, Bd. 18466). Stuttgart: Reclam.

Holzberg, N. (2009). *Horaz. Dichter und Werk.* München: Verlag C. H. Beck.

Höpflinger, F. (2011). Die Hochaltrigen – eine neue Größe im Gefüge der Intergenerationalität. In H. G. Petzold, E. Horn & L. Müller (Hrsg.), *Hochaltrigkeit. Herausforderungen für persönliche Lebensführung und biopsychosoziale Arbeit* (S. 37–53). Wiesbaden: Springer VS Verlag.

Jaeggi, R. (2005). *Entfremdung. Zur Aktualität eines sozialphilosophischen Problems.* Frankfurt, New York: Campus Verlag.

Mainieri, T., Barnett, E. G., Valdero, T. R., Unipan, J. B. & Oskamp, S. (1997). Green Buying: The Influence of Environmental Concern on Consumer Behavior. *The Journal of Social Psychology, 137* (2), 189–204.

Michell-Auli, P., Sowinski, C. & Lanzerath, M. (2012). Konzeptionelle und architektonische Umsetzung des Prinzips „Leben in Privatheit". *Pro Alter, 44* (2), 20–24.

Nakott, J. (2011). „Jeder kann etwas tun." Interview mit Harald Welzer. *National Geographic Deutschland, 01,* 34–38.

Perrig-Chiello, P. (2011). Jeder Generation ihre eigene Intervention? *Psychotherapie im Alter, 8* (2), 179–189.

Pufé, I. (2012). *Nachhaltigkeit.* Konstanz und München: UVK Verlagsgesellschaft mbH.

Robert-Koch-Institut (2011). *Daten und Fakten.* Ergebnisse der Studie „Gesundheit in Deutschland aktuell 2009", GEDA, Berlin: Robert-Koch-Institut.

Samdahl, D. H. & Roberton, R. (1989). Social determinants of environmental concern: Specification and test of the model. *Environment and Behavior, 21,* 57–81.

Schmidtke, A., Sell, R. & Löhr, C. (2008). Epidemiologie von Suizidalität im Alter. *Z Gerontol Geriat, 41* (3), 3–13.

Scholz, R. (2011). Zur Dynamik der Bevölkerungsentwicklung im höchsten Alter. In H. G. Petzold, E. Horn & L. Müller (Hrsg.), *Hochaltrigkeit. Herausforderungen für persönliche Lebensführung und biopsychosoziale Arbeit* (S. 23–35). Wiesbaden: Springer VS Verlag.

Schulz-Nieswandt, F. & Köstler, U. (2011). *Bürgerschaftliches Engagement. Hintergründe, Formen, Umfang und Funktionen.* Stuttgart: Verlag W. Kohlhammer.

Spiegel Online (2012). Nervenkrankheit: WHO warnt vor dramatischer Demenz-Ausbreitung. Verfügbar unter: http://www.spiegel.de/wissenschaft/medizin/who-warnt-vor-dramatischer-demenz-ausbreitung-a-826910.html (Zugriff am 27.11.2012).

Statistik Austria. *STATISTIK AUSTRIA – Bevölkerungsprognosen,* Statistik Austria. Verfügbar unter: http://www.statistik.at/web_de/statistiken/bevoelkerung/demographische_prognosen/bevoelke-rungsprognosen/index.html (Zugriff am 22.12.2013).

Steinfort, J. (2010). *Identität und Engagement im Alter.* Wiesbaden: VS Verlag für Sozialwissenschaften.

Trilling, A. (2013). Wie groß ist der „kleine" Unterschied? Geschlechterunterschiede im Alter im Spiegel der Statistik. *Psychotherapie im Alter, 10* (1), 9–20.

UN-Habitat (2008). *The State of the Worlds Cities 2008/2009. Harmonious Cities.* London: Earthscan.

United Nations (2013a). *World Economic and Social Survey 2013. Sustainable Development Challenges.* New York: Department of Economic and Social Affairs. E/2013/50/Rev.1ST/ESA/344. Verfügbar unter: http://www.un.org/en/development/desa/policy/wess/wess_current/wess2013/WESS2013.pdf (Zugriff am 27.07.2014).

United Nations (2013b). Millennium-Entwicklungsziele. Verfügbar unter: http://www.un.org/millen-niumgoals/ (Zugriff am 01.10.2013).

Weisman, A. (2012). Die Welt ohne uns. Reise über eine unbevölkerte Erde (7. Auflage). München: Piper Verlag GmbH.

WHO (2013). 10 Facts on Dementia. Verfügbar unter: http://www.who.int/features/factfiles/dementia/dementia_facts/en/index.html (Zugriff am 03.12.2013).

Wouters, G. (2005). Zur Identitätsrelevanz von freiwilligem Engagement im dritten Lebensalter. Freiburg im Breisgau: Centaurus Verlag & Media.

Zeit Online (2012). Unternehmen profitieren von älteren Beschäftigten. Beitrag zur Studie des ZEW am 21.02.2012. Verfügbar unter: http://www.zeit.de/karriere/beruf/2012-02/studie-alte-mitarbeiter (Zugriff am 28.07.2014).

Zenz, G. (2006). Überlegungen zum Schutz von Menschenwürde und Persönlichkeitsrechten im hohen Alter. *Psychotherapie im Alter, 11* (3), 73–85.

Abbildungsverzeichnis

Intersektionalität von „generation" und „gender"

Andrea Bramberger

Die Intersektionalitäts- und die Ungleichheitsforschung sind vor allem seit dem Beginn des 21. Jahrhunderts zentrale, vieldiskutierte Forschungsperspektiven in der Frauen- und Geschlechterforschung (Klinger & Knapp, 2007; Walgenbach et al., 2012). Sie zielen auf die Sichtbarmachung sozialer Ungerechtigkeiten ab und entwickeln Vorschläge für ein Handeln. Ausgangspunkt der Intersektionalitätsforschung ist die Überlegung, dass es nicht ausreichend sei, eine einzige Kategorie wie etwa das soziale Geschlecht isoliert zu betrachten. Die Situation als Frau oder als Mann werde noch von anderen Kategorien wie zum Beispiel der sozialen Klasse, der ethnischen Zugehörigkeit, dem religiösen Bekenntnis oder der sexuellen Orientierung bestimmt und gestalte sich entsprechend unterschiedlich. Intersektionalitätsforschung bezieht sich auf die multiplen Verknüpfungen und Überlagerungen von Strukturen der Ungleichheit. Nach Carol Hagemann-White (2011, S. 23) sei von „Struktur" erst „dann zu reden, wenn eine Veränderung der Ungleichbehandlung das Potenzial zur Erschütterung der sozialen Ordnung" habe.

Der folgende Text fokussiert die Intersektionalität der Strukturkategorien „gender" und „generation". Er diskutiert Überlagerungen des sozialen Geschlechts mit Stationen im Lebenslauf bzw. die Verbindung der Diskussion um das soziale Geschlecht mit Erkenntnissen der aktuellen Lebenslaufforschung. Impuls dafür, diese Überschneidung zum Thema zu machen, ist die Überzeugung, dass sich „Weiblichkeiten" und „Männlichkeiten" in unterschiedlichen Stationen des Lebens, die durch das Lebensalter bestimmt werden, also in der Kindheit, in der Jugend, im Erwachsenenalter oder im Alter, unterschiedlich gestalten, bzw. dass Kindlichkeit, Jugendlichkeit, Erwachsenendasein und Altsein für Menschen abhängig von ihrem biologischen Geschlecht unterschiedlich sind. Diese Unterschiede sind für die Intersektionalitätsforschung dann von Interesse, wenn es nicht um Ungleichheit im Sinne von Verschiedenheit geht, sondern wenn damit Diskriminierungen, eingeschränkte Zugänge zu Ressourcen und die ungleiche Verteilung der Definitionsmacht hinsichtlich relevanter gesellschaftlicher Themen verbunden sind. Sowohl „gender" als auch „generation" unterliegen einer hierarchischen Ordnung. Im Rahmen der Intersektionalitätsforschung werden Strukturkategorien relational zueinander gehandhabt, und relationale Verhältnisse finden sich auch innerhalb der Kategorien „gender" und „generation". Die Frauen- und Geschlechterforschung thematisiert mit „gender" Beziehungen zwischen und unter Frauen und Männern. Im Rahmen der Generational Studies werden Kinder, Jugendliche, Erwachsene oder alte Menschen nicht als autonome Gruppen gesehen. Vielmehr rückt deren Verhältnis zueinander ins Zentrum der Aufmerksamkeit. Das bedeutet für Diskussionen um jede Lebensphase: Zum Thema werden Charakterisierungen dieser Lebensphase, und zwar deshalb, weil sie realitätsmächtig sind, darüber hinaus aber auch die soziale Platzzuweisung, die sich im Verhältnis dieses Lebensalters zu anderen generativen Gruppen ergibt, und die daraus resultierende persönliche Situation Einzelner.

Der folgende Text entwickelt diesen Forschungszugang exemplarisch an einem brisanten Beispiel, an dem die Strukturierung von „generation" und die Relationalität generativer Gruppen im Zusammenspiel mit „gender" sichtbar werden.

2010 drehte Eva Ionesco ihren ersten Film mit dem Titel *My Little Princess*. Der Film erzählt und zeigt die frühe Kindheit der Regisseurin, die sie zusammen mit ihrer Mutter und ihrer Urgroßmutter in Paris verbrachte. Diese Kindheit war keine private gewesen. Vielmehr sorgte sie damals für heftige öffentliche Diskussionen. Der Grund: Eva Ionesco wurde seit ihrem vierten oder fünften Lebensjahr von ihrer Mutter, der heute bekannten Fotografin Irina Ionesco, immer wieder professionell fotografiert, und zwar kaum oder gar nicht bekleidet, in erotischen und pornografischen Posen, mit erotischen Accessoires. Diese Bilder wurden öffentlich ausgestellt, vorgeführt und verkauft. Sie erschienen auf der Titelseite des Magazins *Playboy*. 1976 wurde mit der damals elfjährigen Eva der Film *Spielen wir Liebe* gedreht, der dem Genre Softsexfilm zugerechnet wird und dessen Besitz, Aufführung und Verbreitung heute in einigen Ländern verboten ist (in Deutschland zum Beispiel seit 2006). 1977 war eines dieser „Kunstbilder" auf der Titelseite des Magazins *Der Spiegel* zu sehen, der Titel des Hefts lautete: *Die verkauften Lolitas*. Das brachte dem Spiegel eine Rüge des Deutschen Presserats ein. Die Abbildung von Kindern als Sexualobjekte werde, so die Aussage, missbilligt (Der Spiegel 32/1977, 142):

Öffnet man im Online-Archiv des Magazins *Der Spiegel* das Heft Nr. 22 aus dem Jahr 1977 (URL siehe Literaturverzeichnis), so sieht man als Titelblatt nicht *Die verkauften Lolitas*, sondern ein Leerbild. Der Artikel, der in diesem Heft über das Mutter-Tochter-Paar Irina und Eva Ionesco berichtet, fehlt. Weder das Fehlen des Textes noch das Fehlen des Bildes wird begründet oder kommentiert.

Im selben Jahr, 1977, wurde Irina Ionesco das Sorgerecht für ihre Tochter entzogen, und Eva wurde bei Pflegeeltern untergebracht. Fotografien wurden aber weiter verkauft. Zuletzt erschien 2004 das Buch *Eva – Eloge de ma Fille* (Ionesco 2004; in Neuauflage 2011) als eine Sammlung von Fotografien, die Eva Ionesco zeigen.

Mit der Verfilmung der Geschichte erhebt Eva Ionesco ihre Stimme und erzählt die Geschichte oder vielmehr eine Variante der Geschichte. 2011 wird *My Little Princess* in Cannes als bester Debütfilm nominiert. Anlässlich dieser Ehrung spricht Eva Ionesco in einem Interview über die Gründe, die sie bewogen hatten, diesen Film zu drehen: Es sei ihr nicht darum gegangen, einen Skandalfilm zu drehen, sondern darum, eine Mutter-Tochter-Beziehung zu schildern und zu zeigen, „wie weit man gehen kann zwischen Mutter und Tochter" (FOCUS Online, 27.10.2011). „Wie weit kann man gehen zwischen Mutter und Tochter?", ist Eva Ionescos zentrale Frage, und der Film kann als ihr Angebot, unterschiedliche, parallele Antworten zu finden, gelesen werden. Der Fokus auf die Frage: „Wie weit kann man gehen zwischen Mutter und Tochter?", bringt für eine Analyse von *My Little Princess* weitere Fragen mit sich: Wie weit gehen nicht nur eine Mutter und eine Tochter miteinander, sondern wie weit geht eine Gesellschaft mit einer Mutter-Tochter-Beziehung? Mit Frauenbiografien? Mit generativen Verhältnissen? Welche gesellschaftlichen Orte sind Müttern und Töchtern zugedacht? Jungen Müttern? Alten Müttern? Kindern? Wie können sie diese Orte gestalten? Und weiter: Was gilt als ein Norm-Verhältnis zwischen den Generationen? Wo werden Grenzen von Nähe und Distanz, Autonomie und Verlassenheit, Bewahren und Ausbeuten, Schützen und Missbrauchen gesetzt? Was skandalisiert eine Mutter-Tochter-Beziehung und/oder eine Kindheit? Was ist eine gelungene, was eine gescheiterte Kindheit, was ist ein gelungenes Muttersein oder Erwachsensein? Wodurch misslingen Alternsprozesse, und wie werden diese Mechanismen gesteuert?

Irina Ionesco fügt der Tochter Eva großes Leid zu. Die beiden haben bis heute keinen Kontakt zueinander. Eva Ionesco zeigt in *My Little Princess* mit Violetta ein machtloses Kind, und sie zeigt eine machtlose alte Frau, das ist die Urgroßmutter, die für Violetta zwar vorübergehend ein Zuhause zur Verfügung stellt, das Mädchen aber nicht schützen kann. Der Film zeigt aber auch eine in ihrem Verhältnis zu Violetta und zur Urgroßmutter mächtige, erwachsene Frau, Hanna. Sie lockt die Tochter Violetta in ihr morbid und skurril möbliertes Studio, um sie immer wieder zu fotografieren. Sie verkauft die Fotos, nimmt Violetta mit zu Abendveranstaltungen, erotisierten Fotoshootings und Ausstellungseröffnungen, um mit dem Begehren Anderer nach dem weiblichen, kindlichen Körper ihrer Tochter Geld zu verdienen. Auf diese Weise will sie sich selbst als Fotografin verwirklichen, berühmt, geachtet und geliebt werden, und in diesen Szenen ist sie eine tragische Figur. Der Film nimmt die Tradition der Mutter-Tochter-Beziehung in den Blick: Eva Ionesco erzählt von einer Mutter, die ihre Tochter fotografiert, aber nicht sieht (Critics' Week, 2011), die ihre Liebe beschwört, sie aber niemals in den Arm nimmt. Ihr Blick auf die Tochter, den die Kamera dokumentiert, stillt die Sehnsucht des Kindes, von der Mutter wahrgenommen zu werden, nicht. Die Tochter bemüht sich, der Mutter zu gefallen, ihren Ansprüchen zu genügen, sie kopiert die Mutter, antizipiert ihre Wünsche, nimmt die geforderten Posen ein, doch sie kann die Mutter nicht zufriedenstellen. Violetta ist der Mutter ausgeliefert, und doch dämonisiert Eva Ionesco die Mutter nicht. Der Film zeigt die Schuld der Mutter und er relativiert sie, inszeniert die Mutter als eine traumatisierte, realitätsferne, ungeliebte Frau: „die Mutter verwandelt sich in ein kleines Mädchen, sie ist narzißtisch, sie beraubt ihre Tochter, deren Bild sie sich zunutze macht, gleichzeitig fällt die Mutter in die Kindheit zurück" (Interview mit Eva Ionesco, Arte, 18.5.2011). Eva Ionesco beschreibt die Protagonistinnen als Spielfiguren der Ordnung der Geschlechter und der Generationen. Sie wählt für ihre Darstellung von Weiblichkeitsbildern und von Bildern der Mutter-Tochter-Beziehung das Genre des Kunstmärchens. Sie überzeichnet die Frauenfiguren in Aussehen, Mimik und Gestik, reduziert sie auf ihre Körper, verweist auf die Verbildlichung von Weiblichkeit, und sie überzeichnet die traditionsreichen Vorstellungen von der Enge der Mutter-Kind-Dyade und die Fantasien von der perfekten Mutter, an denen die „reale" Mutter immerzu scheitert. Eva Ionesco findet im Film keine positive Lösung. Am Ende droht der Mutter der Verlust des Sorgerechts für Violetta, die beiden erproben eine „korrekte" Mutter-Tochter-Beziehung. Ihr Mutter-Kind-Spiel, das an die Stelle des Reizes, durch die Produktion erotischer Fotos miteinander verbunden zu sein, eine Tochter setzt, die Erdbeerjoghurt isst und mit den Bechern ein Spielzeugtelefon bastelt, und eine Mutter, die statt der prächtigen Roben einer Diva ein Mickey-Mouse-T-Shirt und einen Faltenrock trägt, gerät zu einer Persiflage. Als die Mutter sich selbst anstelle der Tochter als alterndes Mädchen fotografiert, und die Tochter anbietet, sich um sie zu kümmern und für sie zu kochen, bricht die Inszenierung zusammen. Violetta fordert von der Mutter Ehrlichkeit und Gemeinsamkeit jenseits der Kommerzialisierung ihres Körpers als Basis einer neuen Beziehung, doch darin finden beide keinen Halt. Violetta wird in ein Heim eingewiesen. In der Schlussszene geht Hanna auf das Heim zu, in keusches Weiß gekleidet. Ein Betreuer informiert Violetta vom Besuch der Mutter, sie springt aus dem Fenster und läuft weg. Ihre Flucht vor den Rufen der Mutter, dass sie sie liebe, beendet den Film. Violetta flieht und dreht sich nicht mehr um. „J'ai enjambé la fenêtre et je ne suis jamais revenue", sagt Eva Ionesco in einem Interview. Wenn Eva und Violetta fliehen, so beendet dies Eva Ionescos Regiearbeit und einen Film, aber nicht die Mutter-Tochter-Beziehung. Eva Ionesco macht eine Mutter-Tochter-Beziehung öffentlich, wie ihre

Mutter Irina das getan hatte; sie wählt das Medium Kunst, um sich zu artikulieren, wie ihre Mutter. Damit *verweist* sie auf die realitätsmächtige Bestimmung der Mutter-Tochter-Beziehung, die traditionell in Symbiose, Enge und Austauschbarkeit von Mutter und Tochter liegt. Eva Ionescos Darstellung ihrer Biografie liegt notwendigerweise die Reflexion der Beziehung zugrunde, den Variationen in der Darstellung *möglicherweise* deren kritische Durchquerung und Veränderung (Bramberger, 2007).

Eva Ionesco klagt mit *My Little Princess* ihre Mutter an, und sie klagt die Verantwortung der Gesellschaft ein, die ein Kind nicht schützt, die eine Familie und auch eine Mutter nicht vor Gewalt bewahrt, sondern sie vielleicht sogar ermöglicht. Die Einschätzungen und Filmrezensionen nehmen darauf nicht Bezug. Die Rezensionen und Kommentare zu *My Little Princess*, die in verschiedene Richtungen gehen, zeigen Irritation, die sich vor allem am Mutter-Tochter-Paar festmacht. Man spricht von einer bizarren „Ménage-à-trois: eine Mutter, alleinerziehend, ihre Tochter und die Kamera der Mutter" (Süddeutsche.de, 27.10.2011), einem überzogenen, nicht überzeugenden Schauspiel „des Duos Mrs. Frankenstein und einer Monsterlolita" (The Hollywood Reporter, 18.5.2011). Man wünscht sich, der „Verzweiflungsschrei" Eva Ionescos möge gehört und sie selbst dadurch befreit werden (Fluter, 2011), man bezeichnet den Film als eine an zentralen Stellen schlichte Neuauflage eines seit Freud diskutierten Themas (Critic.de, 19.9.2011), spricht von Kinderpornografie und hält den Film für oberflächlich (Daumenkino, 13.11.2011), oder man rät davon ab, den Film zu zeigen oder anzusehen, wenn man mit Kinderpornografie nichts zu tun haben wolle.

My Little Princess kann als die Darstellung einer Schnittstelle gelesen werden, an der die Kategorien „gender" und „generation" übereinanderliegen, als ein Zusammenspiel der Ordnung der Geschlechter und der Ordnung der Generationen, sowie als eine Artikulation der identitätskonstituierenden und gesellschaftsstrukturierenden Wirkung dieser speziellen Intersektionalität.

Ausgehend von Eva Ionescos Frage: „Wie weit kann man gehen zwischen Mutter und Tochter?", schlage ich im Folgenden erstens für die aktuelle Diskussion in der Generationen- oder Lebenslaufforschung und für die Frauen- und Geschlechterforschung ein Modell vor, mit dem Intersektionalitäten strukturiert dargestellt werden können (1). Zweitens zeichne ich die Figur „KindFrau" oder Lolita, die mit dem Film geschildert wird und mit der eine Variante der Intersektionalität von „gender" und „generation" materialisiert wird, nach (2). Drittens schlage ich mit Theorien Henry Giroux und Elisabeth Badinters alternative Interpretationen des Szenarios in *My Little Princess* vor (3).

Analysemodell

(a) Generation

Generational Studies befassen sich mit differenzierten Analysen zu den Lebens-
zusammenhängen generativer Gruppen und zur Konstituierung von „generation".
Die Forschungszugänge können in vier Perspektiven eingeteilt werden, die sich
modellhaft in vier Quadranten darstellen lassen.

Nach diesem Modell ist auf der vertikalen Achse der thematische, auf der ho-
rizontalen Achse der theoretische Zugang angesiedelt.

Abbildung 1

Auf einer thematischen Ebene geht es zum einen um eine Auseinandersetzung
mit generativen Gruppen, in der ich im Modell idealtypisch zwischen differenz-
theoretischen und diskursanalytischen Zugängen unterscheide. Dies findet in
den Quadranten I und II, „Rekonstruktion und Dekonstruktion generativer Kategorien", Abbildung. Darüber hinaus werden generative Gruppen als relationale
Kategorien, das heißt also zum Beispiel Kindheit oder Alter im Verhältnis zum
Erwachsenenalter, diskutiert. Diese Bereiche der Forschungen zu „generation"
oder „generationing" (Alanen, 2009) lassen sich den Quadranten III und IV zu-
ordnen (siehe Abbildung 2).

Quadrant I umfasst Forschungen zur Rekonstruktion der Vorstellungen von
Kindern und Kindheit, von Jugendlichen und Jugend, von Erwachsenen und alten
Menschen, aber auch von generativen Kategorien wie zum Beispiel „Mütterlich-

Abbildung 2

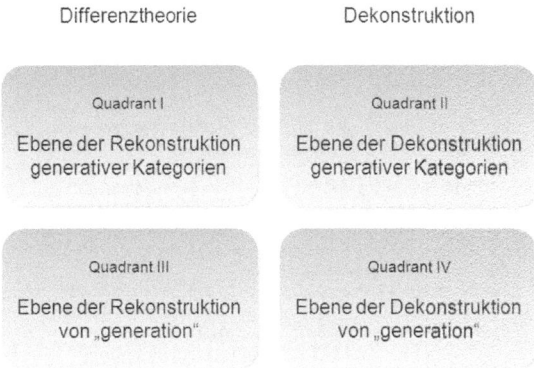

Differenztheorie   Dekonstruktion

Quadrant I

Ebene der Rekonstruktion
generativer Kategorien

Quadrant II

Ebene der Dekonstruktion
generativer Kategorien

Quadrant III

Ebene der Rekonstruktion
von „generation"

Quadrant IV

Ebene der Dekonstruktion
von „generation"

keit". Die besonderen Bedürfnisse und Charakterisierungen, Fremd- und Selbst-bilder der generativen Kategorien werden nachgezeichnet und erforscht. Es werden zum Beispiel Studien zur Tradition säkularisierter Erlösungsmetaphern, mit denen Kinder seit der Aufklärung bedacht werden, erstellt, und die Problematik der Konstruktion unschuldiger Kinder als solche, die nichts von Sexualität wissen, und die Konstruktion sexualisierter Kinder als schuldige Kinder wird diskutiert.

In Quadrant II wird die Dekonstruktion des essentialistischen Charakters einer generativen Kategorie thematisiert. Analysen des historischen und kulturellen Wandels der Kindheit und der Kategorie „Kind" zeigen zum Beispiel, dass unter dem, was ein Kind vermeintlich sei, Unterschiedliches verstanden wurde und wird. In *My Little Princess* werden die zwiespältigen Auffassungen darüber, was ein Kind sei, sichtbar. Violettas Schulkindheit, ihr Leben bei ihrer Urgroßmutter und ihr Leben in der Kunstwelt ihrer Mutter sind jeweils andere Lebenswelten. Kinder sind keine anthropologischen Konstanten, und Kindheiten verlaufen weder homogen noch linear. (Siehe Abbildung 3)

Ein dritter Quadrant thematisiert nicht den Umgang mit den einzelnen generativen Gruppen, sondern bezieht sich auf das Verhältnis der generativen Kategorien zueinander und nimmt die realen generativen Differenzierungen ernst. In der Kindheitssoziologie zum Beispiel wird die Frage nach dem Verhältnis von Kindern und Erwachsenen gestellt und die Festlegung des Erwachsenenalters als Norm problematisiert.

In *My Little Princess* ist Violettas Biografie von ihrer generativen Position eines Kindes und von der generativen Rolle einer Tochter mitbestimmt. In der Anfangsszene zeigt Eva Ionesco das ruhige, harmlose Spiel Violettas, eines kleinen

Andrea Bramberger

Abbildung 3

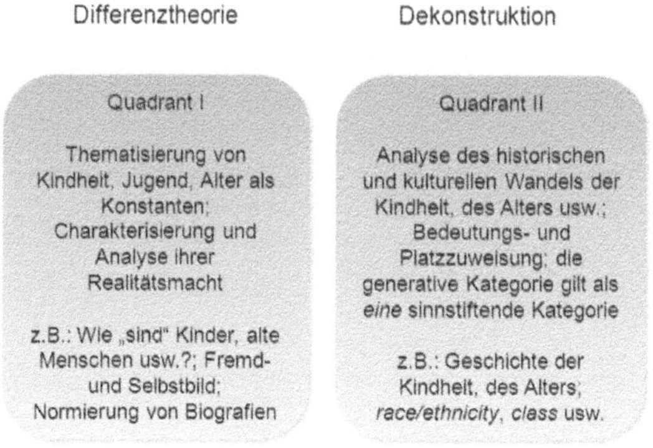

Mädchens, das Zöpfchen und Kinderkleidung trägt und Puppen im Arm hält. In Hannas Studio verwandelt sie sich. Sie trägt eine Krone im offenen Haar, und Eva Ionesco inszeniert sie fortan skurril-mondän, glamourös, geschminkt, lasziv und erotisch oder in knapper und enger Bekleidung. Violetta will der Mutter gefallen, wirbt um ihre Liebe, und aus diesem Werben, das die Kamera dokumentiert, entstehen Dokumente, die Hanna benutzt, um die Tochter öffentlich zur Schau zu stellen.

Die Konstruktionen dessen, was ein Kind ist, wozu es erzogen werden soll, was es leisten soll, kann und darf, gehen von Erwachsenen aus. Die Erwachsenen sind es, die Situationen bestimmen, einschätzen, werten. Sie sind es, die den Schutz der Kinder fordern, und sie sind jene generative Gruppe, vor der die Kinder geschützt werden sollen (Bühler-Niederberger, 2010).[1]

Der vierte Quadrant kritisiert den binären Code Erwachsene(r)-Kind bzw. Erzieher(in)-zu Erziehende/r und binäre Codes im Allgemeinen und sucht nach alternativen Denk- und Handlungsmustern.

Die Festlegung generativer Gruppen, das heißt die Konzipierung von Kindern, Jugendlichen, Erwachsenen und alten Menschen mit der immanenten binären, hierarchischen Struktur, werden ebenso als Konstruktionen diskutiert wie ihre Deklaration als jeweils zwangsläufigen Zustand. Es gibt keine Möglichkeit,

---

1 Die Hierarchie der Ordnung der Generationen ist auch für die Lebensphase Alter bedeutsam. Sie bringt für jene, die als „alt" gelten, eine gesellschaftliche Entmachtung mit sich. In *My Little Princess* ist die Urgroßmutter machtlos. Auch wenn sie sich als Wissende und Instanz moralischer Korrektheit in Szene setzt, so bleibt sie doch ungehört, finanziell abhängig und auf den Erfolg jener Machenschaften von Familienmitgliedern angewiesen, gegen die sie vehement auftritt.

das, was Kinder, Jugendliche, Erwachsene, alte Menschen, Mütter sind, empirisch korrekt zu bestimmen. Die Kategorien und die Differenz sind Konstrukte (Lenzen, 1994). In My Little Princess gibt es keine Verbindlichkeit im Hinblick auf den Umgang mit einer (kindlichen) Person und ihren Schutz aufgrund ihrer generativen Position, die unbedingt gültig und essentialistisch begründet wäre. Hannas Verhalten gegenüber Violetta ist beliebig. Violetta wirft der Mutter ein Überschreiten aller Grenzen der Intimität und des Respekts vor, und die Mutter bezeichnet ihre Tochter als ein Monster. In der Schule ist Violetta eine Außenseiterin. Ihre Suche nach Zuflucht in religiösen Gemeinschaften scheitert. Die professionelle Intervention ist keine Alternative, die der Zerstörung Einhalt gebieten könnte. Für Violetta wird Schutz eingefordert und nicht angeboten.

Abbildung 4

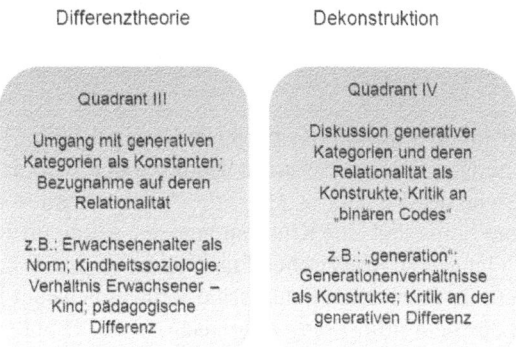

(b) Gender

Forschungen zu „gender" können in einem ähnlichen Modell dargestellt werden. Ein erster Quadrant umfasst Charakterisierungen von Frauen und Männern. Quadrant II untersucht den historischen und kulturellen Wandel von Zuschreibungen. Quadrant III betrachtet Frauen und Männer nicht isoliert, sondern im Verhältnis zueinander. Quadrant IV diskutiert die Probleme der Festlegung von Männlichkeit und Weiblichkeit als eine normierende Handlung und erkundet Alternativen zu binären Strukturen (Abbildung 5).

Die acht Quadranten lassen sich in unterschiedlichen Konstellationen übereinanderlegen. Eine Variante der Überlagerung der Kategorien „generation" und „gender" wird in *My Little Princess* mit der Figur der KindFrau (Bramberger, 2000) *inszeniert*.

Abbildung 5

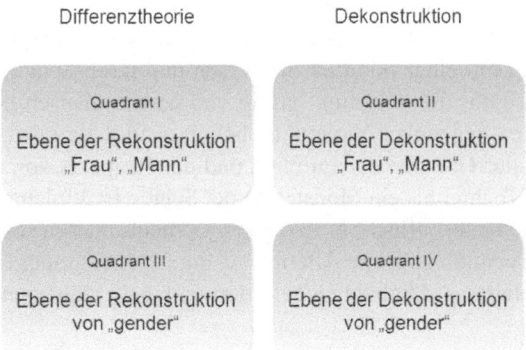

Differenztheorie   Dekonstruktion

Quadrant I

Ebene der Rekonstruktion
„Frau", „Mann"

Quadrant II

Ebene der Dekonstruktion
„Frau", „Mann"

Quadrant III

Ebene der Rekonstruktion
von „gender"

Quadrant IV

Ebene der Dekonstruktion
von „gender"

KindFrau

Eva Ionesco wird auf dem *Spiegel*-Titelblatt (Der Spiegel, Heft 22/1977) „Lolita" genannt. Bis heute ist ihr Image das einer KindFrau und wird dementsprechend diskutiert. Die Figur der Violetta in *My little Princess* wird von der aktuellen Presse ebenso eine Lolita und eine Kindfrau genannt. Filmimmanent werden unmittelbare Verbindungen zu historischen Figuren, die als KindFrauen bezeichnet wurden, hergestellt: In ihrer ersten Fotosession stellt Violetta auf Hannas Anweisung eine Szene aus dem Film *Pretty Baby* nach, in der Brooke Shields als die zwölfjährige Namensverwandte Violet ein mädchenhaftes Kleid trägt, eine Puppe im Arm hält und in lasziver Unschuld Männer verführen soll. Hanna fordert Violetta auf, eine „Veilchenverkäuferin in den Sternen" zu sein – „violet", das bedeutet Veilchen im Englischen und im Französischen.

In der theoretischen Konzeption werden mit der Figur „KindFrau" die Ordnung der Geschlechter und die Ordnung der Generationen in Frage gestellt. Sie wurde in der Zeit der Wende vom 19. zum 20. Jahrhundert geschaffen, um einen Platz zu benennen, der ein unmöglicher ist: Die KindFrau ist konstitutiv weder eine Erwachsene noch ein Kind. Insofern verweist sie auf die Konstruiertheit generativer Kategorien, auf die Unmöglichkeit, diese Kategorien genau zu bestimmen und zu definieren. Mit der Figur der KindFrau erfährt auch die Charakterisierung dessen, was eine Frau sei, eine Irritation, denn sie ist zwar weiblich, doch sie entspricht nicht den Skripten von Weiblichkeit. Sie ist keine Frau.

Die KindFrau und die Ordnung der Generationen

Die KindFrau ist konstitutiv weder eine Erwachsene noch ein Kind. Sie ist auch keine Jugendliche. Sie ist ein Dazwischen, das nicht genau bestimmt werden kann. Zum Ausgang des 20. Jahrhunderts wird die Unmöglichkeit, generative Kategorien exakt zu definieren, diskutiert: „Der Unterscheidung von Kindern und Erwachsenen entspricht im Rahmen der Pädagogik kein wirklicher Sachverhalt. Es handelt sich tatsächlich um ein Konstrukt (. . .). Erstens ist nicht nur das Kind ein Konstrukt, sondern die Kind-Erwachsenen-Differenz insgesamt." (Nemitz, 1996, 145) Mit der Figur der KindFrau werden historisch etablierte, realitätsmächtige Bilder vom Kind und die Kritik an der generativen Ordnung übereinandergelegt.

Seit der zweiten Hälfte des 18. Jahrhunderts ist die abendländische Gesellschaft vermehrt am Kind interessiert. Die Bedeutung des sozialen, kulturellen Status der Kindheit steigt, Kindheit wird als eine eigenständige, von der Erwachsenenwelt sich unterscheidende Lebensphase konzipiert. Diese Definition oder Konstruktion der Kinder als „Andere"' zu Erwachsenen impliziert eine Abgrenzung gegen ebendiese „fremden" Kinder (Richter, 1987). Um das „neue" Kind etabliert sich die Pädagogik, die jene Trennung von „Erwachsenen" und „Kindern" konkretisiert, dieses Verhältnis als Opposition begreift und diesen „binären Code" (Nemitz, 1996, 145) zu einer grundlegenden Prämisse ihrer Forschung und ihres Alltagsverständnisses erhebt: Man kann nicht Erwachsene(r) und Kind zugleich sein, und: man muss entweder Erwachsene(r) oder Kind sein. Jean-Jacques Rousseau arbeitete das Konzept des ideell „unschuldigen" Kindes aus, das er 1762 mit Émile vorstellt (Schérer, 1980). „Wir werden sozusagen zweimal geboren: einmal, um zu existieren, das zweite Mal, um zu leben; einmal für die Gattung und einmal für das Geschlecht", schreibt Rousseau (1985, 210). Der oder die Erwachsene ist demnach sexuell, das ideelle Kind aber ist unsexuell, oder genauer: es mag wohl latent sexuell sein, aber es hat kein Bewusstsein von Sexualität (Vowinckel, 1991). Aufgabe der Erziehung sei es, so Rousseau, diesen Zustand der Nichtbewusstheit der Sexualität so lange wie möglich aufrechtzuerhalten. Solche Kinder, die von Sexualität keine Ahnung haben, sind „göttliche" Kinder. Die *Konstruktion* des auf der Basis seiner (unsichtbaren) Sexualität „unschuldigen", göttlichen Kindes impliziert als Gegenstück das sexuelle, „schuldige" dämonische Kind, das in Rousseaus Buch *Émile* zwar vorkommt, aber nicht personifiziert ist. Zu Beginn des 20. Jahrhunderts wird die Diskussion um Sexualität bzw. Nicht-Sexualität der Kinder erweitert: Sigmund Freud spricht dem Kind nicht nur definitiv Sexualität, sondern darüber hinaus auch Begehren zu.

Mit der KindFrau wurde eine Figur entworfen, in der Vorstellungen vom göttlichen und vom dämonischen Kind vereint sind. Die KindFrau ist verführerisch
und zugleich unbedarft. Gewalt kommt erst durch das Begehren eines Gegenübers ins Spiel, das ihr Verhalten und sie selbst als einen Appell wahrnimmt und
Handlungen oder Erwartungen daraus ableitet. Die KindFrau handelt nicht. Sie
ist unschuldig, nicht schuld an dem, was mit ihr geschieht, so ist sie konzipiert.

In *My Little Princess* changieren Bilder von Violetta als KindFrau und jene
Bilder, die sie als ein Mädchen zeigen, das zu einer KindFrau stilisiert oder instrumentalisiert wird. Violetta *spielt* eine KindFrau, ohne die Rolle KindFrau zu ken-
nen, sie inszeniert sich selbst verführerisch, und sie tut das, um die Erwartungen
der Mutter zu erfüllen. Im Zauberreich der Mutter *ist* sie eine KindFrau – das
heißt, sie ist eine *Inszenierung* sexualisierter Kind-Weiblichkeit. Diese Inszenierung der Tochter als KindFrau, die Hanna „Kunst" nennt, verunmöglicht ein Leben jenseits dieses Bildes. Hannas Kunst gerät zu Pornografie, Violetta als Kind-
Frau zu einem „Kunstwerk", und eine „Rückkehr" in ein „normales" Kinderle-
ben, von Violetta gewünscht und vom Jugendamt gefordert, scheitert.

Die KindFrau und die Ordnung der Geschlechter

Die KindFrau ist keine Frau. Sie ist zwar weiblich, aber sie entspricht nicht den
Skripten von Weiblichkeit, von denen sie nichts weiß.

Zum Ausgang des 19. Jahrhunderts kritisierten Frauen die Verbildlichung von
Frauen, den männlichen Blick auf Frauen, der sie zu *Femmes Fatales*, zu *Femmes
Fragiles* – zu Verführerinnen und zu Personen, die auf Männer bezogen sind –
macht. Sie kritisierten die Reduktion von Frauen auf ihren Körper und forderten,
in ihrer realen Lebenssituation gehört und wahrgenommen zu werden (Mayreder,
1907, 1948). In der Theoretisierung der KindFrau, die erstmals der Freudschüler
Fritz Wittels (1907) vorlegt, wird die Kritik an der Charakterisierung von Frauen
durch Männer aufgenommen, wenn auch nicht im Sinne der Frauen der frühen
Frauenbewegung. Die KindFrau sei eine weibliche Figur, aber ganz anders als
alle Frauen, die man bislang gekannt habe, sie sei „das Andere". André Breton
etwa beschreibt seine literarische Konstruktion von der KindFrau als Inkarnation
eines „anderen Paradigmas": „Ich wähle die Kind-Frau, nicht um sie der Frau ent-
gegenzusetzen, sondern weil mir scheint, daß in ihr und nur in ihr im Zustand völ-
liger Transparenz das *andere* Paradigma vorhanden ist, das zur Kenntnis zu nehmen man sich hartnäckig weigert, weil es ganz anderen Gesetzen gehorcht."
(Breton, 1993, S. 66) Was meint Breton mit dem „anderen Paradigma"? Der
KindFrau sei die Idee eingeschrieben, ein Anderes zur Frau zu sein, eine weibli-

che Figur, die sich nicht als Differenz zum Männlichen oder bezogen auf das Männliche konstituiere. Mit der KindFrau soll die Definition der Frauen über die Männer als die Norm aufgehoben werden. Und die KindFrau ist leicht, flatterhaft, sie ist nicht fassbar, auch für Männer nicht. Zugleich existiert sie konstitutiv nicht genuin, sondern nur durch männliches Begehren und nur als sexualisierte Figur. Sie ist, um mit Silvia Bovenschen (1979, 43) zu sprechen, eine Inszenierung der inszenierten Weiblichkeit. Als solche entspringt sie dem Geist eines Suchenden (zum Beispiel bei Wittels, 1907) und eines Wahnsinnigen (zum Beispiel bei Nabokov, 1989 oder Süskind, 1985), dessen Begehren sich durch sie nicht erfüllt und dessen Begehren sie zerstört.

Für Violetta ist der KindFrau-Status, in den die Mutter sie zwingt – Violetta nennt das Inzest –, fatal. Sie scheitert in allen ihren Versuchen, als ein Kind oder als eine Frau wahrgenommen und als Person respektiert zu werden.

In der Figur der KindFrau ist die Irritation der Ordnung der Generationen und der Geschlechter dargestellt. Sie wird im Zusammenhang mit Pädophilie und sexuellem Missbrauch diskutiert, das sind Themen, mit denen generative Muster gefestigt und in Frage gestellt werden, und zwar anhand der Verletzung der Grenze zwischen den Generationen. Die KindFrau ist ein Versuch eines Umgangs mit diesen Fragen und der Überlagerung der Kategorien „generation" und „gender", sie ist keine Lösung.

Henry Giroux und Elisabeth Badinter diskutieren auf unterschiedliche Weise die Intersektionalität von „gender" und „generation" und schlagen Handlungsalternativen vor. Sie beziehen sich nicht auf die Figur KindFrau oder auf *My Little Princess*, doch auf der Basis ihrer Vorschläge erweitert sich der Blick auf diese Szenarien.

Intersektionalitätsforschung und Handlungsalternativen

Pädagogik/Generational Studies

Neuere Forschungen im Rahmen der Generationenforschung und der Childhood Studies konstatieren als aktuelle Situation die Parallelität von realitätswirksamen Bildern der prinzipiellen Unschuld und der Notwendigkeit des Schutzes von Kindern auf der einen Seite und der Dekonstruktion der generativen Settings auf der anderen Seite. Die Einsicht, dass die Unterscheidung zwischen Erwachsenen und Kindern und vor allem die hierarchische Differenz zwischen ihnen Konstrukte sind, erzeugt eine schwierige Situation (Giroux, 2009). Henry Giroux (2006) stellt die Frage nach dem Schutz der Kinder anlässlich der Diskussion um den gewaltsamen Tod der sechsjährigen JonBenét Ramsey, eine in den USA gefeierte, kindliche Schönheitskönigin. In Theorie und Praxis werden gegenwärtig, so Giroux, spezielle „Schutzräume" für Kinder immer differenzierter, vermeintlich „lebensweltorientierter" konzipiert und ausgestaltet, um Sicherheiten für Kinder zu garantieren. In diesen Schutzräumen sollen sich Kinder selbstbestimmt entwickeln können. Doch da diese Settings immer von Erwachsenen geplant und strukturiert würden, würde die hierarchische Ordnung der Generationen gefestigt und die traditionelle Position des unmündigen, vermeintlich stets bedrohten Kindes gestützt. Kinder, denen partiell ein Recht auf Mitgestaltung ihrer Lebenswelt zugestanden wird, würden gerade durch diese Illusion von Autonomie einmal mehr instrumentalisiert, und die Dominanz der Erwachsenen werde verschleiert. Henry Giroux will „pädagogische Schutzräume" durch öffentliche Räume ersetzt wissen, die so gestaltet sind, dass Kinder sich dort als selbstverantwortet Handelnde erleben können. Julia Brooks (2007) schlägt Seyla Benhabibs *Deliberative Democracy* als ideale theoretische Grundlage vor. „Sicher" werden Räume dadurch, dass hier Menschen öffentlich Aktivitäten und Positionen im Sozialraum aushandeln. Julia Brooks sieht in dieser „Creative Democracy" deshalb ein geeignetes Modell für Bildungseinrichtungen, weil es imstande sei, neben den traditionellen Strukturkategorien „race", „class" und „gender" auch die Ordnung der Generationen in den Blick zu nehmen. Henry Giroux will dieses Modell nicht nur in Schulen verwirklicht sehen, sondern er fordert von der Gesellschaft eine Übernahme von Verantwortung für Kinder, die nicht von einer Kommerzialisierung und Instrumentalisierung von Kindern, sondern von dieser pädagogischen Haltung angetrieben werde. Diese Verantwortlichkeit würde Kindern im öffentlichen Raum Sicherheit bieten.

Die eigentliche Tragik der Protagonistin Violetta in *My Little Princess* liegt darin, dass es nicht nur keinen *sicheren* Ort, sondern gar keinen Ort für sie gibt. Sie ist fremdbestimmt in ihrer Kindlichkeit und Weiblichkeit. Die Mutter vermarktet ihren Körper, die Urgroßmutter ist damit beschäftigt, Hannas Lebenswandel anzuklagen, die Öffentlichkeit berauscht sich an Violetta, kritisiert oder verachtet sie. Es gibt keinen Ort, an dem sie gehört wird, und es gibt keinen Ort, von dem sie nicht zu fliehen gezwungen würde.

Frauen- und Geschlechterforschung

In ihrer Publikation *„Der Konflikt: Die Frau und die Mutter"* kritisiert Elisabeth Badinter (2010) aktuelle Bilder von Mütterlichkeit, die einem traditionellen Mythos von der „guten Mutter" verbunden sind. Seit der Aufklärung werde Weiblichkeit wesentlich über Mütterlichkeit bestimmt, und zugleich werde das, was Gesellschaften jeweils als charakteristisch für eine „gute" Mutter ansehen, als das von der Natur so Vorgesehene bezeichnet. Wer den jeweils gültigen Konventionen nicht entspreche, wer etwa zu jung, zu alt oder ledig schwanger werde, wer sein Kind zu kurz oder zu lang stille, wer ihm zu wenig oder zu viel Zärtlichkeit entgegenbringe, gelte als schlechte Mutter und in der Konsequenz als keine richtige Frau. Zugleich wird unterstellt, eine gute Mutter wisse kraft ihres Instinktes, wie ein Kind gut zu erziehen sei, welche Bedürfnisse es habe und wie das Leben mit einem Kind zu meistern sei. Eine Mutter trage die Hauptverantwortung für eine gute Entwicklung des Kindes (Badinter, 1980). Dieses Modell sei, so Badinter, familienpolitisch und gesellschaftspolitisch problematisch. Sie fordert neue Modelle, die alternative Realitäten für Frauen, Kinder und Familien erlauben. Den Nutzen des Angebotes von Betreuungseinrichtungen für Kinder zur Entlastung der Mütter relativiert sie, denn in der aktuellen gesellschaftlichen Situation würden sie das „Supermüttermodell" stützen: solange jene Mütter, die ihre Kinder nicht selbst betreuen, als Rabenmütter gelten, und jene, die berufstätig sind, ihre Karriere verfolgen, den Haushalt und ihre Kinder betreuen, als „gute Mütter" gelten, würden diese Maßnahmen keine tiefgreifenden Veränderungen bewirken.

Badinter schlägt eine Veränderung der Mutter- und Familienbilder vor. Sie fordert Außenperspektiven und multiple, tragfähige Außenkontakte für Kinder und Familien, und sie fordert ein Bekenntnis der Gesellschaft dazu, für ihre Kinder und Familien Verantwortung zu übernehmen. Hanna hat in *My Little Princess* faktisch und emotional alle Macht über Violetta, sie trägt die Verantwortung für die Tochter, sie besitzt sie. Hanna will der Tochter zeigen, wie es ist, „wenn du dich ausdrücken, etwas verdienen und im Leben weiterkommen willst". Dieser Versuch der Mutter verstört Violetta, zumal er *ihren* Körper instrumentalisiert. Sie erlebt die Mutter als eine Außenseiterin, die an keinem Ort willkommen ist, deren Verhalten von Müttern anderer Kinder missbilligt wird und an der sich Künstler und Kunstliebende schamlos bedienen.

Henry Giroux und Elisabeth Badinter fordern Strukturveränderungen, die, so Carol Hagemann-White, „das Potenzial zur Erschütterung der sozialen Ordnung" (Hagemann-White, 1988) hätten, und sie fordern das, was bell hooks (2008) „to witness" nennt. Sensibilität für das Vorhandensein sozialer Ungleichheiten und das Herausarbeiten multipler sozialer Ungleichheiten ermögliche eine Form von „talking back" (hooks, 1989, S. 8), die das Potenzial habe, gehört zu werden (Lim/Roche, 2000). Dies bilde die Basis für Veränderungen.

My Little Princess kann als Eva Ionescos Versuch gelesen werden, als Erwachsene und als Tochter über ihre Situation als Kind und als Frau zu sprechen, sich von den Bildern/Fotos/Zuschreibungen einer KindFrau zu distanzieren und die Aufmerksamkeit der Öffentlichkeit für Kinder, für Mütter und Töchter – für die multiplen, variierenden, changierenden Konstellationen von „generation" und „gender" – einzufordern. Dies ist Eva Ionescos Antwort auf die selbst gestellte Frage. So weit geht sie zwischen einer Mutter und einer Tochter.

Literatur

Alanen, L. (2009). Generational Order. In J. Qvortrup, W. Corsaro & M.-S. Honig (Hrsg.), *The Palgrave Handbook of Childhood Studies* (S. 159–174). New York: Palgrave Macmillan.
Badinter, E. (2010). *Der Konflikt. Die Frau und die Mutter.* München: Beck.
Badinter, E. (1981). *Die Mutterliebe. Die Geschichte eines Gefühls vom 17. Jahrhundert bis heute.* München: Piper.
Bovenschen, S. (1979). *Die imaginierte Weiblichkeit. Exemplarische Untersuchungen zu kulturgeschichtlichen und literarischen Präsentationsformen des Weiblichen.* Frankfurt: Suhrkamp.
Bramberger, A. (2000). *Die KindFrau. Lust, Provokation, Spiel.* München: Matthes & Seitz.
Bramberger, A. (2007). *Das Lächeln der Mutter auf den Lippen der Tochter. Mutter-Tochter-Beziehungen.* Herbolzheim: Centaurus.
Breton, A. (1993). *Arkanum 17.* München: Matthes & Seitz.
Brooks, J. (2007). „Celebrating the other": Power and Resistance as Prelude to Benhabib's Deliberative Democracy. In J. Brooks (Hrsg.), *Ohio Valley Philosophy of Education Society* (S. 71–82).
Bühler-Niederberger, D. (2010). Organisierte Sorge für Kinder, Eigenarten und Fallstricke – eine generationale Perspektive. In: D. Bühler-Niederberger, J. Mierendorff & A. Lange (Hrsg.), *Kindheit zwischen fürsorglichem Zugriff und gesellschaftlicher Teilhabe* (S. 17–41). Wiesbaden: VS.
Der Spiegel. Heft 22/1977 (http://www.spiegel.de/spiegel/print/index-1977-22.html, Zugriff am 01.04.2013)
Der Spiegel. Heft 32/1977, 142.
Giroux, H. (2006). Nymphet Fantasies. Child Beauty Pageants and the Politics of Innocence. In H. Giroux, *The Giroux-Reader* (S. 125–146). Boulder: Paradigm.
Giroux, H. (2009). Child Beauty Pageants: A Scene From the „Other America". truthout (http://archive.truthout.org/051109A, Zugriff am 11.05.2009).
Hagemann-White, C. (2011). Intersektionalität als theoretische Herausforderung für die Geschlechterforschung. In S. Smykalla & D. Vinz (Hrsg.), *Intersektionalität zwischen Gender und Diversity. Theorien, Methoden und Politiken der Chancengleichheit* (S. 20–33). Münster: Westfälisches Dampfboot.
Hagemann-White, C. (1988). „Wir werden nicht zweigeschlechtlich geboren . . ." In C. Hagemann-White, M. Rerrich (Hrsg.), *FrauenMännerBilder. Männer und Männlichkeit in der feministischen Diskussion* (S. 224–235). Bielefeld: AJZ.
hooks, b. (1989). *Talking back.* London: Shepa.
hooks, b. (2008). Interview in: Riggs, Marlon. Black is . . . Black ain't. The Final Film from Marlon Riggs. Docurama films.
Ionesco, E. (2010). *My little Princess* [Film].
Ionesco, I. (2004). *Eva – Eloge de ma Fille.* Alice Press.
Klinger, C. & Knapp, G.-A. (2007). Achsen der Ungleichheit – Achsen der Differenz: Verhältnisbestimmung von Klasse, Geschlecht, „Rasse"/Ethnizität. In G.-A. Knapp, C. Klinger, B. Sauer (Hrsg.), *Achsen der Ungleichheit. Zum Verhältnis von Klasse, Geschlecht und Ethnizität* (S. 19–41). Frankfurt: Campus.
Lenzen, D. (1994). *Erziehungswissenschaft. Ein Grundkurs.* Reinbek.

Lim, H. & Roche, J. (2000). Feminism and Children's Rights. In J. Bridgeman, D. Monk (Hrsg.). *Feminist Perspectives on Child Law* (S. 227–250). London: Cavendish.

Mayreder, R. (1907). *Kritik der Weiblichkeit.* Jena und Leipzig: Diederichs.

Mayreder, R. (1948). *Das Haus in der Landskrongasse. Jugenderinnerungen.* Wien: Mandelbaum.

Nabokov, V. (1958). *Lolita.* Gesammelte Werke, Band 8. Reinbek: Rowohlt.

Nemitz, R. (1996). *Kinder und Erwachsene. Zur Kritik der pädagogischen Differenz.* Berlin: Argument.

Richter, D. (1987). *Das fremde Kind. Zur Entstehung der Kindheitsbilder des bürgerlichen Zeitalters.* Frankfurt: Fischer.

Rousseau, J.-J. (1985). *Emil oder Über die Erziehung.* Paderborn: Ferdinand Schöningh.

Schérer, R. (1980). *Das dressierte Kind. Sexualität und Erziehung: Über die Einführung der Unschuld.* Berlin: Wagenbach.

Süskind, P. (1985). *Das Parfum. Die Geschichte eines Mörders.* Zürich: Diogenes.

Vowinckel, G. (1991). Kindliche Unschuld – Aufstieg und Niedergang eines Erziehungsideals. Eine wissenssoziologische Rekonstruktion. *Zeitschrift für Sozialisationsforschung und Erziehungssoziologie, 3,* 256–277

Walgenbach, K., Dietze, G., Hornscheidt, A. & Palm, K. (2012). *Gender als interdependente Kategorie. Neue Perspektiven auf Intersektionalität, Diversität und Heterogenität.* Opladen: Barbara Budrich.

Wittels, F. (1907). Das Kindweib. *Die Fackel, 230–231,* 14–33.

Internetquellen

Arte, 18.5.2011; http://www.arte.tv/de/3914348,CmC=3914376.html, Zugriff am 01.04.2013 („My Little Princess" von Eva Ionesco; Interview mit Eva Ionesco).

Critic.de, 19.9.2011; http://www.critic.de/film/my-little-princess-2697/, Zugriff am 01.04.2013.

Critics' Week, 16.5.2011; http://www.nisimazine.eu/Eva-Ionesco.html, Zugriff am 01.04.2013 (Interview mit Eva Ionesco).

Daumenkino, 13.11.2011; http://daumenkinos.wordpress.com/2011/11/13/my-little-princess/, Zugriff am 01.04.2013.

Fluter. Magazin der Bundeszentrale für politische Bildung, 27.10.2011; http://film.fluter.de/de/444/kino/9809/, Zugriff am 01.04.2013.

FOCUS Online, 27.10.2011; http://www.focus.de/kultur/kino_tv/filmstarts/eva-ionesco-ploetzlich-machte-meine-mutter-nacktbilder-von-mir_aid_678437.html, Zugriff am 01.04.2013 (Interview mit Eva Ionesco: „Plötzlich machte meine Mutter Nacktbilder von mir").

Le Monde, 28.6.2011; http://www.lemonde.fr/cinema/article/2011/06/28/eva-ionesco-me-photographier-c-etait-me-mettre-dans-une-boite_1542025_3476.html, Zugriff am 01.04.2013 (Interview mit Eva Ionesco: „Me photographier, c'était me mettre dans une boîte").

Süddeutsche.de, 27.10.2011; http://www.sueddeutsche.de/kultur/im-not-a-fcking-princess-im-kino-mamas-echte-lolita-in-paris-1.1174332, Zugriff am 01.04.2013.

The Hollywood Reporter, 18.5.2011; http://www.hollywoodreporter.com/review/my-little-princess-cannes-2011-189748, Zugriff am 01.04.2013.

Strukturelle Veränderungen des ZNS im Alter – Kognition und Koordination in Abhängigkeit vom Geschlecht

Bernhard Iglseder

Kognition

Unter Kognition (aus dem Lateinischen: *cognoscere* – erkennen, erfahren, kennenlernen) wird im weitesten Sinne die Informationsverarbeitung zwischen Individuum und umgebenden Systemen verstanden. Häufig wird der Terminus analog zum Begriff Denken verwendet und beschreibt somit höhere Hirnleistungen. Die verschiedenen Domänen umfassen Aufmerksamkeit, Erinnerung, Lernen, Kreativität, Planen, Orientierung, Vorstellung, Argumentation, Introspektion und Willen.

Vorurteile bezüglich kognitiver Leistungsunterschiede zwischen Männern und Frauen sind weit verbreitet: Männer können nicht zuhören, Frauen können keine Landkarten lesen, Frauen können nicht einparken, Männer sind geistig überlegen, Männer können sich immer nur auf eine Sache konzentrieren, Frauen sind geschickter, Frauen verwechseln links und rechts usw.

Zunächst soll eine Übersicht aufzeigen, was mit einiger Sicherheit an Geschlechtsunterschieden bezüglich kognitiver Fähigkeiten wissenschaftlich belegbar ist. Eine Vielzahl von Studien beobachtet Geschlechtsunterschiede im kognitiven Verhalten, was aber nichts über die globale Intelligenz und mögliche Unterschiede zwischen Mann und Frau aussagt, sondern lediglich demonstriert, dass es spezifische Funktionen gibt, in denen sich Unterschiede nachweisbar messen lassen. Hier ist aber vorauszuschicken, dass es sich dabei nicht um absolute, sondern lediglich um relative Leistungsunterschiede handelt, die Streubreite innerhalb einer Geschlechtergruppe ist dabei häufig deutlich größer als der Unterschied zwischen den Geschlechtern. Ursächlich werden sowohl biologische als auch soziale Faktoren ins Treffen geführt, wobei diese natürlich interagieren und eine klare Trennung methodisch schwierig ist.

Ein klassisches Experiment wurde 1975 von Coltheart und Mitarbeitern durchgeführt (Coltheart, Hull & Slater, 1975). Hier zeigte sich, dass Männer bessere Leistungen bei räumlichen Aufgaben erzielen, während Frauen bessere Leistungen in sprachlichen Tests zeigen. Doreen Kimura konnte eine Liste von spezifischen kognitiven Funktionen zusammenstellen, für die in der Fachliteratur häufig Geschlechtsunterschiede beschrieben werden. In spezifisch verbalen und feinmotorischen Aufgaben sind demnach Frauen Männern eher überlegen, während in spezifisch räumlichen Aufgaben Männer durchschnittlich bessere Leistungen zeigen (Kimura, 1992).

Als ein besonders geschlechtssensitiver Papier-Bleistift-Test gilt der mentale Rotationstest. In einer aktualisierten Fassung werden den Versuchspersonen eine Ausgangsfigur sowie vier Vergleichsfiguren gezeigt (abstrakte Würfelfigur, Abbildung 1). Ziel dieses Tests ist es, die beiden Vergleichsfiguren zu markieren, die die Originalfigur in rotierter Position abbilden. Die Unterschiede in diesem mentalen Rotationstest erreichen die Größe von einer Standardabweichung und sind damit als moderat einzustufen (Peters, Laeng, Latham, Jacskon, Zaiyouna & Richardson, 1995).

Sprachliche Kognition

Wie bereits erwähnt, wird häufig postuliert, dass Frauen bessere verbale Leistungen als Männer zeigen, wofür es allerdings kaum wissenschaftliche Evidenz gibt. So gibt es eine umfassende Metaanyalse, die bei verschiedensten verbalen Aufgabentypen wie Wortschatzanalogien, Sprachproduktion oder Leseverständnis keinerlei signifikante Unterschiede herausarbeiten konnte. Demgegenüber gibt es aber auch Publikationen, die einen klaren Vorteil für das weibliche Geschlecht beschreiben, wenn es darum geht, Texte zu erfassen. Mädchen im Alter von bis zu fünf Jahren erreichen bessere Sprachleistungen und haben auch im Vergleich zu Jungen einen größeren Wortschatz. Generell beginnen Mädchen auch durchschnittlich einen Monat früher zu sprechen. Auch hinsichtlich der Wortflüssigkeit gibt es widersprüchliche Publikationen, die einen robusten Geschlechtsvorteil für Frauen nicht ableiten lassen. Ein konsistenter weiblicher Vorteil lässt sich in Aufgaben zum verbalen Gedächtnis beobachten (Chipman & Kimura, 1998).

Die *Wahrnehmungsgeschwindigkeit* spielt eine Rolle in der neuropsychologischen Diagnostik und auch in Studien zum kognitiven Altern. Hier zeigen sich z. B. anhand des Zahlensymboltests moderate Vorteile für Frauen: Bei diesem Test wird den Versuchspersonen eine Liste von Zahlensymbolpaaren vorgegeben, auf dem Antwortbogen müssen den Zahlen dann die entsprechenden Symbole möglichst schnell zugeordnet werden.

Mathematische Fähigkeiten

Auch bezüglich mathematischer Fähigkeiten hält sich das Vorurteil, dass Männer bessere Leistungen erbringen. Auch hier konnten in unterschiedlichen Studien verschiedene Ergebnisse generiert werden, wobei ein männlicher Vorteil allenfalls mit einer minimalen Effektstärke nachgewiesen werden kann. Generell lässt sich festhalten, dass Frauen schlechtere Leistungen in Aufgaben zu Geometrie, Statistik und Wahrscheinlichkeitsrechnung zeigen, was wiederum den Zusammenhang mit visuell räumlichen Strategien erkennen lässt. In der numerischen Kalkulation können Frauen durchaus bessere Leistungen erbringen (Hyde & Linn, 2006).

Ursachen kognitiver Geschlechtsunterschiede

Als Ursachen lassen sich sowohl biologische als auch soziokulturelle Einflüsse annehmen, wobei eine klare Zuordnung methodisch schwierig ist.

Hirnstruktur

Bezüglich der Hirnstruktur sind Unterschiede zu konstatieren, die unter dem Begriff Sexualdimorphismus zusammengefasst werden.

Bei Frauen finden sich größere neuronale Somata in der linken Gehirnhälfte, was die häufig beschriebenen Sprachvorteile ebenso erklären kann wie die Tendenz zu beidhändiger Aktivität. Auch die Zahl der Neuronen ist nicht gleich verteilt, so finden sich beispielsweise im Hypothalamus bei Männern etwa doppelt so viele Nervenzellen. Bei Frauen ist die Anzahl von Neuronen in der Hirnrinde etwas geringer, dies wird durch eine Zunahme der Verschaltungen ausgeglichen. Somit verfügen Männer über kleinere neuronale Einheiten, was als Ursache dafür angesehen werden kann, dass degenerative Prozesse – beispielsweise Alzheimer – bei Frauen stärkere Auswirkungen haben, da pro geschädigter Nervenzelle mehr Verschaltungen verloren gehen.

Auch die Funktionssysteme scheinen etwas unterschiedlich organisiert zu sein. Männer zeigen bessere Leistungen in Aufgaben, die eher eine lokale Verarbeitung erfordern, während Frauen tendenziell in Aufgaben besser abschneiden, die eine integrative Informationsverarbeitung von verschiedenen Hirnregionen erfordern, wie beispielsweise sprachliche Fähigkeiten. Diese verschiedenen Funktionsweisen führen allerdings in Summe zu identer Leistungsfähigkeit.

Daneben kann davon ausgegangen werden, dass auch hormonelle Effekte eine Rolle für das kognitive Verhalten spielen.

Kenntnisse über *organisierende Hormoneffekte* können im Zusammenhang mit Erkrankungen, bei denen Männer und Frauen sehr niedrige oder sehr hohe Konzentrationen von Sexualhormonen im Blut aufweisen, gewonnen werden. Die meisten Studien untersuchten kognitive Effekte bei Patienten und Patientinnen mit androgenitalem Syndrom. Aufgrund eines genetischen Defektes kommt es bei Mädchen mit diesem Syndrom zu einer Vermännlichung des Genitales, was die Erkrankung früh erkennen lässt und entsprechende chirurgische und hormonelle Interventionen nach sich zieht. Eine Folge davon ist, dass die männlichen Geschlechtshormone in einem klar umschriebenen Zeitraum – nämlich kurz vor und nach der Geburt – stark erhöht sind, sodass die Wirkung auf kognitive Fähigkeiten im späteren Leben auf Effekte, die in dieser Periode auftreten, reduziert werden kann. Mädchen mit androgenitalem Syndrom zeigen bessere Leistungen in Tests, die räumliche Fähigkeiten erfassen. Es handelt sich dabei um die gleichen Tests, in denen Männer durchschnittlich besser abschneiden, z. B. die mentale Rotation (Hines, Fane, Pasterski, Mathews, Conway & Brook, 2003), andere Studien zeigen ein besseres zielgerichtetes Werfen.

Es ist aber nicht davon auszugehen, dass sich die Raumkognition mit steigenden Androgenkonzentrationen stetig verbessert. Die Androgenüberproduktion führt bei Jungen mit diesem Syndrom zu einer verminderten räumlichen Leistung, was darauf hindeutet, dass die Raumkognition nur bei den Mädchen überdurchschnittlich ausgeprägt ist, die früh in der Entwicklung mittleren Konzentrationen männlicher Sexualhormone ausgesetzt sind.

Daneben gibt es auch *aktivierende Hormoneffekte*, die man anhand der unterschiedlichen Hormonspiegel während des Menstruationszyklus beobachten kann. Auch hier wurden sehr unterschiedliche Ergebnisse publiziert, jedoch kann als weitgehend gesichert angenommen werden, dass Frauen in den Phasen hoher Östradiolspiegel besonders gut in den kognitiven Domänen abschneiden, in denen sie den Männern durchschnittlich überlegen sind, dagegen zeigen Frauen während der Menstruation bessere Testergebnisse in männerspezifischen Domänen (Hampson & Kimura, 1988).

Aus Tierversuchen weiß man, dass sich die Zahl der Dendritendorne im Hippocampus während des Monatszyklus verändert. Werden den Versuchstieren die Ovarien entfernt, führt dies zu einem Verlust von 30% der Dendritendorne, dieser Verlust kann durch Östragenersatz wieder rückgängig gemacht werden. Neben der Vermehrung der Dendritendorne kommt es östrogenabhängig auch zu einer Vermehrung von Synapsen.

Auch bei Männern konnten in Tests Zusammenhänge zwischen räumlicher Leistungsfähigkeit und Testosteronspiegel demonstriert werden, wobei die Ergebnisse hier durchaus widersprüchlich sind.

Bei Männern, die unter einer antiandrogenen Therapie zur Behandlung des Prostatakarzinoms stehen, konnte gezeigt werden, dass auch Testosteronderivate Auswirkungen auf kognitive Fähigkeiten haben. Bis zu 69% aller Männer unter antiandrogener Therapie erleiden abnehmende Leistungen in verschiedensten Domänen kognitiver Tests, besonders in den Domänen Exekutivfunktion und räumliche Fähigkeiten (Nelson, Lee, Gamboa & Roth, 2008).

Einschränkend ist auch anzumerken, dass die Übertragbarkeit dieser Testergebnisse sehr problematisch ist, da Geschlechtsunterschiede in der kognitiven Leistung sich immer nur auf die durchschnittliche Leistung oder aber Extrembereiche in einer Leistungsverteilung beziehen. Voraussagen über die kognitive Kompetenz eines Individuums auf Basis des Geschlechts sind daher nicht möglich, ebenso wenig lässt sich ableiten, dass ein Geschlecht für bestimmte Aufgaben generell mehr oder weniger geeignet ist.

Die Summe der geschlechtsspezifischen Besonderheiten könnte aber Grund dafür sein, dass Frauen und Männer manchmal unterschiedliche Strategien zur Lösung von Problemen einsetzen.

Kognition und Altern

Mit fortschreitendem Lebensalter zeigen sich analog zu Einbußen in anderen Organsystemen auch Einbußen im Bereich der Kognition. So finden sich leichte Schwächen, Erfahrungen detailliert abzuspeichern, auch das unmittelbare Abrufen von Erinnerungen kann verzögert sein, allerdings beeinträchtigen diese Einbußen die Alltagsfähigkeiten nicht.

Wie alle anderen Organsysteme ist auch das Gehirn der Alterung unterworfen. So kommt es zu einer Reduktion der Dicke der Hirnrinde, wobei der Verlust von Nervenzellen (Neuronen) vom 20. bis zum 90. Lebensjahr weniger als 10% ausmacht. Daneben ist die Zahl der Verbindungen zwischen den Nervenzellen (Synapsen) im Alter reduziert, wenn auch in geringem Ausmaß. Diese Verringerung betrifft verschiedene Hirnregionen unterschiedlich, aber für kognitive Fähigkeiten als besonders relevant angesehene Hirnregionen wie der Hippocampus zeigen im Alter sogar eine Zunahme der Komplexität der synaptischen Verschaltungen.

Für beide Geschlechter konnte ein *unterschiedliches neuroanatomisches Altern* nachgewiesen werden: So zeigen Männer eine etwas auffälligere Volumenverminderung (Atrophie) des Gehirns, besonders in den Frontal- und Schläfenlappen.

Sexueller Dimorphismus der Genexpression im alternden Gehirn

Das alternde Gehirn zeigt für die Mehrzahl der Gene eine verminderte Expression, beim männlichen Gehirn etwas ausgeprägter als beim weiblichen. Die Genklassen sind sowohl mit Proteinprocessing als auch mit Energiegeneration assoziiert, was zu einer beim Mann stärker ausgeprägten Reduktion sowohl kataboler als auch anaboler Kapazität führt. Demgegenüber sind einige Genklassen im Alternsprozess aufreguliert, diese betreffen immunologische Aktivierung und Inflammation, was mit dem Konzept der Assoziation chronischer entzündlicher Prozesse mit dem Altern konform geht. Diese Phänomene sind bei Frauen stärker ausgeprägt. Auch dieser sexuelle Dimorphismus ist in verschiedenen Hirnregionen unterschiedlich stark nachweisbar. Im Hippocampus und im entorhinalen Cortex finden sich während des Alternsprozesses relativ stabile Expressionsmuster, während im somatosensorischen Cortex und im oberen frontalen Gyrus deutliche Veränderungen auftreten.

Beim männlichen Geschlecht finden sich diese Veränderungen besonders ausgeprägt zwischen der sechsten und siebten Dekade, während es nach dem 80. Lebensjahr zu einer Stabilisierung kommt. Im weiblichen Gehirn sind diese Veränderungen der Expressionsprofile kontinuierlich bis in die neunte Dekade nachgewiesen (Berchtold, Cribbs, Coleman et al., 2008).

Wie bereits erwähnt, können diese geschlechtsspezifischen Phänomene der Hirnalterung auch im Krankheitsfall relevant werden, beispielsweise bei der degenerativen Alzheimer-Erkrankung. So nimmt die Häufigkeit dieser Demenz bei Männern mit dem Alter deutlich geringer zu, 60% der über 100-jährigen Frauen sind als dement anzusehen, während der Anteil bei Männern nur 33% beträgt.

Auch in der klinischen Präsentation finden sich Unterschiede. So zeigen an Alzheimer erkrankte Frauen häufiger sprachliche, semantische und mnestische Defizite, depressive Züge, Einbußen in der Orientierung sowie insgesamt einen schwereren klinischen Verlauf, während Männer häufiger aggressives Verhalten an den Tag legen. Als Ursache für die Geschlechtsunterschiede können Unterschiede in der Aufregulierung diverser Kompensationsmechanismen sowie der Abwehr oxidativer Schäden angesehen werden. Auch das postmenopausale Absinken des Östrogenspiegels wurde wiederholt mit einem kognitiven Abbau in Verbindung gebracht, allerdings konnten Studien zu Östrogensubstitution keinerlei positive Effekte in Hinblick auf das Demenzrisiko belegen. Hier dürften komplexere Mechanismen zugrunde liegen, neuere Arbeiten zeigen auch, dass andere Hormone – beispielsweise das luteinisierende Hormon – eine bedeutsame Rolle spielen.

Über den zunehmend als relevant angesehenen Zusammenhang zwischen dem Demenzrisiko und Diabetes mellitus, Insulinresistenz sowie metabolischem

Syndrom könnte ebenfalls eine erklärende Komponente gegeben sein, da die genannten Phänomene bei Frauen eine grundsätzlich stärkere Auswirkung auf den klinischen Phänotyp haben. So ist das Ausmaß der Insulinresistenz bei Frauen negativ mit dem Volumen des Hippocampus korreliert, der eine zentrale Rolle im Rahmen dementieller Erkrankungen spielt (Rasgon, Kenna, Wroolie et al., 2011).

Mit den derzeit zur Verfügung stehenden bildgebenden Verfahren (fMRI, PET) lassen sich Alters- und Geschlechtsunterschiede nur im geringen Ausmaß nachweisen. So zeigen sich in der emotionalen Zuordnung von Bildern bei Frauen stärkere Aktivierungsmuster im occipitalen Cortex, wobei Männer eher im frontalen Cortex, in mittlerer und unterer Temporalwindung und in der Amygdala aktivieren, was wiederum als Ausdruck unterschiedlicher Informationsverarbeitung gewertet kann.

Koordination

Neben der Kognition ist auch die Koordination eine relevante Größe, die einer Steuerung durch das zentrale Nervensystem unterliegt. Der Begriff stammt aus der Bewegungswissenschaft und beschreibt das harmonische Zusammenspiel verschiedener Muskelgruppen, Körperteile und Einzelbewegungen zu einem geschlossenen Bewegungsablauf. Der Begriff Sensomotorik erweitert diese Definition um das Zusammenspiel mit den Sinnesfunktionen. Mit fortschreitendem Lebensalter sind hier aufgrund verschiedenster Mechanismen Beeinträchtigungen zu konstatieren und Defizite sind in hohem Ausmaß mit geriatrischen Phänomenen wie Immobilität und Sturz vergesellschaftet.

Motorische Fertigkeiten

Geschlechtsunterschiede werden auch in motorischen Aufgaben feststellbar. Auch hier lässt sich beobachten, dass Frauen durchschnittlich bessere Leistungen in feinmotorischen Aufgaben zeigen als Männer, z. B. in verschiedenen Steckbrett-Tests zur Erfassung der feinmotorischen Schnelligkeit und Präzision. Der weibliche Vorteil in diesen Tests basiert auf einer präziseren und schnelleren Kontrolle der Finger- und Handmuskulatur sowie auf der Fähigkeit, die dafür notwendigen komplexen Einzelbewegungen zu einem sinnvollen Ganzen zu verbinden.

Andere Ergebnisse zeigen die Finger-Tapping-Tests, bei der eine möglichst schnelle Abfolge von einfachen Fingerbewegungen in einer vorgegebenen Zeit durchgeführt werden muss. In diesen Tests schneiden männliche Probanden meistens besser ab (größere Frequenz, geringe Variabilität). Wahrscheinlich wird dieser Vorteil durch die Wirkung von Testosteron auf die Muskulatur der Finger und Hände bedingt.

Einer der robustesten Geschlechtsunterschiede, die beschrieben werden, ist derjenige bei zielgerichteten motorischen Fertigkeiten wie z. B. dem Werfen eines Pfeiles auf ein Ziel (z. B. Dart). Hier schneiden Männer konsistent besser ab. Biomechanische Ursachen wurden in verschiedensten Studien ausgeschlossen, sodass diese Differenz mit dem männlichen Vorteil in der Raumkognition zusammenhängen könnte (Sykes, Saucier, Elias & Gutwin, 2005).

fMRI-Untersuchungen zeigen für die kortikale Repräsentation motorischer Funktionen allerdings keinerlei Alters- oder Geschlechtsunterschiede.

Gleichgewicht

Die Gleichgewichtsfähigkeit unterliegt einer komplexen Steuerung, wobei eine relativ große Masse über einer schmalen Standfläche in aufrechter Position gehalten werden muss. Frauen zeigen eine etwas größere Tendenz zu Gleichgewichtsstörungen, die im normalen Alterungsprozess noch akzentuiert wird. Neben dem zentralen Nervensystem bestehen enge Verbindungen zum propriozeptiven System, zum peripheren Nervensystem, zum vestibulären und zum visuellen System. Daneben kommt dem muskuloskelettalen System und der cardiovaskulären Leistungsfähigkeit eine zentrale Bedeutung zu. Eine wesentliche Rolle für die Gleichgewichtsfähigkeit scheinen auch Veränderungen des Spuren- und Mengenelementmetabolismus der Otokonien im Innenohr zu spielen.

Die Fähigkeit der Otokonien zur Aufnahme von Kalzium nimmt mit zunehmendem Alter stark ab. Diese Phänomene werden im Zusammenhang mit dem bei Frauen häufiger gestörten Kalziummetabolismus gesehen und können damit zur höheren Häufigkeit von Gleichgewichtsstörungen bei Frauen beitragen.

Wie bereits erwähnt, spielt auch die muskuloskelettale Leistungsfähigkeit eine wesentliche Rolle für motorische Fähigkeiten, zumindest tierexperimentell konnte gezeigt werden, dass der altersphysiologische Kraftverlust bei weiblichen Individuen ausgeprägter ist (Chan & Head, 2010).

Geschlechtsspezifische Veränderungen finden sich für die Altersabhängigkeit von Komponenten des Gehens. So erfahren Frauen eine stärkere Reduktion der Schrittfrequenz, die wiederum mit dem Sturzrisiko assoziiert ist und das höhere Sturzrisiko bei Frauen erklären kann.

Zusammenfassend kann man feststellen, dass im zentralen Nervensystem Geschlechtsunterschiede auf molekularer, morphologischer und funktioneller Ebene nachweisbar sind. Auswirkungen dieser Unterschiede finden sich in Bezug auf Koordination und Kognition, betreffen aber auch physiologisches Altern und zeigen Auswirkungen auf den Verlauf von Krankheiten. Da diese Unterschiede nur subtil ausgeprägt sind, lassen sich auf individueller Ebene keine definitiven Aussagen treffen.

Abbildung 1: Würfelfiguren zur mentalen Rotation

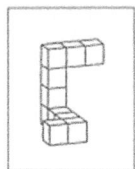 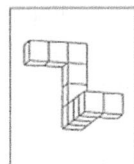 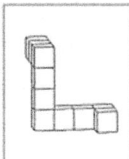 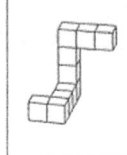 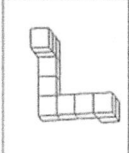

Literatur

Berchtold, N. C., Cribbs, D. H., Coleman, P. D. et al. (2008). Gene expression changes in the course of normal brain aging are sexually dimorphic. *Proc Natl Acad Sci U S A, 105* (40), 15605–15610.

Chan, S. & Head, S. I. (2010). Age- and gender-related changes in contractile properties of non-atrophied EDL muscle. *PLoS One, 5* (8), 12345.

Chipman, K. & Kimura, D. (1998). An investigation of sex differences on incidental memory for verbal and pictorial material. *Learning and Individual Differences, 10* (4), 259–272.

Coltheart, M., Hull, E. & Slater, D. (1975). Sex differences in imagery and reading. *Nature, 253* (5491), 438–440.

Hampson E. & Kimura D. (1988). Reciprocal effects of hormonal fluctuations on human motor and perceptual-spatial skills. *Behav Neurosci, 102* (3), 456–459.

Hines, M., Fane, B. A., Pasterski, V. L., Mathews, G. A., Conway, G. S. & Brook, C. (2003). Spatial abilities following prenatal androgen abnormality: targeting and mental rotations performance in individuals with congenital adrenal hyperplasia. *Psychoneuroendocrinology, 28* (8), 1010–1026.

Hyde, J. S. & Linn, M. C. (2006). Diversity. Gender similarities in mathematics and science. *Science, 314* (5799), 599–600.

Kimura, D. (1992). Sex differences in the brain. *Sci Am, 267* (3), 118–125.

Nelson, C. J., Lee, J. S., Gamboa, M. C. & Roth, A. J. (2008). Cognitive effects of hormone therapy in men with prostate cancer: a review. *Cancer, 113* (5), 1097–1106.

Peters, M., Laeng, B., Latham, K., Jackson, M., Zaiyouna, R. & Richardson, C. (1995). A redrawn Vandenberg and Kuse mental rotations test: different versions and factors that affect performance. *Brain Cogn, 28* (1), 39–58.

Rasgon, N. L., Kenna, H. A., Wroolie, T. E. et al. (2011). Insulin resistance and hippocampal volume in women at risk for Alzheimer's disease. *Neurobiol Aging, 32* (11), 1942–1948.

Sykes, T. L., Saucier, D. M., Elias, L. J. & Gutwin, C. (2005). Men are more accurate than women in aiming at targets in both near space and extrapersonal space. *Percept Mot Skills, 101* (1), 3–12.

Geschlecht, Alter und Sexualität: Medizin-/Geschichten über das Hymen im 20. und 21. Jahrhundert

Meike Lauggas

Das Hymen stelle einen „zuverlässigen Spiegel" für das Alter von Mädchen und Frauen dar, welches durch einen Blick auf das Gewebe mit freiem Auge feststellbar sei (Peter, 1962, S. 13). Diese 1962 von Rudolf Peter veröffentlichte Theorie steht im Kontext von Konstituierungsambitionen der bis heute weitgehend unbekannten medizinischen Subdisziplin Kinder- und Jugendgynäkologie als eigenes Fach. Das Hymen erfährt dabei neben seiner Rolle als Virginitätsbeweis neue medizinisch-rationale sowie zentrale Bedeutungen. Im Folgenden vollziehe ich die spezifischen Bedingungen der Neuformulierung des Hymens als Altersindikator und als altersbedingt notwendige „natürliche Barriere" im Kontext der Kinder- und Jugendgynäkologie nach und setze diese in Zusammenhang mit älteren und jüngsten Bedeutungszuschreibungen, die in Geschlechts- und (heteronormativen) Sexualitätsdiskursen lokalisiert sind und 2009 zu frauenbewegten Initiativen für neue Hymen-Bezeichnungen führten. Alter und Geschlecht, Sexualität und rassistisch-ethnisierende Diskurse wurden und werden in das „Häutchen der jungen Frau" eingeschrieben, das weiterhin als Brennpunkt für weitreichende gesellschaftliche Differenzierungen dient.

Durch die Rekontextualisierung und Situierung der Produktion von naturwissenschaftlichem und im Speziellen von medizinischem Wissen innerhalb sozialer Diskurse konnte in den vergangenen rund acht Jahrzehnten von vielen Autorinnen und Autoren aufgezeigt werden, wie die historischem Wandel unterliegenden Körperschilderungen in ihrem Entstehungszusammenhang verstehbar werden (Duden, 1987; Haraway, 1989, 1995; Honegger, 1991; Laqueur, 1992) und wie naturwissenschaftliche Annahmen ihre unhinterfragbare Autorität in Form von Wahrheit über die „Natur" aus der Dekontextualisierung ihrer Genese beziehen, die es verunmöglicht, sie als theoretische Konzepte oder Ergebnis vieler Entscheidungsprozesse wahrnehmen und gegebenenfalls kritisieren zu können (Oudshoorn, 1994). Michel Foucault historisierte die Verknüpfung von Macht und Wissen als wirklichkeitsgenerierende Kraft von medizinischen Diskursen und interpretierte die Genese von moderner Körperlichkeit als Wechselwirkung zwischen „ärztlichem Blick" und Sexualität (Foucault, 1991a). Sich in diese Tradition stellend, konstatieren Lisa Jean Moore und Adele E. Clarke mit Referenz auf konstruktivistische und feministische Wissenschaftskritik an medizinischen Körperkonzepten: „Anatomy is one of the key sites for the production and maintenance of sex and gender as embodied dualities (. . .)." (Moore & Clarke, 1995, S. 255). Sie zeigen in ihrer Untersuchung der Klitoris als ein „female part" auf, wie Geschlechterdifferenz anhand des weiblichen Genitals im 20. Jahrhundert produziert, reproduziert und immer wieder aufs Neue beibehalten wird – wissenschaftsanalytische Ausgangspositionen, die auch für die Auseinandersetzung mit der Geschichte des Hymens grundlegend sind. Verhandelt werden dabei „wissenschaftliche Tatsachen", eine sich auf Ludwik Fleck beziehende Begrifflichkeit, die er als Ergebnis von „Denkstil und Denkkollektiv" 1935 entwickelt hat. Mit Flecks Ansatz soll nicht nur die komplexe Genese wissenschaftlichen Wissens, sondern auch der Zusammenhang nachgezeichnet werden, der die Entwicklung originären Wissens – im vorliegenden Fall über das Hymen – mit den Absichten der Gründung der medizinischen Subdisziplin Kinder- und Jugendgynäkologie wechselseitig verbindet. Das Hymen hat eine lange Geschichte in gesellschaftlichen Virginitätsdiskursen, weniger bekannt und im Vorliegenden besonders interessant ist die Bedeutung des Hymens gerade dort, wo es von solchen moralischen Diskursen getrennt wird, also dort, wo „wissenschaftliche Tatsachen" über das Hymen geschaffen werden sollen.

Hymen und Alter

In den späten 1930er-Jahren finden zur gleichen Zeit an unterschiedlichen Orten medizinische Auseinandersetzungen mit dem kindlichen weiblichen Genital statt, die später als Vorgeschichte oder Beginn für die Subdisziplin Kinder- und Jugendgynäkologie herangezogen werden. So veröffentlicht der ungarische Pädiater László von Dobszay 1939 „Beiträge zur Physiologie und Klinik der weiblichen Genitalorgane im Kindesalter". Getragen ist er von der Sorge um die zahlreichen an der Geschlechtskrankheit Gonorrhö erkrankten Mädchen in dem Waisenhaus, das er leitet. Ausgehend von der Frage nach Ansteckungsweg und Heilbarkeit stellt er einen generellen Mangel an Wissen über das kindliche weibliche Genital fest, dem er mit dieser Forschungsarbeit entgegenschreibt. Im selben Jahr stellt in Frankreich Fernand Jayle fest: „Während sich die Familie beim kleinen Buben um seinen Genitalapparat sorgt, widersetzt sie sich dem fundamental beim Mädchen und der jungen Frau (. . .)." (Jayle, 1962, S. 3). Für Jayle müssen jedoch nicht nur die Eltern, sondern auch die Ärztinnen und Ärzte von der Notwendigkeit der Aufmerksamkeit auf das weibliche Genital überzeugt werden. Er betont dabei aber, dass im Zuge dessen das ganze Mädchen Beachtung verdiene. 1942 veröffentlicht der Pädiater Goodrich Schauffler in den USA seine Erkenntnisse über das kindliche weibliche Genital, die er sich angeeignet hatte, nachdem er angesichts einer ersten solchen Untersuchung 1925 sich sowohl seines eigenen Unwissens aber auch eines generellen „lack of basic knowledge" gewahr geworden sei (Schauffler, 1942, S. 7). 1940 eröffnet in Prag der Gynäkologe Rudolf Peter eine Bettenstation für Kindergynäkologie und beruft sich dabei auf Dobszay als inhaltlichen Ahnherrn der von Peter im Tschechischen nun so benannten „Kindergynäkologie". Jayle hingegen spricht mit altgriechischem Bezug fortan von der Notwendigkeit einer „Parthenologie", während Schauffler sein Buch „Pediatric Gynecology" tituliert. Diese vermutlich unabhängig voneinander entstandenen Texte sind in der Feststellung einheitlich, dass es bis in die 1940er-Jahre des 20. Jahrhunderts keine gynäkologische Fachpublikation über Mädchen vor der Geschlechtsreife gibt, heterogen sind jedoch Inhalte und Bezeichnungen für dieses fortan ärztliche Neuland (Lauggas, 2007). In den folgenden Jahrzehnten entstehen zahlreiche Publikationen und disziplingründende Einrichtungen wie Zeitschriften, Instrumente, Vereinigungen und Bettenstationen, jedoch sowohl Bezugnahme aufeinander wie auch Bestrebungen zur Gründung einer neuen Subdisziplin differieren erheblich. Auch die Frage, inwieweit dieser Bereich in hauptsächlich pädiatrische oder vielmehr gynäkologische Zuständigkeit falle, bleibt Streitpunkt oder wird je einseitig beansprucht. Verhandelt wird dabei, ob hinsichtlich des kindlichen, weiblichen Genitals frauenheilkundliche Kompetenzen zentral seien und auf eine jüngere Patientinnengruppe erweitert werden müssten, oder ob hingegen das kinderheilkundliche Wissen um gynäkologische Aspekte angereichert gehört. Debattiert wird also darüber, ob der Fokus auf das (weibliche) Geschlecht oder jener auf das (kindliche) Alter den sinnvolleren Zugang darstellt. Als Spezifikum dieser gynäkologischen Untersuchung an kleinen Mädchen werden in allen Texten Präsenz und Aussehen des Hymens besprochen – der inhaltliche Zusammenhang zeichnet sich durch große Unterschiede aus, Alter und Sexualität spielen dabei mehrfach unterschiedliche Rollen. Sichtbar ist aber das Bemühen, die wissenschaftlich-anatomischen Beschreibungen von moralischen und gesellschaftlichen Diskursen zu lösen, um über „wissenschaftliche Tatsachen" sprechen zu können.

Dobszay thematisiert das kindliche Hymen „als anatomisches Hindernis", das aufgrund der Schwierigkeit, es nicht zu beschädigen, den Heilerfolg beeinflussen könne (Dobszay, 1939, S. 116). Er erstellt eine Tabelle mit Hymenöffnungsdurchmesser je Alter und deren Erweiterbarkeit für Behandlungszwecke, was von hormonellen Einflüssen abhängig sei. Die möglichen Öffnungsformen des Hymens kategorisiert er anhand von acht lateinischen Namen als kreis-, ring-, halbmond-, lippen- oder kranzförmig, lappig, fransig und zweilöchrig (Dobszay, 1939, S. 17). Auch Schauffler nimmt ähnliche Differenzierungen in punktiert, normal, geteilt, offenliegend, unperforiert, rechtsliegend, sieb- oder schlitzartig vor und mischt dabei lateinische und englische Ausdrücke (Schauffler, 1942, S. 68–69). Als Hintergrund für seine Erläuterungen nennt er die abergläubischen und unwissenschaftlichen Auffassungen, wonach dieses empfindliche Gewebe eine konservative Untersuchung nicht zulasse, während er aufklärt, wie dies bei entsprechender Kenntnis gut möglich sei. Er betont, dass die Hymenöffnung in der Kindheit bis zu zwölf Jahren im Gegensatz zum restlichen Genital sich nicht vergrößere und empfiehlt eine grundsätzliche Inspektion des Hymens nicht nur, weil es nicht selten verschlossen oder zu klein geöffnet sei, sondern weil auf diesem Wege auch andere Anomalien entdeckt werden könnten. Weiters differenziert der Pädiater Schauffler die Erscheinungsform des Hymens nach Alter: „Whereas in the adult the hymen is a flat occlusive diaphragm, in the child it is more a protruding or cufflike structure." (Schauffler, 1942, S. 64). Im Unterschied zu Dobszay finden bei Schauffler Hormone keine Erwähnung, für Rudolf Peter avancieren sie dann zum Zentrum einer eigenen Theorie, in der das Hymen die zentrale, eingangs erwähnte Bedeutung erhält: Der sonst nur über Blut- oder Abstrichtests im Labor feststellbare Hormonspiegel sei am Hymen auch mit freiem Auge sichtbar: Unter „L'hymen aux trois époques de l'enfance" publiziert er 1962 einen Aufsatz, in dem es (auf Französisch und Englisch) heißt: „Hymen constitutes a faithful mirror of the endocrine modifications interesting the genital sphere." (Peter, 1962, S. 13). Inhaltlich unverändert, weicht in der zusammen mit seinem Schüler Karel Vesely veröffentlichten, 1966 auch ins Deutsche übersetzten Monographie lediglich die Spiegelmetapher ab: „Die Einwirkung der Sexualhormone kann man makroskopisch im Hymen feststellen, der deshalb geradezu ein Reaktionsmodell für die innersekretorischen Veränderungen darstellt." (Peter & Vesely, 1966, S. 1). Am Jungfernhäutchen ließen sich alle hormonellen Veränderungen im Laufe eines weiblichen Lebens ablesen, daran lasse sich das Alter eines Mädchens oder einer Frau erkennen. Das Jungfernhäutchen der Neugeborenen wird kategorisiert; das des Mädchens bis ca. acht Jahre; das des präpubertierenden und pubertierenden Mädchens; der erwachsenen Frau in Unterscheidung in jene, die geboren oder nicht geboren hat; „mit Rücksicht auf die Vollständigkeit des ganzen Frauenalters" das der Frau nach den Wechseljahren (das ist das „Verblühen der Frau", bei dem das „frische Aussehen des Gebildes schwindet"); und abschließend der (jungfräulichen) Greisin (Peter & Vesely, 1966, S. 15). Aufgelistet werden in lateinischen Bezeichnungen das fransige, halbmond- oder ringförmige, halbmondförmig fransige, zweifenstrige, unterschiedlich scharfkantig geöffnete und fleischige Hymen in hell- und dunkelroter Farbe. Peter und Vesely gehen in ihrer Überzeugung auch so weit, auf die diagnostischen Möglichkeiten für die Gerichtsmedizin hinzuweisen, wonach „zur Feststellung des annähernden Alters z. B. bei der Identifikation spärlicher Teile einer Mädchenleiche" lediglich das Hymen vorhanden sein müsse (ebd.). Die Referenz an die Forensik hat – wie noch zu zeigen sein wird – in Bezug auf das Hymen Geschichte.

Für diese Ansichten bezüglich der Aussagekraft des Hymens hinsichtlich des Alters von Mädchen und Frauen gibt es aber noch kein „Denkkollektiv", das sie gemeinsam teilt und als wissenschaftliche Tatsache „naturalisiert". Völlig unabhängig von hormonellen Einflüssen beschreibt beispielsweise Denys Sersiron 1965 den veränderlichen Hymenöffnungsdurchmesser (Sersiron, 1965, S. 208, 211). Dieser sei bei Geburt fünf bis sechs Millimeter groß, mit zehn bis 12 Jahren seien es bereits zehn Millimeter. Zur Gewährleistung der auch für ihn sehr bedeutsamen Unversehrtheit des Jungfernhäutchens im Rahmen einer gynäkologischen Untersuchung beschreibt er kindbedingte Variablen des Durchmessers: Bei Anspannung oder Angst des Kindes werde er wesentlich kleiner, dehnbar sei die Hymenöffnung nur bei entsprechender Entspanntheit der Mädchen. Mit dieser Aussage bleibt er alleine, in keinem anderen Text wird ein Bezug zwischen der Aktivität der Mädchen und der Größe der Hymenöffnung hergestellt (sehr wohl aber hinsichtlich der Untersuchung generell). Auch gehen nicht alle kindergynäkologisch Tätigen so ausführlich auf die Beschreibungen der Hymenöffnung ein. „Variations in the appearance" weise nach Christopher Dewhurst 1963 das Hymen zwar ab Geburt auf, die aber weder bedeutsamen seien noch Konsequenzen zeitigten: „No symptoms result from these variable features and no treatment is necessary." (Dewhurst, 1963, S. V, 14). Ebenso widmet sich John Huffman 1968 und 1981 kurz der Problematik der „anomalous variations" und der Größe der Öffnung („fenestra"), weitere Bedeutung erhält es bei ihm allerdings nicht.

Dass der Einfluss von Hormonen in den 1940er-Jahren unterschiedlich bewertet wird, hat seinen Hintergrund darin, dass sie erst in den frühen Jahrzehnten des 20. Jahrhunderts überhaupt zu einem intensiv beforschten Feld werden. Testosteron als männliches und Östrogen als weibliches Sexualhormon wurden dabei sowohl als geschlechts- als auch sexualitätsdefinierend strukturiert: Fausto-Sterling zeichnet in ihrer Studie „Sexing the Body" nach, wie im Zuge der Hormonentdeckungsforschung um 1900 aus gonadal produzierten Wachstumssteroiden sukzessive kulturell aufgeladene Sexualhormone wurden (Fausto-Sterling, 2000). In „Beyond the Natural Body" hat sich Nelly Oudshoorn mit der Geschichte der Einführung des hormonell konstruierten Körperkonzeptes beschäftigt und veranschaulicht, wie dieses Gynäkologinnen und Gynäkologen ermöglichte, vermehrt Zuständigkeiten für den weiblichen Körper auch in Bezug auf

Krankheitsbilder, die bis dahin z. B. in den Bereich der Psychiatrie fielen, in ihren Bereich zu holen (Oudshoorn, 1994). Diese wachsende Autorität mussten sie jedoch mit den Laborwissenschaften teilen. Die einschneidende Veränderung der Perspektive auf Körper lag in der Einführung eines chemischen Modells von Geschlecht, das nun im gesamten Körper lokalisiert und in quantitativen Parametern von „zu viel" und „zu wenig" messbar wurde. Die Entdeckungsgeschichte der Hormone ist von Anfang an eng mit Experimenten mit Verjüngungskuren verknüpft (Stoff, 2004), die Interdependenz der Formulierung von Geschlecht, Sexualität und Alter anhand von Hormonen war also bereits im Rahmen ihrer Entdeckungsgeschichten vorhanden.

Wenige Jahre nach der hormonellen Definition von Geschlecht in den 1930er-Jahren hat sich Rudolf Peter in diesen Kontext der hormonellen Konzeption von weiblichen Körpern eingebracht, sich auf das gynäkologisch weitgehend unberücksichtigte Gebiet weiblicher Kindheit konzentriert und dabei das theoretische Konzept einer hormonell bedingten Altersphasen-Abfolge strukturiert, die am Hymen ablesbar sei. In kindergynäkologischen Texten gibt es Variationen, in wie viele getrennte Abschnitte hormonell unterscheidbar Kindheit und Jugend aufgeteilt werden und ob damit auf Peter Bezug genommen wird, z. B. legt John Huffman eine andere auf Hormonen beruhende Kindheitsperiodisierung vor (Huffman, 1968). Die gynäkologische Unterteilung des Alters von Mädchen und Frauen entlang des Hormonstatus' etabliert sich aber weitgehend und wird als wissenschaftliche Tatsache durchgesetzt und naturalisiert.

Ab den 1960er-Jahren erscheinen in der DDR, Tschechoslowakei und UdSSR, in Polen, Ungarn, den USA, England, Frankreich, Italien, Deutschland, Schweiz und Österreich zunehmend Texte zu kindergynäkologischen Themen. Auch erste Institutionalisierungen erfolgen, eine Ambulanz wird 1967 in Rostock eröffnet, in Moskau gibt es eine eigene Bettenstation. Während in den sozialistischen Ländern Kinder- und Jugendgynäkologie breite Institutionalisierung erfährt, bleiben die Bemühungen von Ärztinnen und Ärzten in Westeuropa und den USA die Initiativen von Einzelpersonen, die damit auch unterschiedliche Zwecke verfolgen: So fokussieren Dewhurst und Huffman auf die Behandlung von als anormal klassifizierte Genitalien (siehe oben), während sich neben vielen anderen Themen beispielsweise Irmi Rey-Stocker in der Schweiz, Judith Esser-Mittag in der BRD und Marlene Heinz in der DDR hauptsächlich um Aufklärung und Versorgung von Mädchen kümmern. Einen Brückenschlag in der sich aufeinander beziehenden medizinischen „Systemkonkurrenz" (Woelk, 2001, S. 134) zwischen westlichen und sozialistischen Initiativen im kindergynäkologischen Feld versucht der österreichische Gynäkologe Alfons Huber, der mit allen brieflich und persönlich Kontakt aufnimmt und regelmäßig Neuerscheinungen aus dem

Westen Kolleginnen und Kollegen in sozialistischen Ländern zukommen lässt (Nachlass Huber). Auf eigene Kosten lädt er sie auch zu Konferenzen ein und besucht – oftmals als einziger Westeuropäer – solche in den sozialistischen Ländern. Alfons Huber war 1948–1962 als Gynäkologe in Äthiopien tätig und stieß angesichts genital verstümmelter und erkrankter Mädchen und auf der Suche nach Beschreibungen des kindlichen Genitals auf die Texte von Rudolf Peter, mit dem er Kontakt aufnahm (Lauggas, 2007). In der Folge und nach seiner Rückkehr 1962 nach Schwaz in Tirol bemüht er sich umfangreich um die Etablierung und Historisierung der Kinder- und Jugendgynäkologie als eigenes Fach, gründet und leitet jahrelang die österreichische Arbeitsgemeinschaft für Kinder- und Jugendgynäkologie (Huber, 1962, 1977). Mit dem Deutschen Hans-Dieter Hiersche publiziert er 1977 und in zweiter, überarbeiteter Auflage 1987 „Praxis der Gynäkologie im Kindes- und Jugendalter" (Huber & Hiersche, 1977). Darin stellen sie sich ganz in die Schule von Rudolf Peter, orientieren sich an seinem Phasenmodell und thematisieren die verschiedenen Öffnungsformen des Hymens, seine Gestalt als „Fransen", „Lappen", „Saum" und „Rand", die „Rückschlüsse auf die hormonale Entwicklungsperiode des Kindes" ermögliche (Huber & Hiersche, 1977, S. 11, 37). Die Peter'sche Diagnostik des Alters auf Basis des hymenalen Aussehens beginnt aber ab den späten 1980er-Jahren aus den kindergynäkologischen Texten zu verschwinden. 1994 taucht das Hymen in der von Wolfgang Distler und Volker Pelzer herausgegebenen Sondernummer zur „Praxis der Kinder- und Jugendgynäkologie" nur im Zusammenhang mit seinen Anomalien auf – kein Wort wird über Diagnostik des Hormonstatus' anhand des Hymens verloren. Indirekt ist er allerdings präsent im Kontext der Untersuchungsformen, wo Pelzer Möglichkeiten zur vaginalen Untersuchung von Mädchen ab 10 Jahren sieht „aufgrund der dann ausreichenden Östrogenisierung des Hymens", allerdings ohne Referenz auf Altersdiagnostik (Distler & Pelzer, 1994, S. 21). Marlene Heinz positioniert sie nochmals sehr prominent in einer Anthologie von 1994, in der sie in Tabellenform die kindergynäkologischen Altersphasen in Bezug auf das Aussehen des Hymens als „ödematös", „gefältelt" und „verquollen" darstellt (Heinz, 1994, S. 18). In einem u. a. von Judith Esser-Mittag herausgegebenen kindergynäkologischen Atlas von 2002 wird zu diagnostischen Zwecken zwischen „östrogenisiertem Hymen" und „Hymen in der hormonellen Ruheperiode" je Lebensalter unterschieden, neben Hymenbeschreibungen heißt es aber relativierend: „Weit wichtiger als die anatomische Beschreibung der Hymenalform ist die Beantwortung [der; ML] Fragen (. . .)" zu gegebener Öffnung, die Abfluss und Zugang ermöglicht (Esser-Mittag 2002, S. 12). Die seit den 1950er-Jahren in der BRD als Gynäkologin tätige Esser-Mittag ist Gründungsmitglied der Deutschen Arbeitsgemeinschaft für Kinder- und Jugendgynäkologie 1987 und ist auch noch 2012 – inzwischen über 90-jährig – zusammen mit der seit 2007 ebenso pensionierten Marlene Heinz in diesem Verband engagiert. Die Aussagekraft des Hymens als Altersindikator ist für die in der Nachfolge von Peter sich Positionierenden eine „wissenschaftliche Tatsache", was sich insofern als spezifischer Sonderweg von Teilen der Gründerinnen- und Gründergeneration der Kinder- und Jugendgynäkologie beschreiben lässt, als in allgemeinen pädiatrischen und kinderendokrinologischen Texten das Hymen keine Rolle als Altersparameter spielt.

Hymen und Sexualität

Das Spektrum kindergynäkologischer Aktivitäten, wie es sich in Aufsätzen und Lehrbüchern von 1939 bis heute abbildet, reicht von der Behandlung von Genitalverletzungen und -tumoren über Zyklusstörungen, Wachstums- und Verhütungsfragen bis hin zu den zahlreichen Ursachen für Scheidenentzündungen: Diese stellen mit 60–80% durchgehend die numerisch überwiegende Mehrheit der Diagnosen dar und sind zugleich kein Kindspezifikum (Lauggas, 2007). Auch in diesem Aspekt wird das hormonell konzipierte Genital zum Ausgangspunkt einer weiteren neuen Funktion des Hymens: Aufgrund der noch nicht vorhandenen Östrogenisierung sei die kindliche Scheide Bakterien schutzlos ausgeliefert und nicht ausreichend abwehrfähig, Lemke kleidet dies noch 1992 in die Metaphern, wonach das Hymen einen „natürlichen Schutz" vor „penetrierenden" Keimen gewährleiste (Lemke, 1992, S. 9). Das *Jung*fernhäutchen erhält hier als materielle Barriere eine rationalisierte Sinnhaftigkeit, die konzeptionell an das (hormonelle) Alter von Mädchen geknüpft ist. Hormonell, aber auch als disziplinäre Positionierung wurde seitens der Kindergynäkologie also auf verschiedenen Ebenen versucht, Mädchen von erwachsenen Frauen anhand der Östrogenisierung abzugrenzen. Mit dieser einher geht jedoch immer auch – wie in Bezug auf Fausto-Sterling erwähnt – die Definition von Sexualität und Geschlechtsreife, was im kindergynäkologischen Kontext in komplexen Gleichzeitigkeiten von Anfang an Thema ist. Von „ethisch-pädagogischen Grundsätzen" spricht Dobsay (1939, S. 8, S. 3), von „verhängnisvollen, dummen Vorurteilen" Jayle (1962, S. 3) und „abergläubische und unwissenschaftliche Auffassungen" nennt Schauffler als Gründe für die Vernachlässigung des (erkrankten) kindlichen, weiblichen Genitals. Auch Peter verweist in einem gedruckten Vortrag von 1961 auf das Desinteresse von Ärzten am „kindlichen Gebärorgan", „weil das kleine Mädchen nicht auf seine Genitalien aufmerksam gemacht werden solle, also vertraten sie einen falschen moralischen Standpunkt". Er verwirft diesen und fügt erklärend noch die „Scheu vor dem Hymen" an (Peter, 1962, S. 383).

Ähnliche Aussagen prägen alle Texte in den Anfangszeiten der Kindergynäkologie, worin die nicht-deflorierende Untersuchung zu einem Kompetenzmerkmal von Kindergynäkologinnen und Kindergynäkologen wird. Konkret wird dies hinsichtlich eines weiteren entzündungsauslösenden Aspekts thematisiert: Die Entnahme von in Scheiden eingeführten Fremdkörpern wie Knöpfen, Haarspangen, Murmeln usw. konfrontiert Kindergynäkologinnen und Kindergynäkologen mit der Schwierigkeit, Gegenstände, die ohne Verletzung des Hymens von den Mädchen eingeführt worden waren, zu entfernen, ohne das Hymen zu beschädigen; zudem verweist dies auf Erkundungen der Mädchen an ihrem Genital oder auch auf Übergriffe durch Erwachsene. Damit erhalten vor allem jene oben angeführten Befürchtungen über mögliche masturbatorische Aktivitäten der Mädchen eine reale Grundlage, verschiedenen Facetten von Sexualität und aber auch von möglicher sexualisierter Gewalt finden Eingang in Denken und Praxis von Kindergynäkologinnen und Kindergynäkologen, die sich einer Patientinnengruppe gegenübersehen, die aber aufgrund ihres Alters noch außerhalb sexueller Sphären gedacht wird. Sichtbar werden dabei die noch sehr präsenten Debatten über kindliche Masturbation, die verhindert werden solle. Die (hier alle männlichen) Ärzte geraten durch Blick auf und Berührung der kindlichen Scheide scheinbar unweigerlich in sexuell gedachtes Terrain: Sie könnten durch die Untersuchung einerseits die Intaktheit des Hymens gefährden und würden dadurch zu Entjungferern der Mädchen; zugleich würden sie andererseits durch die Berührung Mädchen auf die Berührbarkeit ihres bzw. auf ihr Genital an sich aufmerksam machen und damit weiterer (sexueller) Selbstberührung Vorschub leisten. Inkludiert ist in diesen Vorbehalten vor kindergynäkologischen Untersuchungen stets auch der Verdacht Kindergynäkologen gegenüber, sexuelle Übergriffe an Mädchen zu begehen. Diese Perspektiven werden in den Gegenreden der Kindergynäkologinnen und Kindergynäkologen sichtbar und zeugen nicht nur von einer grundlegenden Sexualisiertheit des weiblichen Genitals in jedem Alter, sondern lassen vielfach ein erkranktes Genital von Mädchen noch akzeptabler erscheinen als die Möglichkeit masturbierender Mädchen.

Kindliche Sexualität und Autoerotik sind Themen, die im Zusammenhang mit Masturbationsdebatten bereits im 18. und 19. Jahrhundert sehr umfänglich besprochen und diskursiv als Krankheit und krankheitsgenerierend konzeptionalisiert wurden. Thomas Laqueur hat die maßgeblichen medizinischen Diskurse in seiner Studie über die Geschichte der Selbstbefriedigung nachgezeichnet, die er als diskursive Erfindung mit dem Erscheinen des Textes „Onania" 1712 ansetzt (Laqueur, 2003). Foucault positioniert das neuzeitliche Sprechen über Sexualität im Ambiente von Gesundheit und Krankheit und bezeichnet die „Pädagogisierung des kindlichen Sexes" ab dem 18. Jahrhundert als einen der vier strategi-

schen Komplexe (neben der Hysterisierung des weiblichen Körpers, der Soziali-
sierung des Fortpflanzungsverhaltens und der Psychiatrisierung der perversen
Lust), um den „spezifische Wissens- und Machtdispositive" entfaltet werden:
„Die Kinder werden als ‚vorsexuelle' Wesen an der Schwelle der Sexualität definiert, die sich diesseits des Sexes und doch schon in ihm auf einer gefährlichen
Scheidelinie bewegen; die Eltern, die Familien, die Erzieher, die Ärzte und später
die Psychologen müssen diesen kostbaren und gefährlichen, bedrohlichen und
bedrohten Sexualkeim in ihre stete Obhut nehmen." (Foucault, 1991b,
S. 125–126). Um 1900 ging man laut Laqueur dazu über, Autoerotik weder als
falsch noch pervers zu verunglimpfen, sondern als Teil des Animalischen am
Menschen zu sehen, während im 18. Jahrhundert noch davon ausgegangen worden war, dass das Masturbieren von Kindern auf äußerliche Gründe wie Würmer,
enge Kleidung und Verführung durch Kindermädchen zurückzuführen sei. Mit
Freud und der Psychoanalyse wird Masturbation zu einem zentralen Erklärungs-
element im Hinblick auf das Entstehen der Zivilisation, unabhängig von Erwä-
gungen über die reproduktiven Aufgaben der Genitalien wird nun die Altersad-
äquatheit von Sexualität verhandelt: „Masturbation is the battleground of individual psychodynamics: the play of infancy and childhood has to be renounced for
the serious, more ordered pleasures of adulthood." (Laqueur, 2003, S. 381). In
den neuen Einführungen zur Psychoanalyse erklärt Freud, dass nach der Kindheit
fortgesetzte Masturbation die erste große Abweichung auf dem Weg zu einem zi-
vilisierten Menschen ist. Der Geschlechterunterschied wird mit der Pubertät wesentlich: Mädchen sollten nun klitorale Sexualität und Masturbation, was als
männliche Sexualität gilt, unterlassen und überwechseln zu Empfindung und Bedeutung der Vagina, was auch einen Wechsel zu Passivität und Weiblichkeit bedeutet. „Thus masturbation is crucial not only in defining the genital stage of development but also, for girls, in reshaping it so that penis-in-vagina intercourse
will be its preferred expression. It is the arena in which a girl becomes a woman,
and the failure to undergo this transition in any of its stages has dire consequences. Giving it up is the cardinal sublimation, the redirection of sexual energy
in the purported interests of civilization and the social order. (. . .) it is the guilt
born of committing an act that ‚conflicts with the social principle'." (Laqueur,
2003, S. 393). Mit Bezug auf Jacques Derrida und Judith Butler gelangt auch
Matthew Rowlinson hinsichtlich der Doppelfunktion des Hymens als Element
des Hochzeitsrituals und Verkörperung von gesellschaftlichen Diskursen zum
Schluss, dass dieses Gewebe eine heteronormative Funktion erfüllt: „The ‚dis-
covery' of the hymen as a trait specific to women played a part, if not in the even-
tual invention of heterosexuality, then in the investiture of what we would now
call heterosexual practices with a new set of functions and privileges, and in the

concomitant relegation of male-male sexual practices to the sphere of the extrajudicial or the pathological." (Rowlinson, 2001, S. 129)

Zeitlich finden die dargestellten wissenschaftlichen Strömungen in der ersten Hälfte des 20. Jahrhunderts statt: Die Konzipierung von Geschlechts- bzw. (heterosexuellen) Sexualhormonen, hormonabhängige Altersperspektiven und die „Natürlichkeit" kindlicher Sexualität und Autoerotik. Diese Diskursfelder formieren sich mit jeweiligen länderspezifischen Unterschieden, zusammen kommen sie im Kontext der Kinder- und Jugendgynäkologie, deren Etablierungsbestrebungen ab den 1940er-Jahren im Rahmen der gesellschaftlichen und kulturellen Umbrüche aus verschiedenen persönlichen und staatlichen Interessen entwickelt werden. In der Aufklärung über die korrekte genitale Hygiene der Mädchen, und dabei explizit über die Wischrichtung nach dem Stuhlgang, wird das Genital unmittelbar besprechbar und auch den Mädchen mit pädagogischer Absicht erklärt und veranschaulicht. Die dabei geäußerten Ansprüche einiger Kindergynäkologinnen und Kindergynäkologen stellen eine unmittelbare Verbindung zwischen dem Wissen der Mädchen über ihr Sexualorgan mit selbstbestimmter Sexualität und positiven Bildern von Weiblichkeit und Frauenrollen her. Die sexuell gedachte Selbstberührung wandert somit in den Bereich der Hygiene und wird mit identischen Argumentationslinien in den Debatten gegen den Tampongebrauch von jungen Frauen reaktiviert (Lauggas, 2007, S. 213–221).

Neben der Bedeutung im Zusammenhang mit Alter, Geschlecht und Masturbation spielt das Hymen auch kindergynäkologisch eine entscheidende Rolle als Virginitätsbeweis, die besonders im Rahmen der Diagnostik körperlicher Spuren von sexualisierter Gewalt zum Tragen kommt. Diese Verbindung zwischen (Kinder-)Gynäkologie und Gerichtsmedizin ist der historische Hintergrund für die sich wandelnde Aufmerksamkeit für das Hymen und seiner Öffnungsformen bei Mädchen und Frauen. Die Medizinhistorikerin Esther Fischer-Homberger hat das Verhältnis von Wissenschaftsgeschichte des Hymens mit der Standesgeschichte der Hebammen nachgezeichnet, die es im Mittelalter als Virginitätszeichen überprüften (Fischer-Homberger, 1977): Während in der Antike Aristoteles den Namen „Hymen" noch indifferent für alle möglichen Membranen, aber auch für das Jungfernhäutchen verwendet, findet es bei den Klassikern der antiken Medizin weder Erwähnung noch Beschreibung. Die Beziehung zwischen Hebammen und Hymen fand laut Fischer-Homberger in drei Phasen statt: „In der ersten Phase (16. Jh.) wurde dem Hymen sein Wert als Virginitätszeichen, vielfach sogar seine Existenz abgesprochen und dies dann als Argument gegen die Sachkunde der Hebammen, speziell gegen ihre Kompetenz, in foro über die Virginität auszusagen, verwendet. In einer zweiten Phase hielt der Hymen allmählich wieder Einzug in die medizinische Wissenschaft, dabei wurde seine Assoziation mit den

Hebammen vermieden, was sich zum Teil in neuen Namengebungen äußert
(17. Jh.). In einer dritten Phase (18. Jh.) wird ‚Hymen' wieder zur gebräuchlichen
Bezeichnung der nun wieder als Virginitätszeichen anerkannten Jungfernhaut."
(Fischer-Homberger, S. 76). Als Virginitätsbeweis ist der Kontext stets einer der
Gerichtsmedizin und ihrer Vorläuferinnen, dem gingen Debatten über seine Existenz und Beschaffenheit voraus und damit einher: In einem Text des frühen
17. Jahrhunderts zeigt Fischer-Homberger eine latente Vermischung von Schei-
denverschluss (Atresie) und Hymen nach, die auf „die alte terminologische Ver-
wirrung um das weibliche Genitale" nach Galen zurückführbar sei, wonach zwischen Vagina und Cervix nicht klar unterschieden wurde. Starke Verengung des
Scheideneingangs oder seine Verklebung waren Interpretationen wie auch die
grundsätzliche Mutmaßung, dass es sich beim Hymen um eine (seltene) Missbil-
dung handle. Die gerichtsmedizinische Wiedereinführung des Hymens als Virginitätsbeweis erfolgte unter dem Druck von Anatomen wie Melchior Sebitz
(1578–1674), der von der Sichtbarkeit durch Spreizen der Schamlippen und einer
Mondförmigkeit berichtet (Fischer-Homberger, S. 87). Severinus Pinaeus (Mitte
16. Jh.-1619) führt eine Tradition von sichtbaren „Carunceln" fort, die sich zwischen vier Membranen befinden, die als Hymen ein blumenartiges Gebilde ergä-
ben, das aussehe wie Myrthenblätter. Mit Giovanni Battista Morgagni
(1682–1771) setzt sich dann die Unterscheidung zwischen ringförmigen Hymen
und seinen zerrissenen Resten, den Carunceln, durch (Fischer-Homberger,
S. 91-93). Auch Ludwik Fleck erwähnt die hohe Schwankungsbreite an Erörte-
rungen über das Hymen zwischen fünf Seiten bei Bartholinus im 16. Jahrhundert
bis hin zu wenigen Zeilen um 1930 als ein Beispiel für seine sich wandelnde wissenschaftliche Wichtigkeit (Fleck 1935, S. 185).

Die Literaturwissenschafterin Anke Bernau konstatiert in ihrer Analyse anti-
ker, mittelalterlicher und neuzeitlicher Texte über den „Mythos Jungfrau" ebenfalls eine jahrhundertelange große Unklarheit und Unsicherheit über Beschaffenheit und Aussehen des Hymens und kommt zum Ergebnis, dass noch lange vor
den Debatten im 16. und 17. Jahrhundert über die Nicht-/Existenz des Hymens
Zeichen von Jungfräulichkeit im weiblichen Körper gesucht und an nach unten
weisenden Brüsten, der Vaginagröße, dem Zischlaut beim Urinieren uvm. festgemacht wurde (Bernau, 2007, S. 16). Sie verweist weiters auf Aussagen noch aus
dem 19. Jahrhundert, wonach verlorene Jungfräulichkeit am Körpergeruch, ange-
schwollenen Hals, an Ringen unter den Augen, an der Haut- und Urinfarbe als er-
kennbar klassifiziert worden sei (Bernau, 2007, S. 18). Diese Virginitätsdebatten
beziehen sich auf die symbolische Struktur imaginierter „Reinheit" und ihren sozialen Ausdruck, für den eine körperliche Beweisbarkeit unter anderem im Hymen gesucht wurde (Bernau, 2007).

Hymen und Wahrheit

Jacques Derrida hat in seinem Text „Die zweifache Séance" versucht, das Hymen als Membran zwischen Außen und Innen als einen anderen Namen für die unreduzierbare Mannigfaltigkeit generativer Bedeutungsprozesse einzusetzen, wonach sprachliche und textuelle Bedeutungen im ständigen Wechselbezug immer wieder erzeugt, verschoben oder ausgelöscht werden und hierarchisierte, binäre Oppositionsmuster unterlaufbar würden. In diesem Konzept von Dekonstruktion, dem sich in der Folge viele Autorinnen und Autoren anschließen, steht das Hymen für die „Unentscheidbarkeit der Struktur der Sprache und ist auf Grund seines etymologischen Verweisspektrums (hyphos: Gewebe, Spinngewebe, Netz, der Text eines Werks) von besonderer Relevanz für die Frage der Geschlechterdifferenz. Es verweist auf die Unabschließbarkeit dieser Differenz, auf deren permanentes, prozesshaftes Differieren zu sich selbst. Das Hymen als Figur der Dissemination, als Figur weder des Innen noch des Außen, weder der Identität noch der Differenz, wird zum signifikanten, wenn auch innerhalb der feministischen Kritik umstrittenen Begriff, der die Vielfältigkeit der Geschlechterdifferenz simulieren soll." (Babka, 2003; Kritik daran s. Armour, 1997, Babka, 2006, Rabine Wahl, 1990, Weston, 1999).

Eine weitere Bearbeitung des symbolischen Gehalts rund um das Hymen hat Bettina Mathes mit ihrem Text „Ur-Screens: Freud, Visualität und das Hymen" vorgelegt. Psychoanalytisch geht sie von der griechischen Wortbedeutung „hymen" für „Schleier" aus, womit im christlichen Schleier ein Ideal von Weiblichkeit als jungfräuliche Ur-Screen garantiert wird, auf die sich die Originalität des Mannes abbilde. Dadurch werde eine Geschlechterordnung konfiguriert, „in der die Frau angehalten ist, ihr Äußeres in eine unberührte Oberfläche zu verwandeln" (Mathes, 2009, S. 61). Diese Erwartung werde kulturhistorisch zu einem Zeitpunkt entwickelt, der noch lange vor der körperlichen Entsprechung eines inwendigen Schleiers mit der Entdeckung des Jungfernhäutchens im 11. Jahrhundert liege. Anhand verschiedener künstlerischer Darstellungsformen von Frauen im Laufe der Jahrhunderte erarbeitet sie ihre These, dass „das Phantasma des intakten Hymens als Garant weiblicher ‚Unberührtheit' (. . .) als Projektionsfläche [fungiert; ML], die es dem männlichen Subjekt erlaubt, die Tatsache seines Geboren-Seins und mithin seiner Sterblichkeit auszublenden" (Mathes, 2009, S. 60). Mathes fragt infolgedessen in Klammer und ganz generell: „Und welches Hymen wäre nicht symbolisch?" (Mathes, 2009, S. 66).

Ganz und gar unsymbolisch argumentieren einige von Frauenorganisationen in den letzten Jahren herausgegebene Broschüren und Bücher über das Jungfernhäutchen: „Fakten" anstelle „falscher Vorstellungen" präsentiert die Berliner

Frauenrechtsorganisation „Terre des Femmes" 2011 in einer Aufklärungsbro-
schüre über „Das Jungfernhäutchen", die aus dem Englischen übersetzt wurde
und 2007 in Holland unter „Facts and Fiction" erschienen war. Darin wird festgestellt, dass das Hymen keine Haut, sondern „ein flexibler Gewebesaum/Hautum-
randung am Scheideneingang" sei (Terre des Femmes, 2011, S. 11). Eine ähnliche
Initiative in Schweden 2009 ging noch weiter, produzierte auch eine Broschüre zu
den „Myths surrounding virginity – your questions answered" und legte mit den
Beschreibungen zugleich einen neuen Begriff vor, der der Realität des Hymens
besser entspräche: Das schwedische Mödomshinna („Mädchenzeitshaut") wurde
durch „Slidkrans" (Scheidenkranz) ersetzt, für die englische Broschüre wurde dafür vom Übersetzer Jonas Hartelius der Begriff „vaginal corona" eingeführt, der
nun internationale Rezeption erfährt (Derrida, 1995). Ins Deutsche hat dies 2012
Laura Méritt in der überarbeiteten Neuauflage des feministischen Selbstuntersu-
chungsbuches „Frauenkörper neu gesehen" als „Vaginalkrone/Vaginalkorona"
übernommen, deren Aussehen sich „im Laufe des Lebens einer Frau" verändert
(Méritt, 2012, S. 90, 196). Die schwedische Umbennungs-Initiative wurde in der
Folge vom schwedischen Sprachenrat, einer Abteilung des staatlichen Instituts für
Sprache und Folklore, offiziell für das Schwedische übernommen. Mit „Slidkrans/
vaginal corona" sollte aber explizit nicht nur die „wahre" Gestalt dieses Gewebes
sprachlich präziser ausgedrückt, sondern sollten auch Mädchen von moralisieren-
den Jungfräulichkeitserwartungen befreit werden: Im Zentrum dieser jüngsten
Publikationen steht die Aussage, dass sexuelle Erfahrungen am Körper von (jungen) Frauen nicht nachweisbar sind. Diese Gegenrede wird weiterhin am Hymen
festgemacht, indem seine Aussagekraft, Form und Benennung hinterfragt werden.
Zugleich wird es in seiner Bedeutung auch weiter mit dem Hinweis relativiert,
dass nicht alle Mädchen und Frauen überhaupt über ein Hymen verfügen würden
bzw. es nicht zwangsläufig im Rahmen einer ersten Penetration (durch einen Penis
oder selbst eingeführten Gegenstand) zu einer Blutung käme. Sichtlich ist es das
Element „Haut" bzw. „Häutchen", das als geschlossen vorgestellte Barriere miss-
verständlich empfunden wird. Sprachlich wird weiters nicht mehr eine Person anhand eines Gewebes als Jungfrau benennbar, sondern es wird nur mehr von einem
anatomischen Detail gesprochen. Weg fällt aber auch die besondere Verquickung
von Alter und Geschlecht, wie sie in der „Jung-Frau" oder „Mödoms" (Mädchen-
zeit) noch vorhanden ist. Das Geschlecht bleibt in Bezugnahme auf Mädchen eindeutig, Alter wird in den Texten zwar nicht explizit Thema, allerdings machen
grafische Gestaltung, Abbildung von Mädchen und jungen Frauen sowie das Du-
Wort in der Anrede das junge Zielpublikum der gewissermaßen „Sex-Anfängerin-
nen" klar. Interessanterweise werden mit den „neuen" Begriffen durchwegs bereits vorhandene Bezeichnungen reaktiviert: Sowohl die Unterscheidung von Ver-

schluss und Öffnung wie auch Mond- und Blumenmetaphern finden sich im 17. Jahrhundert wie auch drei Jahrhunderte später in medizinischen Texten bzw. auch im Ausdruck der „Defloration". Doch auch „Kranz" und „Saum" sind Beschreibungen von Hymen, die bereits in Texten der Kindergynäkologinnen und Kindergynäkologen häufig verwendet werden: Die Aufmerksamkeit wechselt vom flächigen Hymen, das eine Öffnung hat, hin zum Hymen, das an sich nur ein Rand ist. Dies entspricht auch im 21. Jahrhundert den Notwendigkeiten für die „Entstehung wissenschaftlicher Tatsachen" über das Hymen, die eine Anbindung an bekannte Denkstile erfordern, damit Verständigung möglich ist, und spezifischer Bedingungen, damit (naturwissenschaftliches) neues Wissen als bewiesen von Denkkollektiven geteilt werden könne (Fleck, 1935, S. 185).

Diese Aufklärungsbroschüren bemühen sich um Entdramatisierung der Bedeutung des Hymens vor allem für junge Frauen und deren Ängste vor Entjungferungsschmerzen. Dies geht einher mit der Entkoppelung von (symbolisierter) Jungfräulichkeit als sexueller Unberührtheit vom (körperlichen) Hymen. Hintergrund dafür sind jüngste Debatten über chirurgische Wiederherstellungen von Jungfernhäutchen bzw. drohende Konsequenzen bis hin zu Ehrenmorden bei fehlendem Hymen bzw. fehlendem Virginitätsbeweis. Hier wird explizit gegen solche anatomische Rekonstruktionen angeschrieben, ihre Effizienz in Frage gestellt und in generelle Aussagen über (nicht nur sexuelle) Rechte von Mädchen und Frauen eingebettet. Die Übersetzung des schwedischen Textes ins Arabische und Sorani-Kurdische sei laut Herausgeberinnen auf Anfrage der entsprechenden Gruppierungen in Schweden erfolgt. Als Identitäts-Differenzierung zwischen Kulturen analysiert dies auch Thomas Eich mit seinem Text „A tiny membrane defending ‚us' against ‚them'" und zeichnet nach, wie Debatten zur Wiederherstellung von Hymen in Europa in jene über das Tragen von Kopftuch oder Burka, Zwangsheirat und weibliche Genitalverstümmelung eingefügt wurden, in denen scheinbar zwischen weiblichen Freiheiten und kultureller Selbstbestimmung entschieden werden müsse (Eich, 2010), was vielfach kritisiert und hinsichtlich dieser Polarisierung hinterfragt wird (z. B. Saharso, 2003). Ersichtlich werden dabei auch die Korrespondenzen mit ethnisierenden und rassistisch motivierten Abgrenzungsdiskursen, in denen Körperlichkeiten entgegen ihrer universalen Konzeption in der Medizin nicht homogen auf alle Mädchen gleich angewandt werden.

Diese neuen Perspektiven auf das Hymen vonseiten frauenbewegter Einrichtungen erheben abermals Wahrheitsansprüche, die essentialistisch an Biologie und Körper festgemacht werden. Ähnliches stellen Moore und Clarke in ihrer Analyse von anatomischen Repräsentationen der Klitoris fest, ziehen aber eine Differenz, die auch für die Hymen-Darstellungen gültig ist: „These feminists are considerably more reflexive about the anatomy they offer and its claims and consequences in the competitive market in which anatomies, like other sciences, are produced as knowledge (. . .). [It; ML] illustrates the continuous battles waged on the anatomical terrain." (Moore & Clarke, 1995, S. 291).

Schluss

Das Hymen hat eine Geschichte als umfassendes Beweismittel für Hormonstatus, Alter, Geschlecht und (hetero-)sexueller Aktivität zugesprochen bekommen, die als universal und körperlich visualisierbar imaginiert werden: Ausgehend von den Etablierungsambitionen und -kontexten eines neuen wissenschaftlichen Wissens in der Kindergynäkologie wurde nachgezeichnet, wie es im Zuge der Hormonalisierung von Geschlecht zu einem Spiegel für Alter und zugleich als altersbedingt notwendige Barriere für schutzbedürftige Mädchen konzipiert wurde. Dabei kommt es zur Verschiebung von sexuell gedachter Selbstberührung des Genitals hin zu hygienischer Aufklärung sowie zur Setzung von „Erwachsenheit" als Zeitpunkt für die Beendigung der als kindlich positionierten Masturbation, die Spuren hinter dem Hymen hinterlässt. Präsent bleibt Sexualität in Verknüpfung mit dem Hymen in der historisch wie aktuell zweifelhaften Rolle als Virginitätsbeweis, der nur von Frauen verlangt wird, in Gleichzeitigkeit damit, dass die Existenz eines universalen Hymens immer wieder neu fraglich und gefährdend erscheint. Weiblichkeit wird in allen Diskursen unausgesprochen vorausgesetzt und neu verhandelt, obwohl es medizinhistorisch auch Versuche gab, die entwicklungsbiologischen Reste des männlichen Hymens nachzuweisen (Orlowsky, 1929). Diese (nicht nur) hormonell als heterosexuell hergestellte Weiblichkeit bedarf des Hymens, das die blutige Ent*jung*ferung der erwachsenen Frau in der Hochzeitsnacht einmalig macht. Und genau da setzt die New Yorker Künstlerin Julia Reodica an, die 2007 durch den Einsatz von menschlichem und Ratten-Körpergewebe Unisex-Designer-Hymen in Petrischalen gezüchtet hat, die in besonderen Schatullen von Menschen jeden Geschlechts und Alters sowie mehrmals in ihrem Leben jeweiligen Geliebten zum Geschenk gemacht werden können (Reodica, 2007). Jungfräulichkeit als „status of mind" jemandem zu schenken symbolisiere dabei die Überschreitung einer selbstdefinierten Grenze – in diesem Werk auch explizit einer zwischen Kunst und Wissenschaft.

Literatur

Armour, E. T. (1997). Questions of Proximity: „Woman's Place" in Derrida and Irigaray. *Hypatia. A Journal of Feminist Philosophy, 12* (1), 63–78.

Babka, A. (2003). Dissemination (D). In: Glossar von produktive differenzen. forum für differenz- und genderforschung. Verfügbar unter http://differenzen.univie.ac.at/glossar.php?sp=12 (Zugriff am 31.10.2012).

Babka, A. (2006). Maskierte Aufspreizung. Derrida, das Hymen und das Lesen der Geschlechterdifferenz – eine Perspektivierung. In P. Zeillinger & D. Portune (Hrsg.), *Nach Derrida. Dekonstruktion in zeitgenössischen Diskursen* (S. 200-X). Wien: Turia + Kant.

Bernau, A. (2007). *Mythos Jungfrau. Die Kulturgeschichte weiblicher Unschuld.* Berlin: Parthas.

Das Jungfernhäutchen. Falsche Vorstellungen und Fakten (2011). Terre des Femmes. Menschenrechte für die Frau e. V. (Hrsg.). Berlin. Übersetzung auf Basis der Broschüre „Facts and Fiction about the Hymen" (2007) Rutgers WPF (Hrsg.). Utrecht. Verfügbar unter http://frauenrechte.de/online/images/downloads/ehrgewalt/hymen/broschuere_jungfernhaeutchen-2011.pdf (Zugriff am 26.11.2012).

Derrida, J. (1995, Erstauflage 1992). *Dissemination.* Wien: Passagen.

Dewhurst, C. J. (1963). *Gynaecological Disorders of Infancy and Childhood.* London: Cassell & Company LTD.

Distler, W. & Pelzer, V. (Hrsg.). (1994). Praxis der Kinder- und Jugendgynäkologie [Themenheft]. *Bücherei des Frauenarztes. Beihefte der Zeitschrift für Geburtshilfe und Perinatologie, 48.*

Dobszay, L. von (1939). *Beiträge zur Physiologie und Klinik der weiblichen Genitalorgane im Kindesalter* (Acta litterarum ac scientiarum Reg. Univ. Hung. Francisco-Josephinae. Sectio medicorum. 8, 3.). Budapest/Leipzig: Barth.

Duden, B. (1987). *Geschichte unter der Haut. Ein Eisenacher Arzt und seine Patientinnen um 1730.* Stuttgart: Klett-Cotta.

Eich, T. (2010). A tiny membrane defending 'us' against 'them': Arabic Internet debate about hymenorraphy in Sunni Islamic law, Culture, Health & Sexuality: *An International Journal for Research, Intervention and Care. 12* (7), 755–769.

Fausto-Sterling, A. (2000). *Sexing the body. Gender politics and the construction of sexuality.* New York: Basic Books.

Fischer-Homberger, E. (1977). Hebammen und Hymen. *Sudhoffs Archiv, 61* (1), 75–94.

Fischer-Homberger, E. (1983). *Medizin vor Gericht. Gerichtsmedizin von der Renaissance bis zur Aufklärung.* Bern/Stuttgart/Wien: Huber.

Fleck, L. (1980, Erstaufl. 1935). *Entstehung und Entwicklung einer wissenschaftlichen Tatsache. Einführung in die Lehre von Denkstil und Denkkollektiv.* Frankfurt/M.: Suhrkamp Taschenbuch.

Foucault, M. (1981, Erstaufl. 1973). *Archäologie des Wissens.* Frankfurt/M.: Suhrkamp Taschenbuch.

Foucault, M. (1991a). *Die Geburt der Klinik. Eine Archäologie des ärztlichen Blickes.* Frankfurt/M.: Suhrkamp Taschenbuch.

Foucault, M. (1991b, Erstaufl. 1976). *Der Wille zum Wissen. Sexualität und Wahrheit,* Bd. 1. Frankfurt/M.: Suhrkamp Taschenbuch.

Haraway, D. (1989). Situiertes Wissen. *Feministische Studien, 14* (3), 575–599.

Haraway, D. (1995). *Die Neuerfindung der Natur. Primaten, Cyborgs und Frauen.* Frankfurt/M./New York: Campus.

Heinz, M. (Hrsg.). (1994). *Kinder- und Jugendgynäkologie in Sprechstunde und Klinik.* Köln.

Honegger, C. (1991). *Die Ordnung der Geschlechter. Die Wissenschaft vom Menschen und das Weib. 1750–1850.* Frankfurt/M./New York: Campus.

Huber, A. (1977). Ist die Kindergynäkologie ein eigenes Fach? *gynäkologische praxis, 1,* 197–200.

Huber, A. (1962). Kindergynäkologie. Beobachtungen in Äthiopien. *Scritti in onore del prof. Giuseppe Tesauro nel XXV anno del Suo insegnamento, 934–942.*

Huber, A.: Nachlass im Privatbesitz von Lucas A. Huber in Schwaz/Tirol.

Huber, A. & Hiersche, H.-D. (1977). *Praxis der Gynäkologie im Kindes- und Jugendalter.* Stuttgart/New York.

Huffman, J. W. (1968). *Gynecology of Childhood and Adolescence.* Philadelphia: W. B. Saunders Company.

Jayle, J. (1962). Allocution prononcée a l'ouverture du congrès de Lille sur la parthènologie le 27 Mai 1939. *Gynécologie pratique, 1* (La pathologie génitale de la fillette), 3–5.

Laqueur, T. W. (1992). *Auf den Leib geschrieben. Die Inszenierung der Geschlechter von der Antike bis Freud*. Frankfurt/M./New York: Campus.

Laqueur, T. W. (2003). *Solitary sex. A cultural history of masturbation*. New York: Zone Books.

Lauggas, M. (2007). *„Mädchen und wissenschaftliche Tatsachen." Geschlechter- und wissenschaftshistorische Annäherungen an die Kinder- und Jugendgynäkologie*. Unveröffentlichte Dissertation, Universität Wien.

Lemke, B. (1992). Die Pubertät ist an sich ein Risikofaktor für Infektionen. *Korasion. Fachzeitung für Kinder- und Jugendgynäkologie, 7* (2), 9.

Mathes, B. (2009). Ur-Screens: Freud, Visualität und das Hymen. In M. Bidwell-Steiner & V. Zangl (Hrsg.), *Körperkonstruktionen und Geschlechtermetaphern. Zum Zusammenhang von Rhetorik und Embodiment* (S. 57–76). Innsbruck/Wien/Bozen: StudienVerlag.

Méritt, L. (Hrsg.). (2012). *Frauenkörper neu gesehen. Ein illustriertes Handbuch*. Berlin: Orlanda Frauenverlag.

Moore, L. J. & Clarke, A. E. (1995). Clitoral Conventions and Transgressions: Graphic Representations in Anatomy Texts, 1900–1991. *Feminist Studies, 21* (2), 255–301.

Orlowski, P. (1929). Über das Hymen. *Archiv für Frauenkunde und Konstitutionsforschung, 15*, 58–67.

Oudshoorn, N. (1994). *Beyond the Natural Body. An Archeology of Sex Hormones*. London: Routledge.

Peter, R. (1962). L'Hymen aux trois époques de l'enfance. *Gynécologie pratique, 1*, 13–16.

Peter, R. & Vesely, K. (1966, Erstaufl. 1963). *Kindergynäkologie*. Leipzig: VEB Georg Thieme.

Rabine Wahl, L. (1990). The Unhappy Hymen between Feminism and Deconstruction. In J. F. MacCannell (Hrsg.), *The Other Perspective in Gender and Culture: Rewriting Women and the Symbolic* (S. 20–38). New York: Columbia University Press.

Reodica, J. (2007). The Living Sculpture Series: hymNext hymens. Verfügbar unter http://www.phoresis.org/ (Zugriff am 22.11.2012).

Rowlinson, M. (2001). The Thing in the Poem: Maud's Hymen. *A Journal of Feminist Cultural Studies, 12* (3), 128–165.

Saharso, S. (2003). Culture, tolerance and gender. A contribution from the Netherlands. *The European journal of women's studies, 10* (1), 7–27.

Schauffler, G. C. (1942). *Pediatric Gynecology*. Chicago/Illinois: The Year Book Publishers Inc.

Sersiron, D. (1965). A propos des troubles de l'appareil génital de la petite fille peut-on parler de gynecologie infantile. Arguments anatomo-physiologiques, la médecine infantile. Revue Mensuelle de Clinique, de Thérapeutique et d'Hygiène Sociale de l'Enfance: *gynécologie, 4*, 207–213.

Slidkrans. Verfügbar unter http://www.sprakradet.se/4867 (Zugriff am 8.11.2012).

Stoff, H. (2004). *Ewige Jugend. Konzepte der Verjüngung vom späten 19. Jahrhundert bis ins Dritte Reich*. Köln: Böhlau.

Weston, R. (1999). Free Gift or Forced Figure? Derrida's Usage of Hymen in „The Double Session". In Hendricks, C. & Oliver, K. (Hrsg.). *Language and Liberation: Feminism, Philosophy, and Language* (S. 299–320). Albany, NY: State University of New York Press.

Woelk, W. (2001). Der Weg der Medizin vom Ende des Nationalsozialismus in die Medizin der Deutschen Demokratischen Republik und der Bundesrepublik Deutschland. In T. Ruzicka, M. Andel, M. Bojar, D. Brandes & A. Labisch (Hrsg.). *Mensch und Medizin in totalitären und demokratischen Gesellschaften. Beiträge zu einer tschechisch-deutschen Tagung der Universitäten Prag und Düsseldorf* (S. 125–136). Essen: Klartext.

Wolf, A. S. & Esser-Mittag, J. (Hrsg.). (2002, Erstaufl. 1996). *Kinder- und Jugendgynäkologie. Atlas und Leitfaden für die Praxis*. Stuttgart/New York.

Entfremdete Lebenswelt Altersheim?

Repräsentationen des Alters und seine Verräumlichung in fiktionalen Erzählungen

Irmtraud Voglmayr

Filme, die sich mit dem Älterwerden auseinandersetzen, liegen derzeit im Trend, stellt der Standard-Autor Rebhandl (2013) fest. Menschen jenseits der 60, häufig schon im Ruhestand, mit dem einen oder anderen Gebrechen behaftet, repräsentieren eine Altersgruppe, die zunehmend als Zielgruppe wahrgenommen wird. Ältere Menschen sind nun – mit etwas Verspätung – im Kino angekommen und machen ihren Anspruch auf Sichtbarkeit und gesellschaftliche Teilhabe geltend.

Wir wissen aber, dass soziale Wirklichkeit und filmische Repräsentationen nicht als einfaches Abbildverhältnis gedacht werden können und dass fiktionale Erzählungen keine simple Widerspiegelung der Realitäten der „Alten" sind. Der Film muss als eine zeichenproduzierende Praxis gesehen werden, in der die Wirklichkeit durch Codes, Kamera, Montage etc. konstruiert und hergestellt wird. Allerdings, so Fiske (2000, S. 237), stellen das Verstehen von einem Text und das Verstehen einer gesellschaftlichen Erfahrung beinahe identische Vorgänge dar. Die cineastische Auseinandersetzung mit dem Altern kann unter Bezugnahme auf Fiske auf eine kulturelle Ökonomie, in der Bedeutungen und Vergnügungen zirkulieren, im Unterschied zur finanziellen Ökonomie, in der das Vermögen zirkuliert, zurückgeführt werden (Fiske, 2000, S. 238). Auch wenn Fiske der Macht der Zuschauerin und des Zuschauers eine zu große Bedeutung beimisst, so kann ihm beigepflichtet werden, dass wohl der hauptsächliche Antrieb für die vielfältigen filmischen Altersrepräsentationen aus der Aktivität des Publikums in der kulturellen Ökonomie und aus der Beziehung dieser Aktivität zu größeren Bewegungen im gesellschaftlichen und politischen System rührt (Fiske, 2000, S. 241). Veränderte materielle, demographische Bedingungen und verbesserte Gesundheits- und Lebensstandards führen zu einem Wandel gesellschaftlicher Altersbilder, die als Teil des Altersdiskurses gesellschaftlich erzeugte, typisierende Vorstellungen über das Älterwerden repräsentieren. Diese Altersbilder werden über filmische und mediale Repräsentationen (mit)konstituiert, zirkulieren im sozialen Raum und haben so ihren Anteil an den Neudefinitionen des vergeschlechtlichten Alters, die im Kontext wohlfahrtsstaatlichen Um- und Abbaus und des Aufstiegs neoliberaler Regierungstechniken angesiedelt werden müssen. Die zentralen Fragestellungen, denen ich hier nachgehen werde, lauten: Welche filmischen Repräsentationen vom vergeschlechtlichten Altern finden wir vor? Wie werden Hochaltrige in fiktionalen Erzählungen dargestellt, wie werden sie räumlich verortet, und wie sind diese Körperdarstellungsformen mit den in einer Gesellschaft zirkulierenden dominanten Alters- und Geschlechterdiskursen verknüpft? Methodisch gehe ich nach der Filmanalyse von Lothar Mikos (2008) vor und lege den Fokus auf die Ebenen Inhalt und Repräsentation sowie Figuren und Akteurinnen bzw. Akteure, die jeweils in Bezug zueinander stehen. Nachdem sich bei der Sichtung und Auswahl filmischer Repräsentationen von Hochaltrigen das Altersheim als eine zentrale räumliche Rahmung, in der alte Menschen im Film verortet werden, herausstellte, werde ich den heterotopischen Ort „Altersheim", der sowohl implizit als auch explizit diese Alterserzählungen durchdringt, zum Ausgangspunkt meiner Filmanalyse machen. Unterschiedliche Lebensweisen, Handlungsräume und Interaktionsverhältnisse zwischen den Protagonistinnen und Protagonisten werden entlang der unterschiedlichen Darstellungsformen des Altersheimes herausgearbeitet. Die Beschäftigung mit diesem Thema basiert auf einer mehrsemestrigen Lehrtätigkeit an der Universität Salzburg.

Altern als Konstruktion

Altern ist eine kulturelle und soziale Konstruktion, die einen historisch veränderbaren Charakter besitzt. Alter_n ist nicht primär von biologischen Prozessen determiniert, sondern von dem Arsenal an sozio-kulturellen Bedeutungen, mit denen die biologische Ordnung in eine kulturelle Ordnung übersetzt wird (Kunow, 2005, S. 23). Der Konstruktionsansatz gilt auch für Definitionen des vermeintlich „natürlichen" (und unausweichlichen) körperlichen Alterungsprozesses, denn diese Definitionen werden ebenfalls im Kontext des demographischen Wandels, der wiederum auf verbesserte Lebens- und Hygienebedingungen in unseren westlichen Gesellschaften zurückzuführen ist, neu gefasst. Es existiert kein zeitlos-natürlicher Körper, dieser ist immer sozial bestimmt. Der Körper ist aber keineswegs ein rein diskursives Konstrukt, der Verfall, die Sterblichkeit des realen lebendigen Körpers verweisen auf die Materialität des Körpers (Bublitz, 2010, S. 46). Mit dem demographischen Wandel gehen neue Normierungen von Körper(bilder)n und Zeitkonzepten einher, die zu einer stärkeren Dynamisierung und Ausdifferenzierung der Begriffe Alter und Altern führen (Mehlmann & Ruby, 2010). Unter dem Aspekt der Körpertechnologien verhelfen vielfältige Praktiken wie Fitness, Anti-Ageing-Kosmetik, Schönheits-Operationen zur Gestaltbarkeit des Körpers, doch mit den Wahlmöglichkeiten geht auch die Pflicht einher, „den Körper gemäß den gesellschaftlich präferierten Normvorstellungen zu modellieren, was auf die massenhafte Standardisierung und Uniformierung der Körper hinausläuft " (Schroeter, 2009, S. 367). Durch das „neoliberale Diktat" (ebd.) werden Einzelne immer mehr zu Gestalterinnen und Gestaltern ihrer Körper, versprechen doch diese Investitionen in den Körper beruflichen und privaten Erfolg. Dieser unternehmerisch verwaltete und gestaltete Körper, so Schroeter (2009, S. 367), der für eine aktive Lebensführung steht, erweist sich auch als Distinktionsmedium zur sozialen Positionierung. Neue Zeitnormierungen führen dazu, dass sich aufgrund einer steigenden Lebenserwartung bei gleichzeitiger „Entberuflichung" und „Verjüngung" des Alters im gegenwärtigen Altersdiskurs eine analytische Zweiteilung der Altersphase in ein drittes, junges, gesundes Alter und ein viertes Alter, das stark durch Krankheit, Abhängigkeit und Pflegebedürftigkeit geprägt ist, durchgesetzt hat (Mehlmann & Ruby, 2010, S. 15).

Diese diskursive Zweiteilung ist auf westliche Altersdenktraditionen zurückzuführen, in der sich kulturell verankerte Alterungsprozesse immer schon zwischen negativistischen und positiven Alternsdiskursen bewegt haben (Birkenstock, 2000). Altern wird als Verfalls- oder als Erfolgsgeschichte, als Defizit oder Kompetenz begriffen. Kulturelle Erzählungen über Altern werden überwiegend und nach wie vor als binäre Oppositionen einander gegenüber- gestellt. In diese binären Altersreflexionstraditionen lassen sich auch zwei Klassikerinnen der „Feminist Age Studies" einordnen: Simone de Beauvoir, die einen negativistischen Ansatz vertritt, und Betty Friedan, die in der optimistischen Tradition des Denkens über das Altern, dem sogenannten *Kompetenzansatz*, zu verorten ist (Friedan, 1997; Beauvoir, 2000). Problematisch an dieser Zweiteilung des Alters und an allen Alterseinteilungen ist, dass sich vor allem in der Definition des vierten Alters, bei den sogenannten Hochaltrigen, alle Negativbilder, die wir vom Altern haben, konzentrieren (Mehlmann & Ruby, 2010, S. 12 f.). Hingegen besitzt das *dritte, fitte Alter,* repräsentiert durch die Sozialfigur der *jungen Alten* (van Dyk & Lessenich, 2009), das für eine ständige Verjüngung des Alters steht und mit Jugendlichkeit besetzt wird, auch die Hoheit über mediale Altersrepräsentationen (Voglmayr, 2008).

Die Hochaltrigen oder das „vierte Alter"

Wenn im öffentlichen Diskurs das produktive Alter als soziales Konstrukt neoliberaler Verhältnisse dominiert und die negativen Vorstellungen des Alters in den Hintergrund treten, dann tun sich Fragen nach den Vorstellungen vom Leben im hohen Alter auf. Welche geschlechtlichen Körperpraxen finden wir gegenwärtig in filmischen Repräsentationen vor, und wie wirkungsmächtig sind sie? Und in welchem Verhältnis stehen diese Repräsentationen zu Ungleichheits- und Machtstrukturen und Diskursen, die sowohl den Umgang als auch die Einstellungen zum „alten Körper" prägen? Stehen angstbesetzte, negative Repräsentationen, die um Behinderung, Krankheit, Verlust, Verfall, Abhängigkeit und Einsamkeit kreisen, im Vordergrund? Die psychologische und gesellschaftliche Eindringlichkeit und Wirksamkeit solcher Repräsentationen ist mit Prozessen der Körpernormierung verbunden, so Dederich (2010, S. 112). Dederich, der die medialen Repräsentationen alter, behinderter, „außerordentlicher" Körper analysiert, zeigt auf, dass sowohl behinderte Körper als auch normalisierte Körper „Ausdruck eines gesellschaftlichen Verhältnisses" sind, denn auch Behinderung wird dem Körper durch kulturelle Deutungsmuster und soziale Interaktionen „eingeschrieben", so dass dieser einerseits zur Verkörperung gesellschaftlicher Verhältnisse wird, diese aber zugleich auch vermittelt und reproduziert.

In diesem Beitrag richtet sich der Fokus auf vergeschlechtlichte Körper, die mit dem Etikett „sehr alt" versehen werden. Hinter dem „Machen von alten Körpern" steht eine „komplexe soziokulturelle Praxis, die über die Semantisierung und Semiotisierung physiologischer Prozesse, zumeist an der Oberfläche" die Menschen alt macht (Kunow, 2005, S. 23). Zeichen des Alters wie graue Haare, Falten im Gesicht und an den Händen, Gebrechlichkeit und Mobilitätseinschränkung führen zu wenig Sichtbarkeit und Aufmerksamkeit in der Öffentlichkeit. Dies gilt insbesondere für die alte Frau, denn im Genderkontext spiegelt die Verdichtung von Alters- und Geschlechterstereotypen die doppelte Marginalisierung von Alter und Geschlecht (Kilian/Komfort-Hein 1999, zitiert nach Hellmich, 2007, S. 40). Filme erzählen immer öfter Geschichten über aktives und erfolgreiches Altern; gilt doch Aktivität als zentrale Ressource für Mobilität und Selbstbestimmung im Alter und als „Wundermittel angesichts der Unwägbarkeiten des untergehenden Sozialstaates und des politischen Managements der so genannten gefährdeten Bevölkerung" (Katz, 2009, S. 179). Altenhilfe, Absonderung und Rückzug in den Wohnbereich machen die Gruppe der „alten Alten" quasi unsichtbar im öffentlichen Raum, sie werden von uns nur in unserem unmittelbaren sozialen Umfeld wahrgenommen. Dederich (2010, S. 109) geht den medialen Darstellungsformen dieser Gruppe nach und belegt, wie uns diese Alten durch die Art der Repräsentation, nämlich als eine Problemgruppe, die die Gesellschaft in hohem Maße belastet, oft auf beunruhigende und wirklichkeitsmächtige Weise vergegenwärtigt werden. Beobachtete Zuschreibungen wie Krankheit, Verfall, Einsamkeit, Isolation, Fremdbestimmung, Abhängigkeit etc. umfassen alle Negativvisionen vom Leben im hohen Alter. Im Hinblick auf die mediale Verräumli-

chung des „vierten Alters" konzentrieren sich die Darstellungen auf kranken-
hausähnliche Institutionen, schlecht geführte Pflegeeinrichtungen, also auf Ghet-
tos, die eine aus dem sozialen Leben herausgefallene, auf den Tod wartende Population zeigen (Dederich, 2010, S. 109 ff.).

Heterotopischer Ort Altersheim

Alle fünf von mir ausgewählten Filme stellen eine Verknüpfung zwischen dem
„vierten Alter" und dem Altersheim, als einem ausschließlich den Alten vorbe-
haltener Raum, in visualisierter und/oder lediglich verbalisierter Form her. Das
Altersheim liegt für Foucault (1999) an der Grenze zwischen der Krisenheterotopie und der Abweichungsheterotopie,„denn das Alter ist eine Krise, aber auch
eine Abweichung, da in unserer Gesellschaft, wo die Freiheit die Regel ist, der
Müßiggang eine Art Abweichung ist" (Foucault, 1999, S. 151–154). Individuen,
deren Verhalten abweichend ist im Verhältnis zur Norm, werden in Räume wie
Erholungsheime, psychiatrische Kliniken, aber auch Altersheime „gesteckt". Zu-
gespitzter können wir es mit Dederich (2010, S. 109) so formulieren, dass wir in
der herkömmlichen Vorstellung mit diesen Räumen eine vergreiste, aus dem sozialen Leben herausgefallene, auf den Tod wartende Population verbinden. Hete-
rotopien sind häufig an Zeitschnitte gebunden, wenn die Menschen mit ihrer herkömmlichen Zeit brechen; Zeitlosigkeit, Langsamkeit, Ewigkeit, das Warten von
einer Mahlzeit auf die andere bestimmen den herkömmlichen Alltag im Altersheim. Ein heterotopischer Ort setzt immer ein System von Öffnungen und Schließungen voraus, das ihn gleichzeitig isoliert und durchdringlich macht. Entweder
man wird zum Eintritt gezwungen oder man muss sich Riten unterziehen. So ist
auch das Altersheim nicht ohne Weiteres zugänglich und hängt von einem bestimmten kalendarischen Alter, dem Wohnort und anderen Formalitäten ab. Das
Altersheim wird generell als „fremdbestimmte Gestaltung der Lebenswelt älterer
Menschen" dargestellt, wahrgenommen und kritisiert. Es wird vielfach darauf
hingewiesen, dass „in Altenheimen die Privatsphäre betagter Personen nicht ge-
wahrt und sexuelle Kontakte unterbunden würden" (Wellmann, 2010, S. 103).
Dieser Ort ist immer auch weiblich konnotiert, indem das stereotype Bild der alten Frau im Rollstuhl, verloren und einsam am Gang stehend, die Visualisierung
bestimmt.
    Dieses undifferenzierte Bild vom Altersheim als einem Ort, an dem alle Nega-
tivvisionen des Alters wie Passivität, Krankheit, Gebrechlichkeit, Isolation, Einsamkeit und Abhängigkeit kumulieren, ist aber nur eine Darstellungsform, die
wir gegenwärtig in der Wirklichkeit und in der Repräsentation beobachten kön-

nen. Die ausgewählten Inszenierungen von Altersräumen weisen über diesen stereotypen Rahmen der Altenhilfe hinaus und schreiben den Protagonistinnen und Protagonisten eine (begrenzte) Vielfalt an Raumaneignungsweisen zu, die wiederum auf veränderte kulturelle Altersbilder, die durch das „Aktivitätsideal" bestimmt werden, zurückzuführen sind. Raumaneignung und -nutzung ist nicht geschlechtsneutral, sondern gesellschaftlich konstruiert und normiert, Räume sind als Teil gesellschaftlicher Macht- und Bedeutungsverhältnisse zu verstehen, die bestimmten (sozialen) Ordnungsvorstellungen zuzuordnen sind (Strüver, 2010, S. 220). In den Dramen *Liebe/Amour* und *Nebelgrind* wird dieser heterotopische Ort gemäß der gängigen Vorstellung als angstbesetzter, repressiver Ort (implizit) in den Plot eingebaut. Ein verschärftes Zukunftsszenario, in dem das Altersheim durch die Pflegehalle im Kontext eines ausgehungerten Sozialstaates abgelöst wird, vermittelt der deutsche Fernsehfilm *2030 – Aufstand der Alten*. Wohingegen sich die Figuren in den Erzählungen *Die Herbstzeitlosen* und *Grüne Tomaten* das Altersheim als einen Ort der Liebe und des Begehrens, als Ort der Produktion, aber auch als Ort der Begegnung, an dem Erinnerungen wach und erzählt werden, aneignen und wahrnehmen. Ich verwende hier den Begriff Altersheim als Allgemeinplatz, ohne eine genaue Unterscheidung zwischen Alters- und Pflegeheim zu treffen und ohne eine Differenzierung zwischen nobler Seniorinnen- und Seniorenresidenz und einfachem Mehrbettzimmer in einer trostlosen Umgebung vorzunehmen.

Altersvisualisierungen und Rauminszenierungen

Das Altersheim als Bedrohungsszenario

Die Angst vor der lebensweltlichen Separierung alter Menschen in Altersheimen wird in den Filmen *Liebe/Amour* und *Nebelgrind* aus dem Jahr 2012 implizit und explizit zum Thema gemacht und führt aufgrund der mit diesem Raum assoziierten „symbolischen Apartheid" (Kunow, 2005, S. 37) zu einem Aufbrechen traditioneller Männlichkeitsentwürfe. In beiden „Geschichten aus dem fernen Land des Alters" wird das Altersheim als das (zunächst) Undenkbare verhandelt und erst im Verlauf einer dramatischen Krankheitsgeschichte als letzter Ausweg gesucht. In der vielfach ausgezeichneten deutsch-französischen Leinwanderzählung *Liebe* (2012) tauchen wir in die Welt eines alten Paares ein, das mit großem kulturellen Kapital ausgestattet in einer bürgerlichen Altbauwohnung lebt und sich vor allem gegenseitig umsorgt. Mit den krankheitsbedingten Verfallserscheinungen der Protagonistin spitzt sich das Zurückgeworfenwerden auf das Private und die zu leistende Pflegearbeit immer mehr zu. Nun ist es der alte Ehemann, der seine kranke Frau mit Liebe, Hingabe und Geduld pflegt. Er liest ihr vor, tauscht gemeinsame Erinnerungen aus und zwingt sie immer wieder zu essen. Dieser Sorgeaspekt wird übrigens in den gängigen Rezensionen nicht berücksichtigt, sondern es werden vordergründig Liebe, Verfall und Sterben zum Inhalt gemacht. Während die Tochter des Paares auf die moderne Apparatemedizin drängt, weiß der Alte um die Ausweglosigkeit und hält sich auch an das Versprechen, füreinander Sorge zu tragen, bis dass der Tod sie scheide. Der Wunsch seiner Frau, ihrem Leben ein Ende zu machen und vielleicht auch seine eigene Überforderung an der Situation führen letztlich zur Selbstauslöschung. In dieser Erzählung spielt das Altersheim als das Undenkbare, als das nur im Raum Schwebende, als das Unausgesprochene seine Rolle. „Pflegearbeit aus Liebe" wird der ausgelagerten bezahlten Pflegearbeit entgegengesetzt, die in der Figur der professionellen Pflegerin aus dem osteuropäischen Raum als Störfaktor dargestellt und als „die Böse" inszeniert wird.

Die Botschaft einer gestärkten Privatheit, in diesem Fall durch ein familienzentriertes Altersbild, vermittelt uns auch der Schweizer Fernsehfilm *Nebelgrind* (2012), dessen Handlung in einer drei Generationen umfassenden Lebensgemeinschaft auf einem Bauernhof in einem Dorf spielt. Das langsam erlöschende geistige Leben des Großvaters, das die Familie in schwere Konflikte stürzt und das bedrohliche Pflegeheim zum letzten Ausweg macht, steht hier im Mittelpunkt.

In diesem Zusammenhang von Krankheit und Altersheim greift der Plot die weiblich konnotierte Sorgearbeit auf, die in der sozialen Realität zu 80 Prozent von Frauen geleistet wird, und dekonstruiert sie, indem Jürg, der Sohn des an Alzheimer erkrankten Vaters, im Laufe des Filmgeschehens die Pflegearbeit übernimmt. Diese Entwicklung geht jedoch mit einer Aushandlung von Männlichkeit im Film einher, die zu Beginn beim traditionellen Männlichkeitsbild ansetzt, das ganz und gar in der geschlechtlichen Arbeitsteilung verankert ist. Denn zunächst fehlt dem Sohn und Jungbauern das Verständnis, dass sein Vater an der Krankheit Alzheimer leidet, und korrespondierend damit auch die Anerkennung und Wertschätzung der Pflege, die seine Frau Fränzi Tag und Nacht leistet. Aussagen wie „das bisschen Pflege wird ja wohl drinnen sein", und: „Bei uns am Land werden die Leute zu Hause gepflegt, wenn sie älter sind", bringen seine Frau schließlich dazu, sich eine Auszeit von Hof und Familie zu nehmen. Der Film zeigt zum einen, wie das Konzept „Mann" durch die Versorgungstätigkeiten aufgebrochen wird und wie aufgrund dieser reproduktiven Tätigkeiten andere Werte und Gefühle zugelassen werden müssen. Zum anderen vermittelt dieses Drama aber auch an der Figur des kranken Alten, welche großen Herausforderungen und Belastungen diese Krankheit an das soziale Umfeld stellt, wie Verände-

rungen im Gehirn begleitet vom Verlust körperlicher Kontrollfunktionen professionelle Pflege unumgänglich machen.

Der angstbesetzte Ort „Altersheim" taucht in jener Szene auf, als Fränzi auf
den Hof zurückkehrt und von ihrem Schwiegervater nicht mehr erkannt wird. Er
identifiziert sie mit der Figur der „Sozialarbeiterin" und entwickelt enorme Ab-
wehrreflexe, er bewirft sie mit Dingen und schreit dabei immer wieder: „Ich geh
nicht ins Heim!" Durch diese Entfremdung beginnt sich die traditionelle geschlechtliche Arbeitsteilung zu verkehren: Sie macht die Arbeit am Bauernhof
und ihr Mann Jürg leistet die gesamte Reproduktionsarbeit. Am Ende der Erzählung, als dem Alten die Orientierung in Zeit und Raum verloren geht und er nicht
mehr allein gelassen werden kann, kommen schließlich alle Beteiligten zu der
Einsicht, dass nur noch im Pflegeheim für ihn gesorgt werden kann. Das Pflegeheim wird als Lokalität dargestellt, die keine groben Schließungen vornimmt: Der
Alte Karli darf weiterhin seine Wochenenden mit der Familie verbringen. Es
kommt also zu keinem abrupten Bruch mit der bäuerlichen Altersidylle, auch
wenn sie immer wieder durch schwere krankheitsbedingte Konflikte durchbrochen wird.

In beiden Filmen finden wir Versuche der Entgrenzung von Männlichkeit, indem die Protagonistinnen und Protagonisten, die unterschiedlichen Generationen
angehören, die weiblich konnotierte Sorgearbeit übernehmen und sich damit gegen die traditionelle Geschlechterdichotomie positionieren. Ansatzweise werden
Möglichkeiten gezeigt, wie traditionelle Männlichkeitsbilder neu gedacht werden
können. Insbesondere der Film *Nebelgrind* zeigt zwei gegensätzliche Bewegungen: „Begrenzungen einerseits und Entgrenzungen andererseits" (Läubli & Sahli,
2011, S. 13). Zu Beginn wird ein Bild von Männlichkeit gezeigt, das das noch immer vorherrschende geschlechtliche Grundmuster bestätigt, und erst im Verlauf
des Filmgeschehens bewegt sich der pflegende Sohn in Richtung Entgrenzung
und probiert eine andere Geschlechteridentität aus. Auch der Plot in *Amour* verhandelt das Geschlechterverhältnis neu, indem die zumeist weibliche Sorge für
Alte und Hochbetagte mit einer sich entwickelnden Selbstverständlichkeit vom
Hauptdarsteller übernommen wird. Der Unterschied zwischen der Welt des Films
und der realen Welt ist, dass der alte Mann, der seine Frau mit Hingabe und Liebe
versorgt, im dominanten Pflegediskurs noch immer als eine Art Ausnahmeer-
scheinung gilt. Wenngleich der in den letzten Jahren erfolgte Strukturwandel
weiblichen und männlichen Lebens und Arbeitens seinen Niederschlag auch immer häufiger im Alter findet und die weibliche Sorge auch für (Ehe-)Männer
langsam zu schwinden beginnt, wird dies nicht hinreichend durch eine entsprechend steigende aktive Sorge der Männer um Alte und Angehörige oder entsprechende Dienstleistungen ausgeglichen (Backes, 2002, S. 137).

Diese filmischen Repräsentationen zeigen uns, wie das tradierte Konzept „Mann" aufgebrochen wird, indem sich die Darsteller kontext- und situationsabhängig zwischen verschiedenen Entwürfen von Männlichkeit bewegen. Letztlich aber, so die Precarias a la deriva (2011, S. 112), sollte Sorge vor allem als Aufmerksamkeit, als Anerkennung des Umstands, dass das lebenswerte Leben nur in Interaktionen mit anderen entfaltet werden kann, dass sich das Leben im Leben selbst entscheidet und nicht außerhalb des Lebens (auf Märkten) besorgt werden kann, verstanden werden. Wenn also die Sorge ins Zentrum gerückt wird, dann werden herrschende Voraussetzungen in Bezug auf die Sorge bzw. die normativen Konstruktionen von Geschlechtlichkeit, die sie impliziert, dekonstruiert (ebd., S. 113). Die Darstellung des Altersheimes als das Nichtdenkbare, als Bedrohungsszenario und „letzter Ausweg" setzt die Sorgearbeit im Privaten als Positivum gegenüber expliziten Altersräumen, die in diesen Inszenierungen mit allen Negativvisionen des Alters besetzt werden.

Das Altersheim als Ort der Liebe und Ort der Produktion

Die stereotype Darstellungsform des Altersheimes wird in dem ebenfalls in der Schweiz produzierten Spielfilm *Die Herbstzeitlosen* (2006) durch eine differenziertere Repräsentationspraxis aufgebrochen, indem das Verhältnis von veränderten weiblichen Alterskonstruktionen und Raumaneignungsprozessen ins Bild gesetzt wird. Während für Hanni, eine der drei Protagonistinnen, das Altersheim weiterhin eine Bedrohung darstellt, sieht ihre Freundin Frieda im Altersheim eine Erweiterung ihres Handlungsraumes, sie erprobt neue Fähigkeiten und Verhaltensrepertoires und verändert damit vorgegebene Situationen und Arrangements (Deinet & Reutlinger, 2005, S. 302). So erhält dieser Ort für sie unterschiedliche Bedeutungen: Für die elegante Frieda wird er zum Ort der Liebe, für Martha, die in ihren eigenen vier Wänden lebt, zur Produktionsstätte bzw. zum Zulieferbetrieb für ihren Dessousladen. Im Mittelpunkt der fiktionalen Erzählung stehen Martha und ihre drei Freundinnen, die einen Dessousladen in einem schweizer Dorf eröffnen, das geprägt ist von einer Doppelmoral in Bezug auf Alter, Liebe und Erotik. Frieda, eine der Protagonistinnen, immer gepflegt in Kostüm mit Perlenkette, lebt in einem Altersheim im selben Dorf, unzufrieden, gelangweilt, will sich nicht integrieren, beklagt sich, dass sie sich vom Essen abmelden muss, und zieht einen Vergleich mit dem Gefängnis. Im Laufe der filmischen Repräsentation wird dieser anfangs als repressiv empfundene Ort zu einem Ort der (heimlichen) Liebe. Diese Inszenierung bricht mit der Vorstellung des Altersheimes als einer fremdbestimmten Lebenswelt und noch viel mehr mit dem Vorurteil, dass ältere

Frauen sexuell nicht mehr begehrenswert und dass eine Liebesbeziehung zwischen alten Menschen anstößig sei. Auch Frieda ist zunächst sehr zögerlich, sie will es nicht wahrhaben, dass sie von einem Mitbewohner aus dem Altersheim umworben wird (Voglmayr, 2011, S. 137). Sie unterliegt diesem „Peinlichkeitsempfinden", das als Indikator für Tabus fungiert, und als unaussprechlich gilt: Alte Frauen begehren nicht, und ihr Körper wird auch nicht mehr begehrt (Pontzen, 2005, S. 258). Gleichzeitig erleben wir in der filmischen Auseinandersetzung mit dem Thema „Begehren im Alter" keine normbrechende Geschlechter- und Altersperformanz, sondern ein den Normen entsprechendes Verhalten: Frieda wird begehrt (garniert mit einem Schuss Situationskomik) (Voglmayr, 2011, S. 138).

Diese filmische Repräsentation bricht mit mehreren Vorstellungen von Frauen im hohen Alter und vom Altern und zeigt die Figuren in einer noch immer ungewohnten Form von Eigenständigkeit. Große Themen wie Liebe und Begehren, aber auch kleine Emanzipationsschritte wie der Erwerb eines Führerscheins, um der angedrohten „Abschiebung" ihres Mannes in das Alters-/Pflegeheim zu entkommen, und letztlich auch der Widerstand gegen institutionalisierte Raumkonstruktionen (Löw, 2001) werden in diesem Film abgehandelt. Wie die neoliberale Ökonomie die Subjekte formt, zeigt sich am „Unternehmen Dessousproduktion", das den Lebensmittelpunkt der Freundinnen, ganz im Sinne des Unternehmens als durchgängigem Modell gesellschaftlicher Organisation, bestimmt. Hier sind die Darstellerinnen fest im Kontext des professionellen Aktivitätsdiskurses (Katz, 2009) verankert und leben uns vor, wie Altern durch Aktivität positiv gemanaged werden kann und zudem sinnstiftend wirkt. Selbstfindung, zwar unterstützt durch das Kollektiv, und die nahezu unbegrenzte Fähigkeit der Einzelnen, ihr Leben im Alter nach eigenem Entwurf zu gestalten, ist eine Art, diesen Text zu lesen. Das unternehmerische Selbst als hegemonial gewordene Subjektivierungsweise führt zur Aneignung von Altersräumen jenseits von Passivität und Abhängigkeit und verdeutlicht uns, wie sehr Räume und ihre Nutzung gesellschaftliche Verhältnisse widerspiegeln und wie eine körperliche Einverleibung gesellschaftlicher Dimensionen stattfindet. So durchweht der neoliberale Geist auch den Schauplatz Altersheim, indem „die Alten" sticken und so zur Dessousproduktion von Martha beitragen. Die räumliche Visualisierung zeigt uns fitte ältere Frauen und Männer, die jenseits geschlechtlich codierter Tätigkeiten gemeinsam sticken. Das Sticken als Therapieform wird auf diese Weise durchbrochen und in eine unternehmerische Aktivität umgewandelt, was das moderne Altersheim zu einem Ort der Produktion werden lässt.

Das Altersheim als Ort der Erinnerung

Eine Akkumulation der Vergangenheit findet in der US-amerikanischen fiktionalen Erzählung *Grüne Tomaten* (1991), angesiedelt in einem Altersheim in den 1970er-Jahren, statt. In diesem Heim trifft die junge Alte Evelyn, die sich gerade in der Phase des Klimakteriums befindet, auf die alte Alte Ninny, die sich nach meiner Lesart am Ende des Filmes als Idgie outet. Die Darstellerinnen bewegen sich in der „Epoche des Nahen und des Fernen" (Foucault, 1999, S. 145), indem die Erzählerin Ninny/Idgie im Hier und Jetzt in einem Altersheim ihre Vergangenheit in verbalisierter und visualisierter Form aufleben und uns daran teilhaben lässt. Die zweite Geschichte, die uns der Film erzählt, ist die einer wunderbaren Frauen-Freundschaft zwischen Evelyn und Ninny/Idgie, die beide die diskursive Zweiteilung des Alters repräsentieren. Der Film weist zwei große räumliche Rahmungen auf; zum einen ist der Ort, an dem beide Frauen aufeinander treffen und von dem die Erzählung ausgeht, ein Altersheim in Alabama. In Rückblenden begeben wir uns mit der alten Hauptdarstellerin Idgie an den kleinen Ort Whistle Stop, wo sie eine queere Beziehung mit Ruth und deren Sohn Buddy junior in den 1930er-Jahren gelebt hatte. An dieser filmischen Erzählung ist bemerkenswert, dass die Lebensformen der Hauptfiguren nicht den Normen der Heterosexualität angepasst sind.

Ninnys/Idgies alt markierter Körper weist alle dem Alter zugeschriebenen Zeichen auf: langsame Bewegungen, eine brüchige Stimme, Falten, graues Haar und ein monotones Alltagsleben in einem Altersheim, das für sie jedoch nur eine Zwischenstation bedeutet. In Rückblenden erleben wir eine intensive affektive Beziehung zwischen Idgie und Ruth, eine Beziehung, die keinerlei gesellschaftliche Ächtung in dieser ruralen Umgebung in den 1930er-Jahren erfuhr. Galt doch damals noch die offensichtlich verbreitete Annahme, dass eine romantische Freundschaft zwischen Frauen und Lesbianismus historische Varianten derselben Sache seien (Faderman, 1990, zitiert nach Jagose, 2001, S. 27). Zudem werden ihre Handlungen in die heterosexuelle Matrix eingeschrieben, es finden kaum Umdeutungen, Verschiebungen und Variationen derjenigen Konventionen statt, die den Rahmen für den Wiederholungszwang bilden (Butler, 1995). Ruth ist die gute Seele, geht in die Kirche, wird als feminine Frau im Blumenkleid und mit langem, gewelltem Haar gezeichnet und ist Mutter eines Sohnes. Idgie hingegen wird mit maskulinen Verhaltensweisen ausgestattet; sie raucht, spielt Karten, prügelt sich auch schon mal und nimmt es dabei durchaus mit den Männern im Dorf auf. Sie nimmt die Beschützerrolle ein, indem sie Ruth von ihrem gewalttätigen Mann befreit und sich um sie sorgt. Die Figuren bewegen sich in einem historischen Kontext, an dem wir ablesen können, dass die Kategorie homosexuelle Identität oder das Konzept queer – das alle Denksysteme, Diskurse und Institutionen angreift, die Heterosexualität voraussetzen und das eigene Selbst, die sozialen Beziehungen, Wissen und Kultur heterosozialisieren – Konstruktionen sind, deren Bedeutung von veränderlichen kulturellen Mustern abhängt (Jagose, 2001).

Im Hinblick auf die Verknüpfung von Alterskonstruktionen, Alterspraxen und der Verräumlichung des Alters ist aber vor allem das Interaktionsverhältnis zwischen Evelyn und Ninny/Idgie, das im Altersheim angesiedelt ist, bedeutsam. Nach Bobbio (1997, zitiert nach Birkenstock, 2000, S. 58) ist die Domäne der alten Menschen in mehrfacher Hinsicht die Erinnerung und nicht die Erfahrung. Die Erinnerung stellt ein Refugium für die Einzelnen dar, in dem sie sich heimisch fühlen, in dem das gelebte Leben und auch Personen, die bereits verstorben sind, präsent bleiben. So nehme ich auch Ninny/Idgie wahr, die mittlerweile 83-jährig im Altersheim ihr vergangenes Leben mit Ruth wiederauferstehen lässt. Für die *junge Alte* Evelyn, die keine queere Weiblichkeit repräsentiert, bedeuten diese Gespräche jedoch mehr, als an Erinnerungen, an einer Reise in die Vergangenheit teilzuhaben. Evelyn repräsentiert den klassischen weißen *suburban way of life*, befindet sich in der *empty nest*-Phase, sucht aber, inspiriert durch die autonome Frauenbewegung, zahlreiche Selbsthilfegruppen auf, um ganz im Kontext einer neuen Alterskultur ihr Leben selbstbestimmt zu gestalten und vor allem ihre Begehrlichkeit als Frau wiederzuerlangen. Durch die Erfahrungen und das Wissen ihrer alten Freundin wird sie in ihrem Bedürfnis, aus dieser deterministischen trivialen, weiblich-mütterlichen Welt auszubrechen, unterstützt. Jedoch holt uns die weibliche Vergesellschaftungsweise auch in diesem Film ein, denn Evelyn rettet Ninny/Idgie vor dem Altersheim und holt sie gegen den Widerstand ihres Mannes zu sich nach Hause mit den Worten: „Sie braucht meine Liebe und Fürsorge, und ich werde ihr beides geben."

Auch in dieser Erzählung wird das Altersheim zu einem Nicht-Ort (Augé, 2011), einem Ort, an dem die Alten von der übrigen Gesellschaft separiert werden, einem Ort, der keine Geschichte und keine Identität für sie bereithält und ihnen den Subjektstatus verweigert. Das Leben in dieser fremden, anonymen Welt veranschaulicht uns die Szene, in der eine der Pflegerinnen Idgies liebevoll angelegten Rosengarten aus Papier von der Wand reißt in dem Wissen, dass schon die nächste Heimpatientin auf dieses Bett wartet. Hier verweist die Fiktion auf die realen, oftmals trostlosen Verhältnisse öffentlicher, sozialstaatlicher Pflegeinstitutionen und reproduziert die gängige Raumvorstellung eines Nicht-Ortes. Die Erzählung *Grüne Tomaten* konfrontiert uns mit dem Altersheim als Ort, an dem Erinnerungen wach werden, und der zugleich als Warteraum zwischen Leben und Tod fungiert. Vergegenwärtigt wird uns das beunruhigende „vierte Alter" durch die Repräsentation alter gebrechlicher Körper im Rollstuhl, die auf einsamen Gängen platziert werden.

Zukunft Altersheim: Die Pflegehalle

Wie wird die gesellschaftliche Verortung alter Menschen in Zukunft aussehen? Auf drastische Weise führt uns der dreiteilige deutsche Fernsehfilm *2030 – Aufstand der Alten* (2007) die Zukunft des Alterns als globales sozialpolitisches Problem vor, wo im Kontext von neoliberalen Regierungsformen und dem damit einhergehenden Sozialabbau Pflegeleistungen in die Billigländer des Südens ausgelagert werden. Eine der räumlichen Rahmungen dieser ZDF-Doku-Fiction ist eine Pflegehalle in einem afrikanischen Land, in der die kranken Alten ohne Tageslicht, am Tropf hängend, dahinsiechend und als eine auf den Tod wartende Population dargestellt werden. Der Film spielt in Deutschland im Jahr 2030, in einer Zeit geprägt vom Untergang des Sozialstaates und den daraus resultierenden leeren Pensionskassen. Folglich wird das sozial gesicherte Alter an private Versicherungsträger abgegeben, die im Sinne der Profitlogik agieren und Altern zum sozialen Risiko werden lassen.

Im Hinblick auf die Darstellung der Hauptfiguren finden wir uns im System binärer Geschlechterkonstruktionen wieder, das sich in dem Rentner und unermüdlichen Kämpfer Sven, der im Film sein Leben lassen muss, und dem Opfer Paula, das alt, arm und krank in dieser afrikanischen Pflegehalle dahinsiecht, spiegelt. Während der aufständische Alte Sven, der Aktivist einer größeren Altenbewegung ist, Opfer eines Polizeieinsatzes wird, wird Paula von einer jungen Journalistin, die durch Svens politische Arbeit diese verheerenden Pflegemissstände aufdeckt, befreit.

In dieser fiktionalen Erzählung wird die Perspektive entlang des diskursiv zweigeteilten Alters auf den menschlichen Körper gelegt: Altern mit Hilfen von Technoscience und Aktivierungsprogrammen in der komfortablen Seniorinnen- und Seniorenresidenz auf der einen Seite, Apparatemedizin mit oftmals sinnlos erscheinender Lebensverlängerung auf der anderen Seite. Diese Inszenierung vereint alle von Dederich (2010, S. 109–111) angeführten angstmachenden Beobachtungen zu Hochaltrigen: alte Menschen als explodierender Kostenfaktor, Gewalt an alten Menschen, ihre Darstellung in Altenghettos sowie das beunruhigende Bild eines nicht mehr menschenwürdigen, lebenswerten Lebens. Die psychologische Wirksamkeit solcher Repräsentationen ist immer mit Prozessen der Körpernormierung verbunden. Das Horrorszenario liegt in dieser Fiktion nicht länger in der Abweichungsheterotopie Altersheim, sondern in der afrikanischen Pflegehalle, in die das „vierte Alter" aus der Öffentlichkeit verbannt werden soll. Raum ist immer ein Produkt des Gesellschaftlichen und jede Produktionsweise bringt ihren jeweils spezifischen Raum hervor, schreibt Lefebvre (2006, S. 330 f.). Alte Menschen wie Paula, die nicht länger der gesellschaftlichen Logik

folgen können, „die moralische und disziplinäre Konventionen rund um Aktivität, Gesundheit und Unabhängigkeit für ein idealisiertes Alter festzulegen
scheint" (Katz, 2009, S. 168), werden ohne Rücksicht auf ihre Lebensumstände
in andere Länder transferiert. Die Pflegeeinrichtungen werden dann nicht mehr in
der gleichen (Klein-)Stadt angesiedelt sein, sondern angesichts eines untergehenden Sozialstaates und dessen politischen Managements der sogenannten gefährdeten Bevölkerung (Katz, 2009, S. 179) in neokolonialer Manier ausgelagert.
Diese inszenierten Negativvisionen, die durchaus an gegenwärtig zirkulierende
soziale Diskurse anknüpfen, verdeutlichen uns zum einen, dass die Auseinandersetzung mit Altern aus einer intersektionalen Perspektive in den Blick genommen werden muss, weil die Verwobenheit von Geschlecht, Klasse und „Rasse" be-
stimmend ist für die Lebensverhältnisse im Alter. Zum anderen drängt diese negative Repräsentation des hohen Alters verbunden mit dem Narrativ des vor allem körperlichen und geistigen Abbaus zu widerständigem Handeln, das durch
die Figur des Rentners Sven verkörpert wird. Sein Widerstand richtet sich nicht
nur gegen die Ökonomisierung der Altersversorgung, die sich in verdammungs-
würdigen Pflegeeinrichtungen bzw. -leistungen manifestiert, sondern auch gegen
den verloren gegangenen Subjektstatus.

Resümee

Ich habe anhand dieser filmischen Repräsentationen nach meiner Lesart zu zeigen versucht, wie Manifestationen des Alterns, vergeschlechtlichte Alterskonstruktionen sowie die Verräumlichung des Alters, auch in seinen Veränderungen,
fiktional her- und dargestellt werden. Angesichts der Verschiebung von Alters-
grenzen, die zu einer „Verjüngung" des Alters und infolgedessen zu einer diskursiven Zweiteilung des Alters führt, liegt mein Fokus auf dem Altersbild des sogenannten „vierten Alters" (Mehlmann & Ruby, 2010); jenem Alter, das mit allen
Negativvisionen besetzt ist, die dem alten Körper im Kontext einer vom Aktivitätsideal dominierten neoliberalen Gesellschaftsordnung zugeschrieben werden.
Die ausgewählten Beispiele fiktionaler Erzählungen zeigen aber auch, wie veränderte vergeschlechtlichte Altersidentitäten, selbst im höheren Alter, zu neuen Alterspraxen führen und in der Folge auch zu einer veränderten Raumaneignung.
    Nach wie vor findet die dominante Verräumlichung des Alters in der Fiktion
wie in der Realität im Altersheim statt. Das Altersheim an der Grenze zwischen
der Krisenheterotopie und der Abweichungsheterotopie wird in Verbindung mit
dem (hohen) Alter als Krise, als Abweichung in unserer Gesellschaft assoziiert,
was wiederum dazu führt, dass unproduktive Alte in diese Räume „gesteckt" wer-

den (Foucault, 1999, S. 151–154). Diese herkömmliche Vorstellung spiegelt sich zum einen in filmischen Repräsentationen, die diesen Raum der Alten ausschließlich als Disziplinar- und Absonderungsanstalt konstituieren. In Dramen wie *Liebe/Amour* und *Nebelgrind* führt die Vorstellung, alte Menschen lebenspraktisch wie imaginär in periphere Räume am Rande der Gesellschaft zu verorten (Kunow, 2005, S. 37), zu Altersmanifestationen, deren Figuren im Laufe des Filmgeschehens, aus Widerstand und Angst vor diesem repressiven Raum, mit den herkömmlichen binären Geschlechterkonstruktionen brechen. So werden in diesen Filmen kulturelle Bilder von Männlichkeiten entworfen, die sich von der stereotypen Männerrolle lösen und, indem sie die „Pflegearbeit aus Liebe" an ihren Nächsten übernehmen, auch das traditionelle geschlechtliche Ordnungsmuster aufbrechen. Diese Form der Inszenierung eines verstärkten Einsatzes der Männer in der Sorgearbeit als Gegenpol zur institutionalisierten Lebenswelt im Altersheim kann durchaus als Entgrenzung des Männlichen und als Dekonstruktion der weiblichen care-Arbeit wahrgenommen werden, die allerdings in der Realität eine geringe Wirkungsmacht besitzen.

Zum anderen werden in der fiktiven Auseinandersetzung mit der furchterregenden Zukunft des Alters(heimes) neue Altersbilder konstruiert, die den Topos *aufständische Alte* repräsentieren. Ein Heraustreten aus der soziokulturellen Randständigkeit hin zu neuen Identitätsentwürfen wird verkörpert durch die Figur des Kämpfers Sven in dem Fernsehfilm *2030 – Aufstand der Alten*, der allerdings ganz dem Muster des herrschenden Männlichen angepasst ist. Im Kontext eines ausgehungerten Sozialstaates und einer Ökonomisierung der Pflege agieren diese Alten gegen die verheerenden zukünftigen Pflegeeinrichtungen, die nicht länger im Stadtteil angesiedelt sind, sondern in ferne Billiglohnländer ausgelagert werden. Diese gesellschaftlichen Zukunftsbilder des hohen Alters sowie die Widerstandspraktiken der Alten knüpfen durchaus an (sozial)politische Diskurse der Gegenwart an und vergegenwärtigen uns die Bedeutung des Subjektstatus und das Recht auf ein Alltagsleben im „vierten Alter".

Das Altersheim, das mit der Gesamtheit der Gesellschaft verbunden ist, erfährt in weiteren Erzählungen Mutationen, indem der Raum selbst, unter den Bedingungen veränderter kultureller Altersbilder und -diskurse, durch andere Aneignungsformen transformiert wird. In der Erzählung *Die Herbstzeitlosen* hinterfragen die alten Darstellerinnen hegemoniale Bilder, Muster und Denkfiguren des Alters und eignen sich durch veränderte Raumpraktiken das Altersheim nicht nur als Ort der Liebe an, sondern funktionieren es auch ganz im Geist des hegemonialen Aktivitätsdenkens zu einem Ort der Produktion um. So können sich Orte der Begegnung und des Austausches da bilden, wo andere weiterhin nur einen Nicht-Ort erblicken (Augé, 2011, S. 124). Als abgegrenzte Lebenswelt, die auch Raum für Begegnungen schafft, stellt sich das Altersheim in der Leinwanderzählung *Grüne Tomaten* dar. An diesem Rückzugsort, wo kein Wettbewerb und keine Konkurrenz stattfinden, wird die Erinnerung an die Vergangenheit zum Leben erweckt und macht aus dieser heterotopen Lokalität einen Raum, der einen Wissens- und Erfahrungsaustausch zwischen *alten Alten* und *jungen Alten* ermöglicht. Damit schreibt dieser Film gegen die institutionalisierte Ordnung sowie gegen die diskursive Trennung zwischen dem jungen und alten Alter an.

Resümierend kann festgestellt werden, dass die filmische Repräsentationspraxis durchaus versucht, die lebensweltliche Separierung des alten Körpers im Altersheim durch veränderte kulturelle Altersentwürfe, die sich in Raumaneignungspraxen manifestieren, aufzubrechen. Trotz der Inszenierung dieser heterotopen Lokalität als Ort der Begegnung, der Liebe und voller Aktivitäten wird aber am Grundmuster einer entfremdeten Lebenswelt festgehalten und diese mit Alterskonstruktionen verknüpft, die das „vierte Alter" als Abweichung, als Störfaktor und letztlich auch als Risiko begreifen.

Literatur

Augé, M. (2011). *Nicht-Orte* (2. Auflage). München: C. H. Beck.

Backes, G. M. (2002). „Geschlecht und Alter(n)" als künftiges Thema der Alter(n)ssoziologie. In G. M. Backes & W. Clemens (Hrsg.), *Zukunft der Soziologie des Alter(n)s* (S. 111–148). Opladen: Leske+Budrich.

Beauvoir, S. de. (2000). *Das Alter.* (Neuausgabe). Reinbek bei Hamburg: Rowohlt Taschenbuch.

Birkenstock, E. (2000). Altern – Dialektik eines Themas zwischen Antike und Moderne. In A. Deuber-Mankowsky & U. Konnertz (Hrsg.), *Die Philosophin. Forum für feministische Theorie und Philosophie* (11. Jahrgang, Heft 21, S. 43–64). Tübingen: editiondiskord.

Bublitz, H. (2010). Himmlische Körper oder wenn der Körper den Geist aufgibt. Zur performativ produzierten Hinfälligkeit des Körpers. In S. Mehlmann & S. Ruby (Hrsg.), *„Für Dein Alter siehst du gut aus!" Von der Un/Sichtbarkeit des alternden Körpers im Horizont des demographischen Wandels. Multidisziplinäre Perspektiven* (S. 33–50). Bielefeld: transcript.

Butler, J. (1995). *Körper von Gewicht. Die diskursiven Grenzen des Geschlechts.* Berlin: Berlin Verlag.

Dederich, M. (2010). Zur medialen Repräsentation alter behinderter Körper in der Gegenwart. In S. Mehlmann & S. Ruby (Hrsg.), *„Für Dein Alter siehst du gut aus!" Von der Un/Sichtbarkeit des alternden Körpers im Horizont des demographischen Wandels. Multidisziplinäre Perspektiven* (S. 107–122). Bielefeld: transcript.

Deinet, U. & Reutlinger, C. (2005). Aneignung. In F. Kessl et al (Hrsg.), *Handbuch Sozialraum* (S. 295–312). Wiesbaden: Verlag für Sozialwissenschaften.

Fiske, J. (2000). Augenblicke des Fernsehens. Weder Text noch Publikum. In C. Pias, Engell, L, Fahle, O., Vogl, J. & Neitzel B. (Hrsg.), *Kursbuch Medienkultur. Die maßgeblichen Theorien von Brecht bis Baudrillard* (S. 234–254). Stuttgart: Deutsche Verlags-Anstalt GmbH.

Foucault, M. (1999). *Botschaften der Macht. Der Foucault- Reader, Diskurs und Medien.* Stuttgart: Deutsche Verlags-Anstalt.

Friedan, B. (1997). *Mythos Alter.* Reinbek bei Hamburg: Rowohlt Taschenbuch.

Hellmich, E. (2007). *foreveryoung? Die Unsichtbarkeit alter Frauen in der Gegenwartsgesellschaft.* Wien: Milena.

Jagose, A. (2001). *Queer Theory. Eine Einführung.* Berlin: Querverlag.

Katz, S. (2009). Geschäftige Körper: Aktivität, Altern und das Management des Alltagslebens. In S. Van Dyk & S. Lessenich (Hrsg.), *Die jungen Alten. Analysen einer neuen Sozialfigur* (S. 160–185). Frankfurt/New York: Campus.

Kunow, R. (2005). „Ins Graue". Zur kulturellen Konstruktion von Altern und Alter. In H. Hartung (Hrsg.), *Alter und Geschlecht. Repräsentationen, Geschichten und Theorien des Alter(n)s* (S. 21–43). Bielefeld: transcript.

Läubli, M. & Sahli, S. (2011). Männlichkeiten denken. Vorwort. In M. Läubli & S. Sahli (Hrsg.), *Männlichkeiten denken. Aktuelle Perspektiven der kulturwissenschaftlichen Masculinity Studies* (S. 7–16). Bielefeld: transcript.

Lefebvre, H. (2006). Die Produktion des Raums (1974). In J. Dünne & S. Günzel (Hrsg.), *Raumtheorie* (S. 330–342). Frankfurt/Main: Suhrkamp.

Löw, M. (2001). *Raumsoziologie.* Frankfurt/Main: Suhrkamp.

Mehlmann, S. & Ruby S. (2010). Einleitung: „Für Dein Alter siehst du gut aus!" Körpernormierungen zwischen Temporalität und Medialität. In S. Mehlmann & S. Ruby (Hrsg.), *„Für Dein Alter siehst du gut aus!" Von der Un/Sichtbarkeit des alternden Körpers im Horizont des demographischen Wandels. Multidisziplinäre Perspektiven* (S. 15–31). Bielefeld: transcript.

Mikos, L. (2008). *Film- und Fernsehanalyse* (2. Überarbeitete Auflage). Konstanz: UVK Verlagsgesellschaft mbH.

Pontzen, A. (2005). Sex, gender und Altersdiskurs in Thomas Manns Die Betrogene: „Peinliches Begehren". In M. Bidwell-Steiner & K. S. Wozonig (Hrsg.), *Gender & Generation. GenderedSubjects. Referat Genderforschung der Universität Wien* (S. 258–275). Innsbruck: Studienverlag.

Precarias a la deriva (2011). *„Was ist dein Streik?" – Militante Streifzüge durch die Kreisläufe der Prekarität.* Wien-Berlin: Turia + Kant.

Rebhandl, B.(2013). Besser älter werden. *Der Standard, MedStandard,* S. 14.

Schroeter, K. R. (2009). Die Normierung alternder Körper – gouvernementale Aspekte des *doingage.* In S. Van Dyk & S. Lessenich (Hrsg.), *Die jungen Alten. Analysen einer neuen Sozialfigur* (S. 359–379). Frankfurt/New York: Campus.

Strüver, A. (2010). KörperMachtRaum und RaumMacht Körper: Bedeutungsverflechtungen von Körpern und Räumen. In S. Bauriedl et al. (Hrsg.), *Geschlechterverhältnisse, Raumstrukturen, Ortsbeziehungen. Erkundungen von Vielfalt und Differenz im spatial turn* (S. 217–237). Münster: Westfälisches Dampfboot.

Van Dyk, S. & Lessenich, S. (2010). „Junge Alte": Vom Aufstieg und Wandel einer Sozialfigur. In S. Van Dyk & S. Lessenich (Hrsg.), *Die jungen Alten. Analysen einer neuen Sozialfigur* (S. 11–48). Frankfurt/New York: Campus.

Voglmayr, I. (2008). Nowrinkles, noage? Altersbilder und -diskurse in den Medien. In J. Dorer, B. Geiger & R. Köpl (Hrsg.), *Medien – Politik – Geschlecht. Feministische Befunde zur politischen Kommunikationsforschung* (S. 218–232). Wiesbaden: Verlag für Sozialwissenschaften.

Voglmayr, I. (2011). „Die Herbstzeitlosen" aus der Perspektive feministischer Alternsansätze. In H. Rohn, L. Scheer & E. M. Zenz (Hrsg.), *Frauen/transFormation – Beiträge zur FrauenFrühlingsUniversitätGraz 2009* (S. 132–140). Wien: planetVERLAG.

Wellmann, A. (2010). Alte Liebe rostet nicht. Alterssexualität in der Ratgeberliteratur der 1980er und 1990er Jahre. In S. Mehlmann & S. Ruby (Hrsg.), *„Für Dein Alter siehst du gut aus!" Von der Un/Sichtbarkeit des alternden Körpers im Horizont des demographischen Wandels. Multidisziplinäre Perspektiven* (S. 89–106). Bielefeld: transcript.

Filme

Avnet, J. & Kerner, J. (Produktion). (1991). *Grüne Tomaten* [Film]. USA.
Heiduschka, V. & Katz, M. (Produktion). (2012). *Liebe/Amour* [Film]. Deutschland/Frankreich/Österreich.
Schaerli, R. & Hobi, L. (Produktion). (2012). *Nebelgrind* [Film]. Schweiz.
Sinniger, A. (Produktion). (2006). Die Herbstzeitlosen [Film]. Schweiz.
Ziegler, R. & Gravenhorst, J. (Produktion). (2007). *2030 – Aufstand der Alten* [Film]. Deutschland.

Alte Frauen und ihre Religiosität: Intersektionalitäten zwischen „Alter(n)", „Geschlecht" und „Religion"

Renate Wieser

Das Alter(n) von Frauen wird hinsichtlich seiner religiösen und spirituellen Dimensionen wissenschaftlich wenig reflektiert. Wenn auch für die *Gerontologie* das Thema der Spiritualität zunehmend wichtiger wird, beachtet sie es dennoch kaum unter dem Genderaspekt. Reflektiert die *Theologie* das Thema des Alter(n)s, fehlt zumeist eine gendersensible Perspektive. Widmet sich die *Genderforschung* dem Alter(n) von Frauen und Männern, dann bleibt oftmals die religiös-spirituelle Perspektive außen vor. Dies führt zu dem Befund, dass der Kreuzungspunkt, die Intersektionalität[1], zwischen den Kategorien Alter(n) – Geschlecht – Religion als eine Leerstelle, als ein weitgehendes Forschungsdesiderat begegnet. Das ist allein schon aufgrund der Tatsache erstaunlich, dass das Naheverhältnis zwischen alten Frauen und Religion bzw. Religiosität als – auch empirisch – erwiesen betrachtet werden kann.

Der folgende Artikel nähert sich aus einer christlichen, mitteleuropäischen Perspektive dem Thema der religiös-spirituellen Dimensionen des Alter(n)s von Frauen. Dabei werden in einem ersten Teil empirische Erkenntnisse zum Themenfeld „Religion und alte Frauen" präsentiert, während der zweite Teil aus einer feministisch-gendersensiblen Haltung heraus religiös-spirituelle Impulse für das Alter(n) von Frauen aufzuzeigen versucht. Als Theologin verstehe ich Religion, Religiosität, Spiritualität als relevante Dimensionen, die das Menschsein u. a. ausmachen – neben anderen anthropologischen Aspekten wie Körperlichkeit/Physis, Psyche und Sozialität (Roser, 2009, S. 47). Religion kann man dabei „als ein System von Offenbarungen auffassen, Religiosität als die auf diese gerichtete Praxis mit den entsprechenden Symbolisierungen. Diese Praxis rekurriert insbesondere auf ein Letztgültiges, wie immer dieses auch beschaffen sein mag. Bei der Spiritualität hingegen geht es um zwei Dimensionen der Verinnerlichung des Menschen: zum einen um das Transzendieren, zum anderen um Sinnschaffung (ohne ausdrückliche Bezugnahme auf religiöse Offenbarung)" (Bucher & Oser, 2008, S. 608).

---

1 Zum Konzept der Intersektionalität vgl. zur Einführung: Lutz, Vivar & Supik (Hrsg.), 2013.

Weiters folge ich einem konstruktivistischen Verständnis von Geschlecht, gehe also davon aus, „dass das Geschlecht keine natürliche oder ontologische Tatsache darstellt, sondern als Produkt (sozialen) Tuns begriffen werden muss. Dabei wird gerade auch biologisches Wissen – in je sehr unterschiedlicher Weise – hinterfragt und als epochenspezifischer Diskurs (. . .) bzw. spezifisches lebensweltliches Wissen (. . .) relativiert" (Villa, 2004, S. 143). Geschlecht, Geschlechterdifferenzierung und damit verbunden die Geschlechtszugehörigkeit werden demnach als über unterschiedliche gesellschaftliche, soziale und/oder kulturelle Praktiken hervorgebracht verstanden (Bührmann & Schneider, 2008, S. 120).

In Analogie zur produktiven Rezeption konstruktivistischer Theorien in der Genderforschung argumentiert auch die Gerontologie, dass Alter(n) keineswegs einfachhin als eine rein biologische Tatsache zu betrachten sei. „Natürlich" ist Alter(n) u. a. auch ein durchgehender biologischer Prozess, jedoch sind es keineswegs quasi unentrinnbare physiologische Vorgänge, die determinieren, was Menschen, die sich selbst als alt identifizieren oder die als alt identifiziert werden, erleben und erfahren; vielmehr ist an eine Reihe von soziokulturellen Bedingungen und Bedeutungen zu denken, mit denen die biologische Ordnung in eine kulturelle Ordnung übersetzt wird – darunter eben auch religiöse. Alter(n) kann also als ein Prozess verstanden werden, der sozial gestaltet und bewertet wird. Es hängt zu einem großen Ausmaß von moralisch-ethischen Kodizes, von normativen Setzungen, aber auch von sozialen Faktoren, von ökonomischen Verhältnissen und technisch-zivilisatorischen Errungenschaften usw. ab, wie *alt* Menschen werden und *wie* Menschen alt werden. Gerade für die Auseinandersetzung mit dem Älter- und Alt-Werden und -Sein von Frauen bleibt mit der feministischen Gerontologin Margaret Cruikshank festzuhalten, dass ein Verständnis von Alter(n) als soziale Konstruktion letztlich entscheidend ist, denn „awareness of social constructions [of aging; RW] and resistance to them is crucial for women's comfortable aging" (Cruikshank, 2009, S. ix).

Religion, Religiosität und Spiritualität im Alter(n)

Das Sprichwort „Mit dem Alter kommt der Psalter"[2] diente lange Zeit dazu, das besondere Naheverhältnis alter Menschen zur Religion – durchaus auf ironisierende, wenn nicht gar diffamierende Weise – auszudrücken: Die ältere Genera-

---

2   Das alttestamentliche Buch der Psalmen, auch Psalter genannt, gilt als *das* Gebets-, Lese- und Lebensbuch der biblischen Überlieferung und dient der Kirche seit Jahrtausenden als Gebetsschatz, spielt in der Liturgie eine herausragende Rolle und wurde in Musik und Literatur vielfach rezipiert.

tion wurde als glaubensstark, kirchlich eng verbunden und als zwar nicht unbedingt interessante, aber sichere Basis der Kirche(n) angesehen. Dazu die Kirchen- und Religionssoziologin Petra-Angela Ahrens: „Die Gewissheit, dass die christliche Botschaft im Lebensabend (wieder) intensiver leuchtet, speiste sich sowohl aus der theologisch zentralen Anknüpfung an die Endlichkeit des Lebens als auch aus empirischen Befunden, die immer wieder eine im höheren Lebensalter stärker werdende christlich-kirchliche Orientierung bestätigten." (Ahrens, 2011, S. 12) Diese Gewissheit ist jedoch inzwischen endgültig geschwunden, denn das Alter(n) hat sich individualisiert und ausdifferenziert – auch in religiös-spiritueller Hinsicht. Die traditionell hohe Bindung von Älteren an die Kirche(n) und an die christliche Religion ist nicht mehr selbstverständlich gegeben, die Pluralität religiöser Orientierungen auch und gerade älterer und alter Menschen wächst, von einer sich lösenden christlich-kirchlichen Verankerung bei den nachkommenden älterwerdenden Generationen ist auszugehen. Dennoch sind die christlichen Kirchen und andere Religionsgemeinschaften nach wie vor für ältere Menschen – speziell für ältere und alte Frauen – von besonderer Bedeutung: Für einen Großteil von ihnen war und ist ihre religiöse Praxis eine existenziell wichtige Möglichkeit, mit dem Transzendenten in Berührung zu kommen, die eigenen spirituellen Bedürfnisse zu erfüllen, mit den Herausforderungen des Lebens und Alter(n)s zurechtzukommen, Gemeinschaft in den jeweiligen Religionsgemeinschaften zu pflegen und dadurch auch soziale Unterstützung zu erhalten.

Religion, Religiosität und Spiritualität alter Frauen

Die religiöse (Primär-)Sozialisation als Prädikator für die Religiosität im Alter(n)

Nach wie vor sind es die Gruppen der alten Menschen, die die Mehrzahl der GottesdienstbesucherInnen stellen, sich selbst am häufigsten als „religiös" bezeichnen und genuin christlichen Glaubensinhalten am ehesten zustimmen. Allerdings kann die oft vertretene Annahme einer spezifischen „Altersfrömmigkeit", verstanden als Zunahme, Verstärkung und Vertiefung von Religiosität ausgelöst und bedingt durch das Alter und die damit einhergehende Todesnähe, durch vorliegende empirische Befunde kaum gestützt werden: „Aktuelle religionssoziologische Zahlen zeigen die hohe Bedeutung der Religiosität im Alter, können aber nicht im Sinne einer Zunahme im Alter interpretiert werden." (Sperling, 2004, S. 627) Die „Ursprünge" für die hohen Religiositätswerte alter Menschen dürften eher in deren, im Vergleich zu jüngeren Kohorten, intensiveren religiösen Soziali-

sation zu suchen sein. Bereits 1978 verweist die Pionierin der Gerontologie, Ur-
sula Lehr, auf die zwar im Großen und Ganzen recht positive Einstellung alter
Menschen gegenüber der Kirche, mahnt jedoch ein, darüber nicht zu vergessen,
„dass diese Einstellungen und Verhaltensweisen keineswegs als ‚altersspezifi-
sches Entwicklungssymptom‘ zu sehen sind, sondern aus der jeweiligen Lebens-
laufbedingtheit – d. h. im weitesten Sinne also sozialisationsbedingt – zu sehen
sind. Es gibt keine besondere ‚Altersfrömmigkeit‘." (Becker, Angleitner, Grombach & Schmitz-Scherzer, 1978, S. 9) Da es sich bei den heute älteren und alten
Menschen also um Jahrgänge handelt, die in ihrer Jugend regelmäßig am kirchlichen Leben teilnahmen, während dies für jüngere Jahrgänge heute so nicht mehr
der Fall ist, ist mit Uwe Sperling weniger ein Alters- als vielmehr ein Kohorten-
unterschied zu konstatieren: „Generell stellte man dann eine Zunahme von Religiosität im Alter fest, wenn bereits in jüngeren Jahren hohe Werte in den religiösen Maßen verzeichnet worden waren, eine Abnahme dagegen bei geringeren
Ausgangswerten." (Sperling, 2004, S. 633) Dieser Sozialisationsthese entsprechen auch die Ergebnisse des Religionsmonitors[3] 2008, die von dem Soziologen
Armin Nassehi folgenderweise auf den Punkt gebracht werden: „[N]ahezu flä-
chendeckend korrespondiert hohe Religiosität mit einer intensiven religiösen Sozialisation im Kindesalter und in der Herkunftsfamilie. (. . .) Dies scheint der entscheidende Prädikator für die Bedeutsamkeit von Religion und Religiosität in
späteren Lebensphasen zu sein." (Nassehi, 2008, S. 127)

Die „Feminisierung der Religion" und ihre Auswirkungen

Fast durchgängig begegnet in empirischen Studien der Befund, dass Frauen religiöser sind als Männer. Exemplarisch dazu seien die Ergebnisse von Robert Kecskes angeführt, der bei einem internationalen Vergleich der Religiosität von Frau-
en und Männern zu dem Ergebnis kommt, dass in allen Ländern (außer in den
Niederlanden) Frauen religiöser sind als Männer, und zwar hinsichtlich aller drei
in der Studie verwendeten Indikatoren für Religiosität, nämlich Gottesglaube,
Kirchgangshäufigkeit und Häufigkeit des Betens. Diese Differenzen sind nur unzureichend mit Makromerkmalen der einzelnen Länder (Säkularisierungsgrad,
Wirtschaftskraft) erklärbar und auch Merkmale wie „Alter", „Bildung", „Erwerbstätigkeit" und „Wohnortgröße" senken den Geschlechtereffekt kaum. Dieser verringert sich allerdings sehr viel stärker, wenn Indikatoren der religiösen

---

3   Der Religionsmonitor ist ein Instrumentarium zur empirischen Untersuchung von Religiosität
und Glauben, vgl. für nähere Informationen: http://www.religionsmonitor.com/.

Sozialisation herangezogen werden. Daraus schließt Kecskes, dass sich der Geschlechtereffekt aus der „Kombination einer intensiveren religiösen Sozialisation von Mädchen und einer größeren Verantwortlichkeit der Frau für die religiöse Erziehung der Kinder, die ihre Ursachen auf der einen Seite in einer sozialisationsbedingten ‚Selbstzuschreibung' und auf der anderen Seite in einer externen ‚Fremdzuschreibung' (z. B. durch die Kirchen) hat, erklärt" (Kecskes, 2000, S. 96).

Damit legt es sich nahe, die statistisch stärker durchschlagende Religiosität von Frauen als Konsequenz der sogenannten „Feminisierung von Religion" zu verstehen (Wieser, 2011, S. 222–244). Mit diesem von Barbara Welter geprägten Terminus ist der ambivalente Prozess benannt, demzufolge Männer sich im Zuge der aufklärerischen Moderne verstärkt der Politik und Ökonomie zu- und von Religion und Kirche abwandten, während Frauen die so entstehenden religiös-kirchlichen „Leerstellen" füllten, indem sie in die religiös konnotierten Bereiche der Gesellschaft nachrückten. Da Religion seit der Romantik als eine Sache des Herzens und Gefühls galt und Frauen im bürgerlich-modernen Geschlechterdispositiv als das von Natur aus sentimentale und emotionale Geschlecht angesehen wurden, wurde ihnen dementsprechend auch eine „natürliche Neigung" zur Religion nachgesagt (Borutta, 2010, S. 372). Diese Feminisierung von Religion schloss nun keineswegs die kirchliche Leitungsebene mit ein, sondern bezog sich vor allem auf den existenziellen Vollzug des Glaubens in den verschiedenen Formen von alltäglicher, familiärer und persönlicher Frömmigkeit sowie der matrilinearen Tradierung von Religion und Religiosität an die nachfolgende Generation. Im Zuge dieses Prozesses gingen – laut der Historikerin Irmtraud Götz von Olenhusen – auch die „Emotionalisierung und Privatisierung von Ehe, Familie und Religion (. . .) Hand in Hand mit einer neuen geschlechtsspezi?schen Rollenzuweisung in der entstehenden bürgerlichen Gesellschaft. Innerhalb und außerhalb der Familie galten Frauen aufgrund ihres angeblich naturhaften Geschlechtscharakters nun als besonders quali?ziert, kirchliche und religiöse Bindungen aufrechtzuerhalten und weiter zu tragen" (Götz von Olenhusen, 1995, S. 11). Zunehmend werden auch „[a]us Verhaltensanforderungen, die ursprünglich religiös motiviert und an Frauen und Männer gerichtet waren [Selbstgenügsamkeit, Andacht und demütiger Verzicht auf Autonomiestreben; RW], (. . .) im Verlauf des 19. Jahrhunderts Maximen, die sich ausschließlich an Frauen richten und in der gesellschaftlichen Geschlechterordnung begründet liegen" (Kormann, 2008, S. 263). So übernahm die Religion im Verlauf des soziokulturellen Säkularisierungsprozesses in der Erziehung junger Mädchen zunehmend die Funktion der Sozialdisziplinierung und der Einübung auf einen weiblichen Geschlechtscharakter: „Überzogen positive Stilisierungen weiblicher Frömmigkeit, in denen bürgerliche Frauen zu nahezu geschlechtslosen Wesen mutierten, wurden auch im Kontext bürgerlicher Doppelmoral instrumentalisiert. (. . .) Allem Anschein waren es eher junge Mädchen, Ehefrauen und Mütter, denen gleichsam der Heiligenschein einer edlen Frömmigkeit verliehen wurde, während nicht mehr junge, alleinstehende Frauen (‚alte Jungfern' und Witwen) häufig als ‚Betschwestern' oder ‚Kanzelschwalben' der Lächerlichkeit preisgegeben wurden." (Götz von Olenhusen, 1995, S. 12)

Diese historische Verflechtung von religiöser und traditionell-weiblicher Sozialisation zeigt sich aktuell in ihren Konsequenzen, die in vielen empirischen Untersuchungen nachgewiesen werden können – exemplarisch machen z. B. die Analysen von Petra-Angela Ahrens offenbar, dass die Bejahung des herkömmlichen Geschlechterverhältnisses Frauen in Verbindung zu Religion und Kirche hält, die Bindung an Kirche und Glauben also „geradezu einen Aspekt der Rollen-Annahme bei den Frauen bzw. der Rollen-Zuschreibung durch die Männer" darstellt. (Ahrens, 2000, S. 104)[4]

Die „Allianz" zwischen intensiv-religiöser und traditionell-weiblicher Sozialisation

In Bezug auf ältere und alte Frauen spitzt sich diese Diagnose zu: Empirische Studien führen immer wieder die – im Vergleich zu allen anderen Altersgruppen und auch zu den gleichaltrigen Männern – hoch ausgeprägte Religionsnähe und Religiosität heutiger alter Frauenkohorten vor Augen: Alte Frauen denken häufiger als jüngere Frauen und gleichaltrige Männer über religiöse Themen nach, sie schätzen sich eher als religiöse Menschen ein, sie bejahen eher religiöse, christ-

---

4   Studien wie die von Kristina Augst oder von Petra-Angela Ahrens und Ingrid Lukatis (Augst, 2000; Ahrens & Lukatis, 2002) belegen, dass die Erwerbstätigkeit ein die Geschlechtszugehörigkeit relativierendes Kriterium für Kirchenbindung darstellt und damit das Geschlecht für das Religion-Kirche-Verhältnis seine traditionelle Relevanz weitgehend einbüßt: „Wo Frauen Zugang zu Lebensräumen haben, die nicht dem traditionellen Geschlechtsrollenmuster entsprechen (Erwerbstätigkeit, höhere Schulbildung), da geht eine solche Lebenssituation mit tendenziell geringerer Nähe zu Religion und Kirche einher." (Ahrens & Lukatis, 2002, S. 206) Vgl. dazu auch die Ergebnisse der quantitativen „Frauen-Befragung" der Ev.-luth. Hannoverischen in Hieber & Lukatis, 1994: Auch anhand dieser Daten fällt auf, dass Frauen, deren Lebensweise dem traditionellen Frauenbild entspricht, am stärksten kirchenverbunden und zufrieden mit dem kirchlichen Angebot und den kirchlichen Strukturen sind (Hieber & Lukatis, 1994, S. 129). So sehen Frauen explizit für ihre Geschlechterrolle als Mutter Bestätigung im kirchlichen Kontext. Dahingegen erkennen Männer in der Regel zwischen ihrer Geschlechtsidentität und ihrem kirchlichem Engagement keinen Zusammenhang. Beiden Geschlechtern ist gemeinsam, dass die Kirchlichkeit mehr und mehr abnimmt (Becker, 2003, S. 133–134).

lich konnotierte Aussagen, beziehen aus der Religion eher Trost und Kraft, berichten eher von Gotteserfahrungen, praktizieren intensiver und in vielfältigeren Formen ihre Religiosität (vgl. exemplarisch: Fürst, Wittrahm, Feeser-Lichterfeld & Kläden (Hrsg.), 2003; Huber, 2007; Ebertz, 2008).

Erklärbar ist dies dadurch, dass heutige ältere und alte Frauen stärker religiös primärsozialisiert wurden als ihre männlichen Peers und stärker als die nachfolgenden jüngeren Kohorten. Genderspezifisch wurden also ältere und alte Frauen intensiver an die Religion herangeführt, weil sich in der ersten Hälfte des 20. Jahrhunderts religiöse und bürgerliche Modelle der „Weiblichkeit" gegenseitig stützten und daraus die „Zuständigkeit" der Frau für den (innerfamiliär-)religiösen Bereich abgeleitet wurde, wie sich auch in diesem Prozess religiöse und „weibliche" Rollenzuschreibung und -erwartung bis zur Unkenntlichkeit miteinander verquickten. Kohortenspezifisch wurden ältere und alte Frauen stärker religiös sozialisiert als jüngere Kohorten, weil der weitestgehende Zerfall der konfessionellen Milieus mit ihren ineinandergreifenden Sozialisationsinstanzen in den 1960er-Jahren erst nach ihrer Kindheit und Jugendzeit stattfand. Beide Effekte zusammen zeigen sich aktuell am „Produkt" der unübertreffbar hohen Religiositätswerte alter Frauen.

Als ein Spezifikum des Glaubens älterer und alter Menschen, speziell der Frauen unter ihnen, ist weiters festzuhalten, dass sie trotz zum Teil kritischer, von offiziellen kirchlichen Positionen durchaus abweichender Haltung ihre Kirchenmitgliedschaft aufrechterhalten (Becker et al., 1978; Habersetzer, 1998). Obwohl also nicht wenige ältere und alte Menschen der Überzeugung sind, dass sich die Kirche ändern müsse, bleiben sie, speziell die Frauen unter ihnen, weiterhin ihrer Glaubensgemeinschaft treu – ein Phänomen, welches Marianne Habersetzer durch die höhere religiöse Sozialisation dieser Alterskohorten erklärt. Zugleich wirkt hier aber auch die Internalisierung der religiös gefärbten traditionell-weiblichen Geschlechterrolle: In höherem Ausmaß als bei jüngeren Frauenkohorten wird Bindung – zudem eine religiös-sakramental konstituierte – von älteren Frauen als verpflichtend und lebenslang aufrechtzuerhalten angesehen – ein Faktum, das ihren Verbleib in der Kirche mit erklärt.

Religiös-spirituelle Entwicklung im Lebensverlauf

Mit Uwe Sperling kann religiöse Entwicklung interpretiert werden „als der Versuch einer Synchronisierung von Religion und Lebenssituation. (. . .) Die Abfolge der Gestalten von Religiosität erfolgt besonders im Alter keineswegs in einer festgelegten Richtung, sondern sie kann sich in den unterschiedlichen Dimen-

sionen multidirektional vollziehen. Bei den höheren Altersgruppen hat, wie in
den jüngeren auch, eine Vielfalt und Dynamik der Glaubensentwicklung eingesetzt, die über die kirchlich-institutionellen Vorgaben hinausgeht. Dies bedeutet,
dass auch im Alter nicht mehr länger von einer Übereinstimmung zwischen Religiosität im Sinne kirchlicher Gläubigkeit und Spiritualität als selbstverständlich
ausgegangen werden darf." (Sperling, 2004, S. 633–634) Fest steht also, dass die
Religiosität von älteren und alten Menschen von den Pluralisierungs- und Indivi-
dualisierungsschüben des 20. Jahrhunderts nicht unbeeindruckt geblieben sind:
Auch für die älteren und alten Kohorten lässt sich – quantitativ – ein genereller
Rückgang der Kirchlichkeit und der Religiosität verzeichnen wie auch – qualitativ – eine Vervielfältigung der Glaubenspraktiken und -inhalte.

Vorhandene empirische Daten lassen hier jedoch durchaus den Schluss zu,
dass sich Frauen im Alter(n) wieder verstärkt der Religion und Religiosität zu-
wenden; eine durch spezifische Entwicklungen und Kontexte im späteren Lebenslauf von Frauen – nicht durch das Alter(n) per se – hervorgerufene ver-
stärkte Auseinandersetzung mit Religion und Religiosität bildet sich ab und
stützt die Annahme einer religiösen und spirituellen Entwicklung über den Le-
bensweg hinweg. Dies wird auch durch eine Panelanalyse des Soziologen Daniel
Lois (2011) unterstützt, in der er sich der Frage nach der Veränderung der Kirchgangshäufigkeit im Lebensverlauf widmet. Speziell in Bezug auf die vom Autor
eingenommene Lebensverlaufsperspektive lässt sich festhalten, dass ein alters-
übergreifender Säkularisierungstrend identifiziert werden konnte; die Kirchgangshäufigkeit geht also im Beobachtungszeitraum (1992–2007) zurück. Dem
gegenüber steht der positive Einfluss des Lebensalters, also ein altersspezifischer
Anstieg der Kirchgangshäufigkeit. Dabei ist von Relevanz, dass dieser altersspezifische Anstieg der Kirchgangshäufigkeit teilweise durch die Verwitwung einer
Person oder ihren Übergang in den Ruhestand vermittelt wird (und nach Erreichen des 70. Lebensjahres – anzunehmenderweise gesundheitsbedingt – wieder
zurückgeht).[5] Weiters gibt es jedoch Hinweise, dass sich der altersspezifische
Anstieg der Kirchgangshäufigkeit mit fortlaufender Kalenderzeit abschwächt,
ein Faktum, welches von Lois als „Form von Säkularisierung" interpretiert und
wie folgt erklärt wird: „Die Abschwächung des positiven Alterseffekts über die
Kalenderzeit deutet bereits darauf hin, dass einerseits diejenigen lebenszy-
klischen Prozesse, die sich positiv auf die Kirchgangshäufigkeit auswirken, an

---

5 Andere biografische Ereignisse, die zu einer Erhöhung der Kirchgangshäufigkeit führen, sind die
   erste Eheschließung und das Erreichen des Schulalters der eigenen Kinder; zu einem Rückgang
   führen die Erhöhung des Bildungsniveaus und des Erwerbsumfangs sowie die erste Scheidung
   (Ergebnisse für Westdeutschland).

Bedeutung verlieren. Andererseits werden Übergänge im Lebensverlauf, die zu Rückgängen religiöser Aktivitäten führen, offenbar häufiger." (Lois, 2011, S. 106)

Heterogenität des Glaubens im Alter(n)

Die Psychologin und Alterswissenschafterin Susan McFadden wies bereits 1996 auf die Schwerfälligkeit hin, mit der sich die Erkenntnis, dass es im Alter(n) viele unterschiedliche Arten gibt, spirituell zu sein, zu werden oder zu bleiben, in der Gerontologie durchsetzt: „Thus, in considering religious development, it is important to acknowledge both continuity and discontinuity and the possibility that both can be experienced at the same time." So können ältere und alte Menschen weder im Allgemeinen noch in Bezug auf ihre Religiosität einfachhin als homogene Gruppe behandelt und untersucht werden: Kohortenzugehörigkeit, Gesundheitszustand, Familienstand, Wohn- und geographischer Standort, Geschlecht, Ethnizität, Ausmaß der religiösen Überzeugung und Inhalt ihres jeweiligen religiösen Glaubenssystems machen sie zu einer höchst uneinheitlichen Gruppe, und empirische Forschungsergebnisse spiegeln diese Heterogenität.

Zugleich bleibt festzuhalten, dass Religion und Religiosität in all dieser Vielfalt und Diversität ein wichtiger Faktor im Leben alter Menschen ist und als solchem ist ihm auch Beachtung zu schenken. Vor diesem Hintergrund formuliert Uwe Sperling (2004, S. 641) folgende zukünftige Herausforderungen:
„Wie das Altern innerhalb der Gerontologie als lebenslanger Prozess verstanden wird, so ist auch die spirituelle Entwicklung des Menschen als Teil dieses Gesamtprozesses unter der Lebenslaufperspektive zu konzipieren. Multidimensionalität und Multidirektionalität prägen diese Entwicklung. Auch die religiöse und spirituelle Entwicklung erhält im Alter neue Aufgaben und Chancen. Wie diese wahrgenommen und erlebt werden, hängt entscheidend vom Individuum und seiner Biografie ab. Freilich sind auch die Situationen zu bedenken, in denen körperliche, soziale und psychische Belastungen die Auseinandersetzung damit für einen Teil der Älteren besonders erschweren. Gerade dann kommt alles darauf an, Entwicklungsmöglichkeiten aufzudecken und Bedingungen zu schaffen, in denen Schritte der Auseinandersetzung gegangen werden können. Zu diesen Bedingungen gehören Sicherheit, Identität, Sinnsuche und die Berücksichtigung spiritueller Bedürfnisse. Religiosität und Spiritualität sind keine selbstverständliche Domäne des Alters, aber sie gehören zum Menschen, wenigstens als Potenzial."

Religion und Religiosität als Ressource für alte Frauen

Wird danach gefragt, welche Ressourcen[6] und Bewältigungsstrategien von alten Personen eingesetzt werden können, um mit Verlusten und Grenzerfahrungen ohne substanziellen und dauerhaften Verlust an Wohlbefinden und Lebensqualität umzugehen, so sind auch „religiöse Ressourcen" in diese Überlegungen miteinzubeziehen. Unter „religiöse Ressourcen" werden sowohl religiöse Erfahrungen und Praktiken, Glaubensvorstellungen, religiöses Wissen und/oder die Einbindung in eine religiöse Gemeinschaft verstanden (Allemand & Martin, 2007, S. 30).

Religiöse Ressourcen können eine positive Rolle für die Aufrechterhaltung von Lebenszufriedenheit im höheren Alter spielen. Menschen mit ausgeprägten, positiven religiösen Einstellungen und religiösen Aktivitäten weisen eine bessere körperliche Gesundheit auf, schätzen sich subjektiv gesünder ein, geben ein höheres Wohlbefinden an und sind insgesamt zufriedener mit ihrem Leben. Auch lassen sie eine bessere emotionale Anpassung und weniger Depressivität und Angst erkennen, erleben geringere Körperbeschwerden und bewältigen Funktionseinschränkungen schneller (Allemand et al., 2007, S. 26). Die positiven Effekte von Religiosität und Spiritualität umfassen also emotionale Entlastung, moralische Orientierung, soziale Unterstützung, kognitive Neubewertung und mentale Bewältigung (Charbonnier, 2009, S. 35; auch: Klie, Wegner & Kruse, 2010, S. 422).

Allerdings treten diese positiven Wirkungen von Religiosität und Spiritualität eher dann ein, wenn es sich bei der Religiosität um eine lebenslang erworbene Ressource handelt, die dann auch im Alter(n) genutzt und weiter gepflegt werden kann. Eine positive Wirkung ist auch nur von einer *intrinsischen* Religiosität und Spiritualität zu erwarten, also von einer Religiosität und Spiritualität, die um ihrer selbst willen und in Freiheit gelebt wird und nicht aufgrund eines äußerlich verordneten Normenkodex. Letztere – als *extrinsisch* bezeichnete – Religiosität wie auch das negative Gottesbild eines „strafenden Gottes", eine von Angst geprägte Religiosität sowie sozialer Druck durch die religiöse Gemeinschaft können sich negativ auf das Wohlbefinden und die Lebensqualität auswirken. Hier sind dann ungünstige gesundheitliche Auswirkungen wie mehr Unsicherheit und Besorgnis, mehr psychischer Stress, mehr Depression, Ängstlichkeit und Schuldgefühle, ein rigideres Denken, ein geringeres Selbstwertgefühl und weniger persönliche Reifung bei Personen zu erwarten (Klie et al., 2010, S. 423; Allemand et al., 2007, S. 34–35).

---

6   „Ressourcen sind als die Gesamtheit der Mittel, Fähigkeiten und Kompetenzen zu verstehen, die prinzipiell für die Bewältigung von Lebensaufgaben, die Erreichung von Zielen oder den Umgang mit Verlusten und Defiziten eingesetzt werden können." (Martin, zit. nach: Charbonnier, 2009, S. 40–41)

Summarisch kann heute als unbestritten festgehalten werden, dass Religiosität und Spiritualität zu Gesundheit und Wohlbefinden beitragen können. Die Tatsache einer Beziehung zwischen Religiosität und physischer Gesundheit kann als ausreichend gesichert gelten, wenngleich sie nicht unbedingt so ausgeprägt und wesentlich komplexer ist als es von optimistischen Forscherinnen und Forschern eingeschätzt wird (Sperling, 2007, S. 77–78): „Die Religiosität ist – auch in ihrer positivsten Form – immer nur ein Faktor unter mehreren. Sie ist eingebettet in eine spezifische Persönlichkeitsentwicklung und einen Lebensstil, die sich durch typische Erlebensformen und Bewältigungsstrategien auszeichnet. Innerhalb dieses Rahmens entwickeln sich verschiedene Glaubensstile, die sich sowohl negativ als auch positiv auswirken können." (Utsch, zit. nach: Charbonnier, 2009, S. 35)

Religiös-spirituelle Impulse für das Alter(n) von Frauen

Das folgende, zweite Kapitel will die Diskussion zwischen einer feministisch-gendersensiblen Gerontologie und einer ebensolchen Theologie eröffnen. Es präsentiert vor diesem Hintergrund erste Impulse, die aus der gendersensiblen Betrachtung religiös-spiritueller Traditionen und Praktiken für ein gutes Alter(n) von Frauen gewonnen werden können.

Wie sich der Glauben von Frauen entwickelt: vernetzt – beziehungsreich – tanzend?

Die Erforschung der Glaubensentwicklung wurde lange von strukturgenetischen Konzepten (Piaget, Kohlberg) menschlicher Entwicklung dominiert. Dementsprechend entwerfen die beiden einflussreichsten, als klassisch zu bezeichnenden Stufentheorien religiöser Entwicklung – nämlich die Theorie der Entwicklung des Lebensglaubens des US-amerikanischen Theologen James Fowler und die strukturgenetische Theorie der Entwicklung des religiösen Urteils der Schweizer Psychologen Fritz Oser und Paul Gmünder – ein Modell religiöser Entwicklung, das vom Durchlaufen mehrerer „religiöser" Stufen im Lebenslauf ausgeht. Fowler legt ein stufengebundenes Modell des Lebensglaubens vor, bei dem sich dieser in sechs Stadien von der Heteronomie zur Autonomie hin entwickelt. Dahingegen geht es bei Oser und Gmünder um die Entwicklung des religiösen Urteils in fünf Stufen,[7] wobei das „Ziel der religiösen Ontogenese die Ermöglichung des autonomen religiösen Menschen" (Oser & Reich, 1990, S. 4) ist.

---

7 Plus einer Vorstufe und einer empirisch nicht nachweisbaren, postulierten sechsten Stufe.

Empirische Befunde zeigen nun aber, dass die bei Fowler definierten „hohen" Glaubensstufen von Frauen weniger oft erreicht werden als von Männern und dass Männer altersmäßig früher in höhere Stufen vorrücken als Frauen; ebenso verweisen die Studien von Oser und Gmünder auf die Tatsache, dass alte Menschen – trotz konzeptionell postulierter Invarianz der Stufenabfolge – wieder auf „niedrige" Stufen früherer Lebensphasen „zurückfallen". An solchen Befunden zeigt sich deutlich die Nicht-Beachtung von sozialisatorischen, biografischen, historisch-kulturellen, sozio-ökonomischen und politischen Kontexten in den beiden Modellen. Bei allen Verdiensten der Stufenmodelle muss von daher, gerade auch aus feministischer Perspektive, Kritik an ihrer androzentrischen Ausrichtung angemeldet werden: „The sources drawn upon, the images and metaphors of faith employed, the models of mature faith adumbrated, the theoretical understanding and operationalization of faith, and the account of stage development proposed can all be critiqued for their inbuilt androcentric bias." (Slee, 2004, S. 9)

Die an einem stringent-linearen Ablauf von aufeinander aufbauenden Stufen orientierten Modelle können die Erfahrungen von Frauen also nicht adäquat erfassen, führen doch die Kontingenzen des weiblichen Lebenslaufes, die Notwendigkeit, private und öffentlich-berufliche Sphäre zu koordinieren und mit inkonsistenten gesellschaftlichen Anforderungen umzugehen, zu vielfältigen Brüchen und Diskontinuitäten und damit zu fragmentarischen Identitätskonstruktionen und einer „improvisierteren" Entwicklung – auch im religiösen Bereich. Auch die Gleichsetzung von spirituellem Wachstum mit zunehmender Autonomie erweist sich als problematisch. Denn die wenigen empirischen Studien, die sich mit der Glaubensentwicklung von Frauen beschäftigen, verweisen auf die eher relationale, d. h. Beziehungen und Verbindung betonende Natur von „weiblichen" Glaubenskonzeptionen. Auf diese relationale Struktur der Glaubenskonzeptionen und -entwicklung von Frauen verweist z. B. sehr fundiert und differenziert die qualitativ-empirische Interviewstudie von Nicola Slee (2004),[8] mithilfe derer sie Mus-

8   Vgl. dazu die qualitativ empirische Studie von Regina Sommer „Lebensgeschichte und gelebte Religion von Frauen" (1998), in der sich die Autorin der Erforschung des individuellen Aneignungsformen des Religiösen sowie deren Genese bei Frauen widmet: Für den Umgang mit der eigenen religiösen Sozialisation bezeichnen die Frauen es als wichtig, Verantwortung für das eigene Leben und den eigenen Glauben zu übernehmen; erst wenn frau sich als handlungsfähiges Subjekt zu begreifen beginnt, kann Veränderung geschehen. Frauen beschreiben auch den Punkt in ihrem Leben, an dem sie ihre Entfremdungserfahrungen nicht mehr verdrängen können – an diesem Punkt wird auch eine bewusste Auseinandersetzung mit Religion möglich. Dabei handelt es sich bei der Verarbeitung religiöser und geschlechtsspezi?scher Sozialisation und den damit verbundenen Degradierungs- und Diskriminierungserfahrungen aufgrund des Geschlechts keineswegs um einen geradlinigen, eindimensionalen Prozess, sondern vielfach kommt es zu Wiederholungen alter Verhaltensmuster, Ambivalenzen und Brüchen, Veränderungen, „Rückfällen" usw. (vgl. auch Sommer, 1995).

ter und Prozesse von Frauenspiritualität exploriert hat. Dabei konnte sie, zum *Ersten*, „processes of women's faith development" identifizieren – damit sind auffällige und häufig auftretende sprachliche Strategien von Frauen zur Artikulation und Beschreibung ihrer Glaubenserfahrungen benannt: Es ist ein Glaube, der sich im Dialog zum Ausdruck bringt, der sich in Bildern und Metaphern artikuliert und dabei relationale Bilder und Metaphern bevorzugt, die das Thema Verbindung sowie die Verbundenheit allen Seins zum Ausdruck bringen; ein narrativer Glaube, der sich in Form von Erzählungen Gehör verschafft – vor allem in Erzählungen, die die Zugehörigkeit zu oder Trennung von einer Gemeinschaft sowie für die eigene Identitätsbildung wichtige Menschen thematisieren; ein Glaube, der unter Bezugnahme auf Personen (Vater, Mutter, Großmutter, Mentorinnen und Mentoren, Freundinnen und Freunde, Partnerinnen und Partner usw.) erklärt wird; ein Glaube, in dem abstrakte und eher konzeptionelle Formen des Denkens und Sprechens meist als mitlaufende Kommentare und Reflexionen begegnen, die in die Lebensgeschichten hinein verwoben sind, und der damit eine stark kontextuell und relational orientierte Form der Analyse und der Reflexion offenbart; letztlich aber ist es – für manche Frauen – ein nicht artikulierbarer Glaube: Für sie ist es nicht möglich, auszudrücken, was Glauben – positiv formuliert – ist, sie können (oder wollen) „nur" benennen, was Glaube und Spiritualität jeweils *nicht* sind, was zurückgewiesen und aufgegeben werden muss.

Neben diesen „faithing stategies" identifiziert Slee – zum *Zweiten* – drei übergreifende und immer wiederkehrende Themen, die gemeinsam so etwas wie ein Muster („pattern") oder ein Modell der Glaubensentwicklung von Frauen konstituieren:

1. Mit *„alienation"* wird die von den befragten Frauen immer wieder geschilderte basale Erfahrung der Entfremdung, ja der Paralyse benannt; es geht um die Erfahrung des fundamentalen Verlusts des eigenen Selbst sowie der authentischen Verbindung zu anderen und dem Glauben. Dabei legen die Erzählungen der Frauen hier keineswegs eine einheitliche Erfahrung nahe, sehr wohl aber einen „cluster of related experiences which are very common in women's faith lives, constellating around the themes of powerlessness, alienation, impasse and fragmentation" (Slee, 2004, S. 106).

2. In den von Slee geführten Interviews begegnen die Schilderungen einer großen Pluralität von Erfahrungen des (spirituellen) Erwachens hin zu einem neuen Bewusstsein, hin zu einer neuen, lebendigen Spiritualität; trotz dieser Vielfalt sind für diese *„awakenings"* ein paar allgemeine Merkmale auszumachen: Der „Ort" des Erwachens ist zumeist eine alltägliche und „weltliche" Erfahrung; in dieser Erfahrung wird dann körperlich-intuitives Wissen und Instinkt von den Frauen über rationales Denken und auch über den Gehorsam gegenüber Autoritäten gestellt. Dieses „Erwachen" wird dann als Moment empfunden, in dem der Aspekt der aktiv übernommenen Verantwortung für das eigene Leben, der Entscheidung und Initiative zusammenfällt mit einem – an die theologische Konzeption von Gnade erinnernden – Geschenkcharakter der Erfahrung, mit Empfangen-Dürfen und Mystik.

3. Das dritte aus den Interviews heraus generierte Thema ist das der Verbundenheit („*relationality*"). Frauen artikulieren ihre relationale Konstruktion von Glauben in verschiedenen, aber durchaus miteinander in Zusammenhang stehenden Weisen: Sie sprechen von explizit relationalen Glaubenskonzepten (Glauben als Verbindung mit Gott und/oder anderen; relationale Bilder für Glauben); das Thema der Verbundenheit begegnet aber auch in ihren Hinweisen auf eine starke emphatische Verbindung mit anderen, in ihrem inkarnatorischen Verständnis von der Heiligkeit des Alltäglichen und in dem immer wieder formulierten spirituellen Ziel, das im Erreichen von „integration, holism and inclusivity" besteht.

Im Gegensatz zu den ersten beiden Mustern der Glaubensentwicklung von Frauen – dem der Entfremdung und dem des (spirituellen) Erwachens – beschreibt das Thema der Verbundenheit, die Betonung von Beziehungen weniger eine Phase im spirituellen Leben von Frauen, sondern vielmehr ein durchgängiges Thema, nach Slee eine Erkenntnistheorie der spirituellen Entwicklung von Frauen: „Finally, in contrast to the themes of paralysis and awakenings within women's spirituality, relationality appears to represent not so much a moment or phase within a developmental sequence of faith as a more fundamental epistemology which underlies and undergirds the whole of women's spiritual journey." (Slee, 2004, S. 160)[9]

Nun ist sicher davor zu warnen, die Beziehungsfähigkeit und auch -sehnsucht von Frauen unkritisch als Grundkonstante ihres Frau-Seins und ihrer (religiösen) Entwicklung anzunehmen und auf diese Weise bestehende Genderstereotypen weiter zu verstärken.[10] Andererseits ist mit Ruth Ray und Susan McFadden aber auch darauf hinzuweisen, dass die bis dato vorherrschenden Metaphern für die religiös-spiritueller Entwicklung von Menschen – die „Reise" mit einem vorherbestimmten Ziel; die „Aufgabe", die es zu bewältigen gilt; das heroische „Abenteuer", das es zu bestehen gilt – aufgrund ihrer tendenziell androzentrischen Bias

---

9   Mit den Ergebnissen von Annegret Reese, deren Forschungsinteresse den Traditionen, Sinnressourcen, Lebensgestaltungskompetenzen und Deutungsmustern gilt, die alleinlebende, kinderlose Frauen um die 40 ausgebildet haben, kann hier angeschlossen und fortgefahren werden: In den Deutungsmustern der Singlefrauen dominiert „ein Verständnis der Welt, in dem eine Verbundenheit der Menschen miteinander und mit der ganzen Welt und eine Gerechtigkeit und Gegenseitigkeit allen Lebens vorherrscht. Diese globale Eingebundenheit wird von den Singlefrauen konkret in der Natur erlebt, die damit auch zu einem alltäglichen (religiösen) Ort der Selbst-, Welt- und Gottesbegegnung wird" (Reese, 2006, S. 540).

10   So ist im Blick zu behalten, dass jede Form der Beziehung und Verbundenheit heilsam ist; zudem begegnet in den spirituellen Biografien von Frauen durchaus auch der Hinweis auf die Wichtigkeit, sich abzugrenzen und Autonomie zu entwickeln. Dementsprechend spricht Slee in Bezug auf das Thema der Verbundenheit auch von den „dangers of drawing conclusions too quickly about the patterns of women's development, and particularly to the dangers of overgeneralising gender distinctions which may, in reality, represent the experience of a particular class or age-range of women only. Gender di?erences are intimately related to other variables such as age, class and race, and are not likely to remain constant across these variables" (Slee, 2004, S. 36).

anzufragen sind und der Erweiterung durch andere Metaphern bedürfen. Das kunstvoll aus vielen verschiedenen Fäden gewobene „Netz", die bunt gemusterte und gemeinsam hergestellte Patchworkdecke, das aus vielen Steinen zusammengesetzte Mosaik, der lebenslange und leidenschaftliche Tanz – all das sind Bilder, die sich in der feministisch-theologischen Literatur (z. B. King, 1999), aber auch in den Autobiografien von Frauen finden, um die Entwicklung ihrer Religiosität und Spiritualität zu beschreiben: Bilder, die Dynamik und Verbundenheit, Flexibilität, Komplexität und Vielfalt betonen, die es ermöglichen, spirituelles Wachstum als Wachstum durch Beziehungen und Verbundenheit mit den Mitmenschen und der Natur zu denken (Ray & McFadden, 2001, S. 203–207).

„Gott ist eine Frau und sie wird älter": die Frage nach dem Gottesbild

Die Frage nach dem Gottesbild ist sicherlich ein Dreh- und Angelpunkt des Themas. So macht die Studie der evangelischen Theologin Edith Franke (2002) zur Funktion und Bedeutung weiblicher Bilder und Symbolik vom Göttlichen offenbar, dass die Religiosität der befragten Frauen stark von der Einbeziehung individueller Bedürfnisse und von der Auseinandersetzung mit persönlichen lebensgeschichtlichen Erfahrungen lebt. Für sie ist die Suche nach einer persönlichen Religiosität eng mit Prozessen der Selbstreflexion und Selbsterfahrung verbunden. Hier erhalten die Konnotationen und Zuschreibungen des Göttlichen eine besondere Bedeutung: Es soll Begleitung in unterschiedlichen Lebensphasen anbieten (so z. B. die dreifache Göttin mit ihren Aspekten als „Mädchen", „reife Frau/Mutter" und „weise Alte") und positive Identifikationsmöglichkeiten bereitstellen. Vorstellungen vom Göttlichen werden häufig so gewählt, dass in ihnen eine Spiegelung bzw. eine Erweiterung der eigenen Identität möglich wird: „Die große Bandbreite individueller Interpretationen und vielfältiger Gestaltung der Gottesvorstellungen und der religiösen Praxis spiegelt ein intensives Bedürfnis nach Selbsterfahrung und Selbstreflexion in der Religiosität wider." (Franke, 1998, S. 99)

Nun sind heute alte Frauen mit einem dominant männlichen Gottesbild aufgewachsen und wurden in religiösen Kontexten sozialisiert, in denen die Verkündigung eines strafenden Richtergottes häufig vorkam. Vielen gelang es dennoch, im Verlauf ihres Lebens eine positive und partnerschaftliche Gottesbeziehung zu entwickeln, Gott als den liebenden Vater zu konzipieren. Nichtsdestotrotz braucht es neue Denkmöglichkeiten hinsichtlich des Göttlichen, denn, in den Worten von Annie Imbens-Fransen, „die einseitige Verkündigung eines männlichen Gottesbildes [wirkt; RW] verfremdend, lähmend und zerstörend auf Frauen. (. . .) Indem patriarchale Normen und Werte Frauen als von Gott gewollt vorgehalten werden, wird die männliche Vorherrschaft in Kirche und Gesellschaft quasi göttlich legitimiert und verstärkt. Widerstand gegen männliche Vorherrschaft und auferlegte Rollenmodelle wird so nicht nur als Auflehnung gegen Männer betrachtet und erfahren, sondern auch gegen Gott, den Allmächtigen Vater und Seine Schöpfungsordnung" (Imbens-Fransen, 1997, S. 30). Nun können Gottesbilder keinesfalls von außen an die Frauen herangetragen werden, ist doch mit Edith Franke festzuhalten, „dass Selbstwertgefühl und religiöse Überzeugungen eng zusammenhängen und kontextabhängig sowohl negativ als auch positiv korrelieren können. Allerdings zeigt sich, dass das Selbstkonzept stabiler ist und durch religiöse Instruktionen weniger leicht beeinflusst werden kann als umgekehrt die Gottesvorstellung vom Selbstkonzept. (. . .) Dem Bedürfnis nach einer neuen Symbolisierung des Göttlichen geht eine Neuorientierung sowohl im privaten Umfeld als auch in der Selbstwahrnehmung und Rollenvorstellung voraus." (Franke, 2002, S. 227) Bevor also Kirchen und Theologien zu vorschnell wissen, welche Gottesbilder für alte Frauen gut und lebensdienlich wären, müssen sie zuerst im Hinhören Räume der Selbstermächtigung eröffnen, die es alten Frauen ermöglichen, sich selbst in all ihrer Würde und ihrem Wert zu erfahren, und erst daraus kann das Neu- und Umdenken in Bezug auf das Göttliche erwachsen. Zwei Beispiele einer alternativen Gottesrede seien hier aber exemplarisch angeführt:

Aus der jüdischen Tradition stammt der Versuch der Theologin und Rabbinerin Margaret Moers Wenig, Gott in einer Predigt an Jom Kippur, am Versöhnungstag, im Bild einer alten Frau zu denken:

„Gott ist eine Frau, und sie wird älter. Sie bewegt sich jetzt langsam. Sie kann nicht aufrecht stehen. Ihr Haar ist schütter. Ihr Gesicht von Falten durchzogen. Ihr Lächeln nicht länger unschuldig. Ihre Stimme ist rauh. Ihre Augen ermüden. Das Hören strengt sie oft an. Gott ist eine Frau, und sie wird älter. Und doch – sie erinnert sich an alles . . . Gott nimmt unser Gesicht in ihre beiden Hände und flüstert: ‚Hab' keine Angst, ich will treu zu dem Versprechen stehen, das ich dir gab, als du jung warst. Ich werde bei dir sein. Noch im hohen Alter werde ich bei dir sein und dich halten, wenn du grauhaarig bist. Ich habe dich geboren, ich trug dich, ich halte dich fest. Werde alt mit mir . . .? (. . .) Nun verstehen wir, warum wir geschaffen wurden, älter zu werden: jeder hinzugefügte Tag unseres Lebens, jedes neue Jahr, läßt uns Gott ähnlicher werden, ihr, die ewig älter wird." (Wenig, 1992)

Als zweites Beispiel sei die aus der Frauenbewegung erwachsene, feministisch geprägte Spiritualität anzuführen, in deren Kontext der Versuch zu verorten ist, den Begriff „Crone" – ein in diffamierender Absicht verwendetes Wort für alte Frauen („alte Hexe") – positiv zu besetzen und sich wiederanzueignen. So verfolgt die Feministin, Jungianerin und Psychiaterin Jean Shinoda Bolen mit ihrem Buch „Goddesses in Older Women. Archetypes in Women over Fifty. Becoming a Juicy Crone" (2001) diese Intention, um Frauen den Zugang zur archtypischen, zur als menschliches Urbild das Bewusstsein beeinflussenden Crone in ihnen zu eröffnen und sie ihnen als Quelle von Kraft und Energie im Prozess des Älterwerdens zugänglich zu machen.

„There are three ancient archetypal phases of womanhood: *Maiden, Mother and Crone*. We should take back the word *crone*. A crone is a woman who has wisdom, compassion, humor, courage and vitality. She has a sense of truly being herself, can express what she knows and feels, and take action when need be. She does not avert her eyes or numb her mind from reality. She can see the flaws in herself and others, but the light in which she sees is not harsh and judgmental. She has learned to trust herself to know what she knows." (Bolen, o. J.)

Mit diesem starken Bild der archetypischen Crone hat Bolen das Empowerment alter Frauen im Blick und will so gegen die von ihr diagnostizierte „invisibility of older women" eintreten (Bolen, 2001, S. x).

Religiös-spirituelle Identifikationsfiguren für das Alter(n) von Frauen

Auch die christliche Tradition stellt Ressourcen für ein lebensdienliches, spirituelles Alter(n) zur Verfügung. So begegnen im Neuen Testament, zu Beginn des Lukasevangeliums, die Figurationen von zwei alten Menschen – Simeon und Hanna: beide Identifikationsfiguren eines religiös-spirituellen Altwerdens und -seins.

Im zweiten Kapitel des Lukasevangeliums wird also erzählt, dass Maria und Josef das neugeborene Kind Jesus in den Tempel nach Jerusalem bringen, wo sie in der Folge Simeon und Hanna begegnen:

„Hanna war eine Prophetin, eine Tochter Penuëls, aus dem Stamm Ascher. Sie war sehr alt. Als junge Frau war sie sieben Jahre verheiratet gewesen, danach blieb sie Witwe bis ins hohe Alter von 84 Jahren. Sie ging nicht vom Tempel fort, sondern tat kultischen Dienst mit Fasten und Beten, Tag und Nacht. Und genau zu dieser Stunde stand sie da, pries Gott und sprach darüber zu allen, die die Befreiung Jerusalems erwarteten." (Lk, 2,36–38; BiGS)

Hanna wird durch ihre jüdische Herkunft, „eine Tochter Penuëls aus dem Stamm Ascher", durch ihre Witwenschaft und ihre lange Ehelosigkeit sowie durch ihren ständigen Einsatz am Tempel als besonders glaubwürdige Zeugin dargestellt. Ihr sozialer Hintergrund, ihre Abstammung werden sehr genau geschildert: Als junges Mädchen hat sie geheiratet, sieben Jahre hat sie als Ehefrau und bis zu ihrem aktuellen Lebensalter von 84 Jahren als Witwe gelebt. Diese Altersangabe benennt mehr als eine äußere Zeitspanne: 84 Jahre, das sind sieben mal zwölf Jahre. Die Zahl Sieben steht für Fülle und Ganzheit, für Vollkommenheit; die Zwölf erinnert an die Vollgestalt Israels, an die Vollzahl seiner Stämme. Hannas Lebensalter signalisiert so, dass es Zeit ist für die Befreiung und Sammlung des Volkes, dass für Israel die Heilszeit gekommen ist. Hannas Name bedeutet zudem Gnade und Gunst. Diese Gnade Gottes erfährt Hanna „genau zu dieser Stunde", in dem sie dem neugeborenen Jesus im Tempel begegnet und in ihm den Erlöser erkennt (Janssen, 1998).

Hanna hält sich unabhängig von familiären Bindungen im Tempel auf. Das stellt eine ungewöhnliche Facette einer weiblichen Biografie dar und verweist darauf, dass Jesusnachfolge verschiedenste Lebensformen von Frauen erlaubt. Zum anderen steht sie, als Frau, in der Öffentlichkeit – auch damit übersteigt sie gesellschaftliche Vorgaben und Normen. Es ist vor diesem Hintergrund beachtenswert, dass Hanna als einzige Frau im Neuen Testament als Prophetin bezeichnet wird. Der Titel der Prophetin ist eine besondere Auszeichnung und weist darauf hin, dass die Trägerin das Wort Gottes verkündet. Die Verkündigung ist an bestimmte Inhalte gebunden: Prophetinnen und Propheten treten für Gerechtigkeit ein, verteidigen die Rechte der Armen und Unterdrückten und preisen einen Gott, der auf der Seite der Schwachen steht. Aus der Sicht der Herrschenden waren sie unbequem und gefährlich. Mit ihrem Dienst am Tempel erwartet Hanna also die Befreiung durch Gott – nicht im passiven Hoffen, sondern im wahren Gottesdienst, der bedeutet, nach der Tora zu leben und für Gerechtigkeit einzutreten – in diesem Sinne bezeichnet der Gottesdienst der alten Frau Hanna ein widerständiges Handeln.

In einer Gesellschaft, die von einer Anti-Ageing-Mentalität und einem Juvenilitätskult geprägt ist, können religiöse Traditionen wie auch gelebte Religiosität und Spiritualität zu einer Haltung des dezidierten Pro-Ageings beitragen, zur Ermutigung, „den Prozess des Alterns als konstitutiv zum Leben gehörend zu bejahen und zu entdecken, dass das Alter eigene Chancen und Aufgaben beinhaltet, die es wert sind, ernst genommen und selbstbewusst gelebt zu werden" (Rüegger, 2007, S. 177). Nicht zuletzt sind es alter(n)sbejahende Hoffnungsbilder aus der jüdisch-christlichen Tradition, die, indem sie das ersehnte und erhoffte Reich Gottes als einen Raum des intergenerationellen Friedens schildern, dazu beitragen, der gesellschaftlichen Diskriminierung des Alter(n)s positive Konzeptionen entgegenzuhalten – so wie der folgende Text aus dem Buch Sacharja, einem alttestamentlichen prophetischen Buch:

„So spricht Adonaj, mächtig über Heere: ‚Es werden noch Greise und Greisinnen auf den Plätzen Jerusalems sitzen, den Gehstock in der Hand, weil hochbetagt. Und die Plätze der Stadt werden voll sein von Jungen und Mädchen, die auf ihren Plätzen spielen." (Sach 8,4–5; BiGS)

Den beiden Bevölkerungsgruppen, die damals wie heute am ehesten von Marginalisierung betroffen waren und sind, wird in diesem Bild himmlischen Friedens Sichtbarkeit und Relevanz verliehen: Ihre Präsenz und ihre Stimmen im öffentlichen Raum sind es, die die Gegenwart Gottes anzeigen und erfahrbar werden lassen.

Literatur

Die Zitation der biblischen Texte erfolgt nach der Übersetzung von:
Bail, U. et al. (Hrsg.) (2006). *Die Bibel in gerechter Sprache*. Gütersloh: Gütersloher Verlagshaus (im Text abgekürzt mit: BiGS).

Ahrens, P.-A. (2000). Frauen in der Kirche: Spielt das Geschlecht (noch) eine Rolle? In I. Lukatis, R. Sommer & Ch. Wolf (Hrsg.), *Religion und Geschlechterverhältnis* (S. 101–114). Opladen: Leske und Budrich.

Ahrens, P.-A. (2011). *Uns geht's gut. Generation 60plus: Religiosität und kirchliche Bindung*. Münster: Lit.

Ahrens, P.-A. & Lukatis, I. (2002). Religion in der Lebenswelt von Frauen. Eine Annäherung über Ergebnisse quantitativer Forschung. In E. Franke, G. Matthiae & R. Sommer (Hrsg.), *Frauen Leben Religion. Ein Handbuch empirischer Forschungsmethoden* (S. 159–212). Stuttgart u. a.: Kohlhammer.

Allemand, M. & Martin, M. (2007). Religiöse Ressourcen im Alter. In R. Kunz (Hrsg.), *Religiöse Begleitung im Alter. Religion als Thema der Gerontologie* (S. 25–43). Zürich: Theologischer Verlag Zürich.

Augst, K. (2000). *Religion in der Lebenswelt junger Frauen aus sozialen Unterschichten*. Stuttgart: Kohlhammer.

Becker, K. F., Angleitner, A., Grombach, H. & Schmitz-Scherzer, R. (1978). *Kirche und ältere Generation*. Stuttgart: Kohlhammer.

Becker, S. (2003). Praxisbezug und Interdisziplinarität. Feminismus und GenderForschung in der Praktischen Theologie. In I. Dingel (Hrsg.), *Feministische Theologie und Gender-Forschung. Bilanzen – Perspektiven – Akzente* (S. 123–136). Leipzig: Evangelische Verlagsanstalt.

Bolen, J. S. (o. J.). Crones don't whine. Concentrated wisdom for juicy women. http://www.konocti-seniorsupport.com/Articles---Videos.html (Zugriff am 11.12.2012).

Bolen, J. S. (2001). *Goddesses in older Women. Archetypes in women over fifty. Becoming a juicy crone*. New York: Harper Perennial.

Borutta, M. (2010). *Antikatholizismus. Deutschland und Italien im Zeitalter der europäischen Kulturkämpfe*. Göttingen: Vandenhoeck & Ruprecht.

Bucher, A. & Oser, F. (2008). Entwicklung von Religiosität und Spiritualität. In R. Oerter & L. Montada (Hrsg.), *Entwicklungspsychologie* (S. 607–624). 6., vollständig überarbeitete Auflage. Weinheim/Basel: Beltz.

Bührmann, A. D. & Schneider, W. (2008). *Vom Diskurs zum Dispositiv. Eine Einführung in die Dispositivanalyse*. Bielefeld: Transcript.

Charbonnier, L. (2009). Religion als Ressource im Alter. In M. Kumlehn & Th. Klie (Hrsg.), *Aging – Anti-Aging – Pro-Aging. Altersdiskurse in theologischer Deutung*. Stuttgart: Kohlhammer.

Cruikshank, M. (2009). *Learning to be old. Gender, culture, and aging*. Lanham (Maryland): Rowman & Littlefield.

Ebertz, M. N. (2008). Je älter, desto frömmer? Befunde zur Religiosität der älteren Generation. In M. Rieger (Red.), *Religionsmonitor 2008* (S. 54–63). Gütersloh: Verl. Bertelsmann-Stiftung.

Franke, E. (1998). Religiöse Wandlungs- und Erneuerungsprozesse als Gegenstand empirischer Forschung in der Religionswissenschaft. In K. Fechtner & M. Haspel (Hrsg.), *Religion in der Lebenswelt der Moderne* (S. 88–101). Stuttgart: Kohlhammer.

Franke, E. (2002). *Die Göttin neben dem Kreuz. Zur Entwicklung und Bedeutung weiblicher Gottesvorstellungen bei kirchlich-christlich und feministisch geprägten Frauen.* Marburg: Diagonal Verlag.

Fürst, W., Wittrahm, A., Feeser-Lichterfeld U. & Kläden, T. (Hrsg.). (2003). *„Selbst die Senioren sind nicht mehr die alten . . .". Praktisch-theologische Beiträge zu einer Kultur des Alterns.* Münster: Lit.

Habersetzer, M. (1998). *Leben und Glauben – ein katechetischer Weg mit älteren Menschen.* Würzburg: Echter.

Hieber, A. & Lukatis, I. (1994). *Zwischen Engagement und Enttäuschung. Frauenerfahrungen in der Kirche.* Hannover: Luther. Verlagshaus.

Huber, S. (2007). Spirituelle Räume. Ein Beitrag zur Phänomenologie des religiösen Erlebens und Verhaltens im Alter. In R. Kunz (Hrsg.), *Religiöse Begleitung im Alter. Religion als Thema der Gerontologie* (S. 45–71). Zürich: Theologischer Verlag Zürich.

Imbens-Fransen, A. (1997). *Befreiende Gottesbilder für Frauen. Damit frühe Wunden heilen.* München: Kösel.

Janssen, C. (1998). *Elisabet und Hanna – zwei widerständige alte Frauen in neutestamentlicher Zeit. Eine sozialgeschichtliche Untersuchung.* Mainz: Matthias-Grünewald-Verlag.

Kecskes, R. (2000). Religiosität von Frauen und Männern im internationalen Vergleich. In I. Lukatis, R. Sommer & Ch. Wolf (Hrsg.), *Religion und Geschlechterverhältnis* (S. 85–100). Opladen: Leske + Budrich.

King, U. (1999). Spirituality, ageing and gender. In A. Jewell (Hrsg.), *Spirituality and ageing* (S. 146–157). London/Philadelphia: Jessica Kingsley Publishers.

Klie, Th., Wegner, G. & Kruse, A. (2010). Altersbilder in christlichen Kirchen und Religionen. In *Sechster Bericht zur Lage der älteren Generation in der Bundesrepublik Deutschland: Altersbilder in der Gesellschaft* (S. 409–428). Berlin: Bericht der Sachverständigenkommission an das Bundesministerium für Familie, Senioren, Frauen und Jugend.

Kormann, E. (2008). Bildungsroman und geschlechtsspezi?sche religiöse Erziehung im 19. Jahrhundert. Am Beispiel von Elisabeth der protestantischen Erfolgsschriftstellerin Marie Nathusius. In R. Albrecht, A. Bühler-Dietrich & F. Strzelczyk (Hrsg.), *Glaube und Geschlecht. Fromme Frauen – Spirituelle Erfahrungen – Religiöse Traditionen* (S. 253–267). Köln u. a.: Böhlau.

Lois, D. (2011). Wie verändert sich die Religiosität im Lebensverlauf? Eine Panelanalyse unter Berücksichtigung von Ost-West-Unterschieden. *Kölner Zeitschrift für Soziologie und Sozialpsychologie, 63,* 83–110.

Lutz, H., Vivar, M. T. H. & Supik, L. (Hrsg.). (2013). *Fokus Intersektionalität. Bewegungen und Verortungen eines vielschichtigen Konzeptes.* 2., überarbeitete Auflage. Wiesbaden: Springer.

Nassehi, A. (2008). Erstaunliche religiöse Kompetenz. Qualitative Ergebnisse des RELIGIONSMONITORS. In M. Rieger (Red.), *Religionsmonitor 2008* (S. 113–132). Gütersloh: Verl. Bertelsmann-Stiftung.

Olenhusen Götz, I. von (1995). Die Feminisierung von Religion und Kirche im 19. und 20. Jahrhundert. Forschungsstand und Forschungsperspektiven (Einleitung). In Dies. (Hrsg.), *Frauen unter dem Patriarchat der Kirchen. Katholikinnen und Protestantinnen im 19. und 20. Jahrhundert* (S. 9–21). Frankfurt/M.: Athenäum-Verl.

Oser, F. & Reich, H. (1990). Entwicklung und Religiosität. *Berichte zur Erziehungswissenschaft, 85.*

Ray, R. E. & McFadden, S. H. (2001). The web and the quilt: Alternatives to the heroic journey toward spiritual development. *Journal of Adult Development, 8,* 201–211.

Reese, A. (2006). „Ich weiß nicht, wo da Religion anfängt und aufhört." Eine empirische Studie zum Zusammenhang von Lebenswelt und Religiosität bei Singlefrauen. Gütersloh: Kaiser Gütersloher Verlagshaus.

Roser, T. (2009). Innovation Spiritual Care: Eine praktisch-theologische Perspektive. In F. Eckhard & T. Roser (Hrsg.), Spiritualität und Medizin: gemeinsame Sorge für den kranken Menschen (S. 45–55). Stuttgart: Kohlhammer.

Rüegger, H. (2007). Altern im Spannungsfeld von „Anti-Aging" und „Successful Aging". Gerontologische Perspektiven einer seelsorglichen Begleitung älterer Menschen. In R. Kunz (Hrsg.), Religiöse Begleitung im Alter. Religion als Thema der Gerontologie (S. 143–182). Zürich: Theologischer Verlag Zürich.

Slee, N. (2004). Women's faith development. Patterns and processes. Aldershot u. a.: Ashgate.

Sommer, R. (1995). „So manches, was man so Demut nennt, damit habe ich meine Probleme. Also, ich suche den befreienden Gott." Zur lebensgeschichtlichen Aneignung und Verarbeitung religiöser und geschlechtsspezi?scher Sozialisation. In S. Becker & I. Nord (Hrsg.), Religiöse Sozialisation von Mädchen und Frauen (S. 146–165). Stuttgart: Kohlhammer.

Sommer, R. (1998). Lebensgeschichte und gelebte Religion von Frauen. Eine qualitativ-empirische Studie über den Zusammenhang von biographischer Struktur und religiöser Orientierung. Stuttgart: Kohlhammer.

Sperling, U. (2004). Religiosität und Spiritualität im Alter. In A. Kruse & M. Martin (Hrsg.), Enzyklopädie der Gerontologie (S. 627–642). Bern u. a.: Huber.

Sperling, U. (2007). Spiritualität und Wohlbefinden im Alter. In R. Kunz (Hrsg.), Religiöse Begleitung im Alter. Religion als Thema der Gerontologie (S. 73–98). Zürich: Theologischer Verlag Zürich.

Villa, P.-I. (2004). (De)Konstruktion und Diskurs-Genealogie: Zur Position und Rezeption von Judith Butler. Theorie, Methoden, Empirie. In R. Becker & B. Kortendiek (Hrsg.), Handbuch Frauen- und Geschlechterforschung (S. 141–152). Wiesbaden: VS Verlag für Sozialwissenschaften.

Wenig, M. M. (1992). Gott ist eine Frau – und sie wird älter. Evangelische Theologie, 52, 382–388.

Wieser, R. (2011). „Fromm bin ich nicht, aber ich glaube schon . . ." Glaubensdiskurse und religiöse Subjektivierungsweisen von katholisch sozialisierten alten Frauen im 21. Jahrhundert." unveröffentlichte Dissertation, Universität Graz: 2011 (Wieser, R., „Glauben, den das Leben schrieb. Religiöse Subjektivierungsweisen katholisch sozialisierter alter Frauen". Reihe Praktische Theologie heute, Bd. 127, Stuttgart: in Druck).

Feminisierung des Alters: Psychosoziale Aspekte

Beate Wimmer-Puchinger

Alter ist weiblich – Lebenserwartung von Männern und Frauen

Einleitend kann festgestellt werden, dass die Lebenserwartung in den EU-27-Ländern global betrachtet höher ist als in den meisten anderen Regionen. Sie beträgt derzeit durchschnittlich 79,9 Jahre. Frauen haben mit 82,6 Jahren eine deutlich höhere Lebenserwartung als Männer mit 76,7 Jahren. Als Ursachen werden die Verbesserungen des Lebensstandards, des Sozial- und Gesundheits-systems sowie der Medizin angeführt. So ist ein Anstieg der Lebenserwartung von 2002–2009 von 1,7 Jahren für Frauen und 2,1 Jahren für Männer zu verzeichnen. Wie sehr jedoch die Lebenserwartung von sozialen und Umweltfaktoren abhängig ist, wird deutlich, wenn man beispielsweise 2011 die Lebenserwartung von Frauen in Bulgarien mit 77,8 Jahren und jene von Spanien mit 85,4 Jahren heranzieht. Bezogen auf Männer zeigt sich eine durchschnittliche Lebenserwartung in Lettland von 68,1 Jahren im Vergleich zu 79,9 Jahren in Schweden. Konzentrieren wir uns andererseits auf den auffälligsten Gender-Gap innerhalb der EU-Länder, so weist Lettland mit einem Geschlechterunterschied von 11,2 Jahren den höchsten Wert und Zypern und Holland weisen mit 3,8 Jahren die geringste Diskrepanz auf.

In Österreich beträgt die durchschnittliche Lebenserwartung 81 Jahre, wobei jene der Frauen bei 83,9 Jahren, die der Männer bei 78,3 Jahren liegt.

Eine deutliche Aussage zum sozialen Einfluss auf die Lebenserwartung lässt sich aus den Daten von EUROSTAT (Corsini, 2010) ableiten. Die Lebenserwartung ist ein wichtiger Indikator für soziale Ungleichheit. Eindeutig zeigt sich, dass ein entscheidender Faktor höhere Bildung ist – je höher die Bildung, desto höher ist auch die Lebenserwartung; dies gilt zunächst einmal für beide Geschlechter, wobei jedoch über alle Bildungsschichten die Lebenserwartung der Frauen ausgeprägter ist. Der Bildungsfaktor schlägt sich bei den Männern zum Teil stärker bzw. sogar doppelt so hoch nieder. Auch hier zeigt ein Vergleich innerhalb der 27 EU- Länder, dass sich der Effekt der Bildungsunterschiede bei Männern auf die Lebenserwartung in den osteuropäischen Ländern am ausgeprägtesten zeigt (z. B. Estland, Polen, Rumänien, . . .). Interessant ist jedoch, dass die Lebenserwartung von Männern mit hoher Bildung noch immer geringer ist als jene der Frauen mit niedriger Bildung. Untersucht wurden hier die Länder Italien, Malta, Polen, Rumänien, Slowenien, Finnland, Schweden

Abbildung 1: Gender Gap in Bezug auf Lebenserwartung der Männer und Frauen

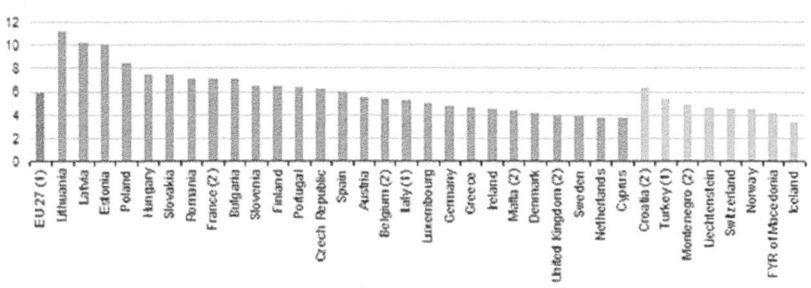

(1) 2009 instead of 2011.
(2) 2010 instead of 2011.
Source: Eurostat (online data code: demo_mlexpec)

EUROSTAT, 2012

Abbildung 2: Lebenserwartungsunterschied von Männern und Frauen in Bezug auf hohe und geringe Bildung

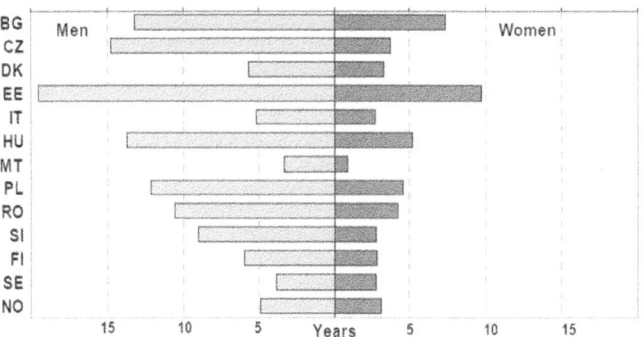

Corsini, 2010

und Norwegen. Trotz dieser deutlichen Evidenz des Einflusses sozialer Gegebenheiten auf die Lebenserwartung von Männern und Frauen bleibt festzuhalten, dass Frauen durchgängig eine höhere Lebenserwartung aufweisen. Die Ursachen dieses „Male-Female-Health-Survival-Paradox" (Oksuzyan et al., 2009) sind noch unklar. Auch soll an dieser Stelle betont werden, dass trotz des nun schon lange anhaltenden demographisch auffälligen Trends des höheren Lebensalters für Frauen dieses Faktum in der Wissenschaft noch zu spärlich beachtet wurde. Es bedarf deutlicher Anstrengungen, die Genderperspektive bei allen Fragen und Aspekten des Alters in die medizinische, soziologische, psychologische und Public-Health-Forschung als Standard zu entwickeln und umzusetzen.

Offensichtlich ist eine Reihe von biologischen Gegebenheiten – wie genetische Faktoren, chromosomale und endokrinologische Ausstattung – von Relevanz. So sind z. B. wesentlich höhere Überlebensraten bei weiblichen Föten beobachtbar. Auch immunologische und hormonelle Bedingungen sowie unterschiedliche Krankheitsmuster bei Männern und Frauen sind nachgewiesen. Der Benefit der protektiven Wirkung der Östrogene und Einflüsse auf ein besseres Immunsystem sind evident (Oksuzyan, Juel, Vaupel & Christensen, 2008). Dennoch können diese biologischen Parameter weder die Diskrepanz der Lebenserwartung von Männern und Frauen noch die breite Varianz innerhalb der Lebenserwartung der Männer und der Frauen vollständig erklären. Weiters ist die auffällige Korrelation von Bildung und sozialer Lebensbedingung mit Alter ebenfalls nicht durch biologische Bedingungen hinreichend erklärbar. Perrig-Chiello und Hutchison (2010) führen in ihren Analysen an, dass maximal ein bis zwei Jahre der höheren Lebenserwartung von Frauen durch biologische Faktoren zu erklären sind. Sozialisation und Lebensstilfaktoren haben ein deutlicheres Gewicht.

Frauengesundheit im Alter

Eines der wichtigsten Kriterien, wie die Lebenssituation von älteren und betagten Frauen erlebt und gemeistert werden kann, ist das des körperlichen, gesundheitlichen Zustands. Die Fähigkeit zur Mobilität sowie die psychische und mentale Gesundheit sind dabei für die Bewältigung des Alltags von höchster Relevanz.

Laut Gesundheitsbefragung 2006/07 (Klimont, Ihle, Baldaszti & Kytir, 2008) zeigen sich folgende gesundheitlichen Probleme:

Tabelle 1: Ausgewählte chronische Krankheiten und Gesundheitsprobleme in Prozent

Alter	Diabetes	Grauer Star	Bluthochdruck	Herzinfarkt	Schlaganfall	Arthrose	Wirbelsäule	Osteoporose	Harninkontinenz	Krebs
60 bis unter 75	11,2	13,6	46,2	3,2	3,8	39,8	52	22,8	13,7	8,2
75 und mehr	22,6	44,7	55,3	5,8	7,5	55,2	52,4	30,3	29,5	8,6

Klimont, Ihle, Baldaszti & Kytir, 2008

Zur Einschätzung der subjektiven Gesundheit befragt, finden sich folgende Angaben:

Tabelle 2: Subjektive Einschätzung der Gesundheit von Frauen in Prozent

Alter	„Wie ist Ihre Gesundheit im Allgemeinen?"				
	Sehr gut	Gut	Mittelmäßig	Schlecht	Sehr schlecht
60 bis unter 75	14,6	44,7	32,0	7,5	1,3
75 und mehr	5,7	29,8	44,5	17,8	2,3

Klimont, Ihle, Baldaszti & Kytir, 2008

Generell zeigt sich der bekannte Effekt: Obwohl Frauen eine höhere Lebenserwartung haben als Männer, bewerten sie dennoch ihr subjektives Befinden schlechter. So beurteilt in Summe etwa mehr als ein Drittel (35,6%) der Frauen ihre Gesundheit sehr gut, bei den Männern hingegen sind es rund 40% (39,4).

Ein Vergleich von 3 Befragungszeitpunkten (1991, 1999, 2006/07) weist aus, dass die Bewertung des subjektiven Gesundheitszustandes in den 15 Jahren von 28,2% auf 35,6% gestiegen ist.

Ein weiterer Aspekt sind das psychische Wohlbefinden und psychische Erkrankungen. So finden sich in der oben genannten Gesundheitsbefragung bei Frauen von 60 bis unter 75 Jahren 15,2%, bei jenen über 75 Jahren 16,0%, die unter chronischen Angstzuständen und Depressionen leiden. Bei Männern liegen die angegebenen Werte darunter (13,1% bzw. 13,9%). Depressive Erkrankungen zählen neben Angststörungen zu den häufigsten psychischen Erkrankungen, wobei sich durchgängig ein eindeutiger Trend zeigt:

Die 12-Monats-Prävalenz für Depressionen ist bei Frauen zwischen 18 und 65 Jahren 11,2%, bei Männern derselben Altersgruppe hingegen 5,5% (Wittchen & Jacobi, 2005).

Zu den wichtigsten Ursachen für Frühpensionierungen zählen psychische Erkrankungen. Dies unterstreicht die gesellschaftliche Relevanz. Die Ausgaben für Psychopharmaka, insbesondere Antidepressiva, stellen ferner einen beträchtlichen Faktor dar. Insgesamt wurden 2009 in Österreich an 715.554 Personen Antidepressiva verordnet. Dies entspricht einer Steigerung um 15,5% in drei Jahren. Nach Geschlecht analysiert zeigt sich, dass zwei Drittel (68%) der betroffenen Patientinnen und Patienten Frauen sind, davon wiederum sind zwei Drittel älter als 49 Jahre. Tranquilizer werden Frauen doppelt so häufig verordnet wie Männern (Hauptverband der österreichischen Sozialversicherungsträger & GKK Salzburg, 2011).

Obwohl mit zunehmendem Lebensalter die Inzidenz zu Depressionen und in deren Folge die Einnahme von Antidepressiva steigt, zeigen die Ergebnisse des SHARE-Projektes 2011 (Börsch-Supan, 2013), dass das Alter alleine keine Erklärungskraft hat. Die Zusammenhänge sind vielmehr komplexer, wie zum Beispiel finanzielle Bedingungen, Einschränkung des Bewegungs- und Handlungsspielraumes, kognitive Orientierung, chronische Erkrankungen etc. Der Status der körperlichen Gesundheit ist ein wesentliches Fundament für die psychische Gesundheit. In diesem Zusammenhang muss hervorgestrichen werden, dass Depressionen bei älteren Frauen jedoch oft nicht erkannt bzw. als nicht behandlungsbedürftig eingestuft werden, da das typisch weibliche, negative Altersstereotyp die Eigenschaften hilflos, langsam, schlecht gelaunt, mürrisch („alte Hexe") beinhaltet.

Von den geschätzten 100.000 Demenzkranken ab 60 Jahren in Österreich sind rund zwei Drittel Frauen. Auch diese Zahl weist einmal mehr darauf hin, dass Frauen von Pflegebedürftigkeit deutlich stärker betroffen sind. Ein weiterer wichtiger Gendereffekt ist, dass auch die Pflegearbeit, sei es zu Hause (80%) oder in öffentlichen Einrichtungen (20%), überwiegend von Frauen geleistet wird (Gleichweit & Rossa, 2009).

Soziale Ungleichheit – gesellschaftliche Folgen

Obwohl Zahlen, Daten, Fakten auf einen deutlichen Gender-Gap bezüglich der Lebenserwartung hinweisen und ein Auseinanderdriften des Anteils der weiblichen und männlichen Bevölkerung ab dem Alter von 60 Jahren auffällig ist, wird weder ein gesamtgesellschaftlicher Diskurs geführt, noch gibt es genderspezifische Analysen in der gerontologischen und psychogerontologischen Literatur. Gesellschaftlich relevante Bedürfnisse von Frauen im Alter werden wenig thematisiert. Welche Konsequenzen sind bei deutlich zunehmender Überrepräsentation der Frauen EU-weit zu erwarten? (Abbildung 3)

Die Bevölkerung ab 65 Jahren besteht zu 58% aus Frauen. Von den über 80-jährigen Personen sind bereits rund drei Viertel Frauen. D. h. die Geschlechterrelation wird mit steigendem Alter eindeutig in Richtung Frauen verschoben (Bäcker, Naegele, Bispinck, Hofemann & Neubauer, 2008; Statistik Austria, 2013). Zum Teil ist dies derzeit noch auf die höhere Vulnerabilität, Mortalität und Morbidität der Männer als Folge diverser Kriegstraumen zu sehen. Zum anderen gelten für diese Männergeneration auch die noch schwereren körperlichen, ungesünderen und gesundheitlich belastenderen Arbeitsbedingungen.

Abbildung 3: Anteil der Personen ab 65 Jahren

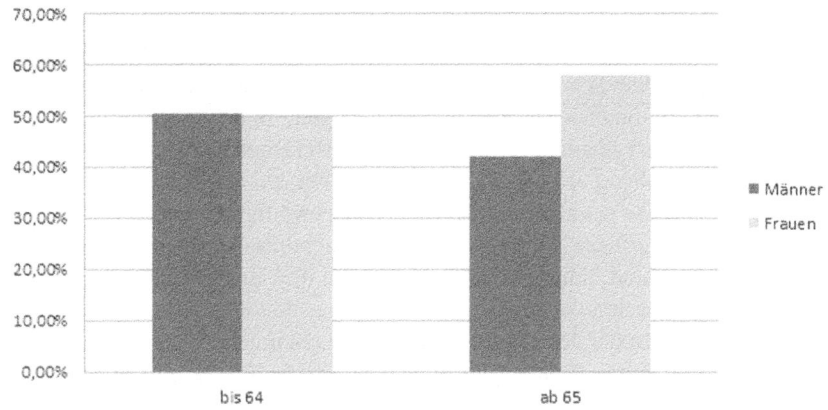

Adaptiert nach: Statistik Austria, 2013

Tews (1993) spricht die folgenden relevanten Dimensionen eines Strukturwandels durch die Feminisierung des Alters an:

Verjüngung des Alters: Selbst- und Fremdeinschätzung der älteren Bevölkerung hat sich „verjüngt". 70-jährige Männer und Frauen fühlen sich subjektiv
nicht als alt. Auch hat sich in den letzten zwei Dekaden das Aussehen und Erscheinungsbild verjüngt, was einmal auf weniger körperlich schwere Arbeit, auf
Steigerung sportlicher Aktivitäten und Fitness, auf Freizeitangebote und zunehmend verschwindende Alterssegregation des Konsumangebotes, z. B. in der Be-
kleidungsindustrie, zurückgeht. Eine negative Seite dieser Verjüngung ist auch
Folge des gesellschaftlichen Diskurses einer Jugendkultur, die ArbeitnehmerInnen, vor allem Frauen, wesentlich deutlicher bereits ab 40/45 Jahren im Arbeitsprozess benachteiligt oder sogar verdrängt. Durch den gesellschaftlichen Druck,
„jung und perfekt auszusehen", sind Frauen bereits ab 45 Jahren einer sehr starken jüngeren Konkurrenz ausgesetzt, werden zum Teil bereits als „alt" diskrimi-
niert und ein Wiedereinstieg in das Berufsleben nach Arbeitslosigkeit ist aufgrund des Alters äußerst erschwert. D. h. folgendes Paradoxon ist zu konstatieren: Frauen haben zunehmend eine höhere Lebenserwartung, fühlen sich auch
subjektiv jünger, fitter und aktiver, werden aber in der Arbeitswelt und Gesellschaft als „älter und weniger attraktiv" eingestuft und behandelt.

Entberuflichung des Alters: Die gestiegene Lebenserwartung ermöglicht eine
durchschnittliche Alterspensionierung mit 58,3 Jahren. Bei Frauen liegt diese

rund zwei Jahre darunter (Bundesministerium für Arbeit, Soziales und Konsumentenschutz, 2012). Dies erweitert die Perspektive der aktiven, lust-vollen und gesunden Gestaltung um mehr als ein Viertel Lebenszeit. Für einen Teil der Frauen ermöglicht dies Freizeit, Bildung, Entwicklung neuer Rollen, Beziehungen etc. Andererseits bleiben jene Frauen auf der Strecke, die über kein soziales Netz, keine sozialen und finanziellen Ressourcen verfügen, immobil oder z. B. pflegebedürftig sind; dies bedeutet ein Leben mit mehr Belastungen, Frustration, Isolation. Aus der Forschung zeigt sich, dass sich im Alter, bei Frauen noch deutlicher, die bisherige Qualität des Lebensstils, der Lebensbewältigung und Lebenseinstellung fortsetzt. Je geringer Autonomie, Selbstverständnis, Lebensfreude, Passivität, Abhängigkeit sind, umso deutlicher setzt sich dies im zunehmenden Altersprozess fort und beschränkt die eigenen Gestaltungsmöglichkeiten. Dazu kommt, dass Pensionistinnen der derzeitigen Generation im Schnitt ein Jahreseinkommen von rund 17.000 Euro, Pensionisten hingegen ein Jahreseinkommen von rund 26.000 Euro erhalten (Statistik Austria, 2012). Diese hohe Diskrepanz erklärt sich durch das Faktum, dass Frauen dieser Generation zu einem großen Teil als Teilzeitkraft gearbeitet oder überhaupt sich voll der Familienarbeit gewidmet haben und nicht berufstätig waren.

Singularisierung im Alter: Bedingt durch die deutlich höhere Lebenserwartung der Frauen bedeutet dies auch ein höheres Risiko sozialer Isolation und ein Leben ohne Lebenspartner.

Rund 53,7% der Frauen über 75 sind verwitwet. (Statistik Austria, 2007)

Ein weiterer gesellschaftlicher Trend der Singularisierung liegt in der Abnahme von Mehrgenerationen-Haushalten bedingt durch höhere Mobilität der Kinder und gestiegene gesellschaftliche Anforderungen an die Flexibilität des Arbeitsmarktes. Dies verringert die Chancen, den betagteren Alltag alleine gut bewältigen zu können und verstärkt den Bedarf an sozialer und gesundheitlicher Unterstützung sowie Inanspruchnahme von Pflegediensten bzw. Fremdbetreuung. Andererseits ist an dieser Stelle zu betonen, dass im klassisch traditionellen Sinn Mütter von Töchtern und Schwiegertöchtern betreut werden; d. h., dass die Angehörigenpflege zu 79% weiblich ist (Österreichisches Bundesinstitut für Gesundheitswesen, 2005). Der Anteil von Frauen in Pflegeeinrichtungen ist daher auch überrepräsentativ höher als jener der Männer (Statistik Austria, 2010).

Hochaltrigkeit: Sind die positiven Perspektiven der gesteigerten Lebenserwartung von Frauen zu unter-streichen, so häufen sich andererseits die Einschränkungen für jene Frauen, die sozial sehr belastende Lebensbedingungen haben. Multimorbidität, chronische Erkrankungen, Einschränkung geistiger Flexibilität bis zu Demenz, Hilfe und Pflegebedürftigkeit und Behandlung häufen sich. Dazu kommt das Risiko der sozialen Isolation und Vereinsamung. In diesem Le-

Tabelle 3: Bevölkerung 2001 nach Alter, Familienstand und Geschlecht

Alter	In Prozent			
	ledig	verheira-tet	verwit-wet	ge-schie-den
Frauen				
55 bis 59 Jahre	6,9	69,2	10,3	13,7
60 bis 64 Jahre	6,9	66,0	17,2	9,9
65 bis 69 Jahre	7,5	57,2	28,2	7,2
70 bis 74 Jahre	8,2	45,4	40,1	6,4
75 bis 79 Jahre	9,6	30,1	54,4	5,9
80 bis 84 Jahre	9,4	16,9	68,5	5,2
85 bis 89 Jahre	9,8	7,6	78,3	4,3
90 bis 94 Jahre	10,2	3,7	82,6	3,5
95 Jahre und älter	12,4	1,6	83,0	3,0

Statistik Austria, 2007

bensabschnitt zeigen sich insbesondere Probleme der sozialen Ungleichheit sowie die zum Teil tragischen Folgen fehlender familiärer bzw. sozialer Ressourcen. Leistbare und qualitativ gute Pflegeeinrichtungen, die speziell auf die Bedürfnisse von Frauen zugeschnitten sind, sind die großen Herausforderungen für die Zukunft. Körperliche, mentale und soziale Veränderungen und damit verbundene Einschränkungen addieren sich und bedeuten ein hohes Risiko von Altersarmut. Die Abhängigkeit von der Familie und deren finanziellen, zeitlichen und sozialen Ressourcen ist enorm und somit eine Frage der jeweiligen verfügbaren Pflegestrategien. Dies macht das Thema zu einem Prüfstein für die Ausrichtung einer Gesellschaft in Richtung Leistungsorientierung und Eigenverantwortung sowie Privatisierung der Pflege versus gesellschaftlicher Solidarität und gesellschaftlicher Verantwortung. Wie wird mit hochbetagten Frauen, die ein Recht auf Unterstützung, Hilfestellung und Altern in Würde haben sollten, umgegangen? Nicht verwunderlich ist daher, dass in Anbetracht der aktuellen und zum Teil unerfreulichen Diskurse zum Pflegenotstand und zu finanziellen Engpässen die Perspektive für viele Frauen beunruhigend ist. Ein weiterer Gesichtspunkt in Bezug auf betagte Frauen ist das Faktum der sozialen Ungleichheit, die sich nicht nur im ökonomischen Einkommensunterschied, sondern auch über soziale Positionen und Handlungsspielräume ausdrückt. Hradil (2001) definiert soziale Ungleichheit wie folgt: „Wenn Menschen aufgrund ihrer Stellung in sozialen Beziehungsgefügen von den ‚wertvollen Gütern' einer Gesellschaft regelmäßig mehr als andere erhalten." (zitiert nach Blitzko-Hoener & Weiser, 2012) Entscheidend sind hier Werte, die in einer Gesellschaft als wünschenswert gelten.

Der Alterssurvey (Kohli & Künemund, 2005) stellt fest, dass die soziale Lage im Alter die Folge des gesamten Lebenslaufes und nicht per se des Alterns ist. Vielmehr sind die damit zusammenhängenden wirksamen Voraussetzungen zu beachten. Frauen sind gefährdeter, einen sozialen Abstieg und Diskontinuität erleben zu müssen, wenn ihre Altersabsicherung unzureichend ist. Frauen mit besseren finanziellen Möglichkeiten können demnach mehr professionelle Hilfe in Anspruch nehmen und benötigen auch seltener Heimunterkunft. Fakt bleibt eine geringere soziale und kulturelle Teilhabe mit zunehmendem Alter.

Die folgenden sieben Dimensionen nach Blitzko-Hoener und Weiser (2012, S. 136) sind für die Lebenssituation von alten Menschen relevant und gelten insbesondere für Frauen:

Ökonomische Lage (Einkommens- und Vermögenssituation)

Versorgung mit soziokulturellen Gütern und Diensten (Wohnen, Bildungs- und Gesundheitswesen, sozial-pflegerische Dienste)

Persönliche Kontakte, Kooperationsbezüge und sonstige soziale Aktivitäten

Lern- und Erfahrungsspielraum

Dispositions- und Partizipationsspielraum (z. B. Art und Ausmaß sozialer Teilnahme, Mitbestimmung und Mitgestaltung)

Gesundheitszustand, Muße- und Regenerationsmöglichkeiten

Der Handlungsspielraum, der durch Unterstützungsressourcen alterstypischer Hilfs- und Pflegeabhängigkeit aus dem familialen bzw. dem nachbarschaftlichen Umfeld bestimmt ist.

Gültiger denn je sind Erkenntnisse zur Altersbewältigung von Frauen. Diese machen deutlich, dass jene Frauen, die in ihrem Lebenslauf berufstätig waren und somit ihre Rolle nicht nur über die Familie definierten, zufriedener und länger selbstbestimmt sein können, als jene, deren primäre Lebensaufgabe in der Fürsorge für Kinder und Familie bestand. Lehr (1977, zitiert nach Backes, 2008) prägte schon 1977 die Bezeichnung einer qualifizierten und kontinuierlichen Berufsarbeit der Frauen als beste Gero-Prophylaxe. Eine Bestätigung des Einflusses des weiblichen Rollenverständnisses findet sich auch in der Basler Longitudinal-Studie (Perrig-Chiello & Stählin, 1996, zitiert nach Perrig-Chiello & Hutchison, 2010). Frauen mit verschiedenen Rollen unterscheiden sich demnach nicht in objektivem und subjektivem Wohlbefinden und funktionaler Selbstbestimmtheit von Männern. Sie nehmen auch weniger Psychopharmaka ein, haben ein höheres Selbstwertgefühl, bessere Flexibilität und aktive Copying-Strategien.

Wurde bisher auf Grundüberlegungen zur Lebenssituation der Frauen im Alter, bezogen auf soziale Benachteiligung, eingegangen, so soll nun der Frage nachgegangen werden, inwieweit sich die Feminisierung des Alters in unserer Gesellschaft widerspiegelt.

Repräsentanz der Frauen im Alter in Medien, Werbung und öffentlichem Raum: „Sag' mir, wo die Frauen sind"

Sind Frauen in der 2. Lebenshälfte und insbesondere betagte Frauen im öffentlichen Raum sichtbar? Werden sie als Teil unserer Gesellschaft entsprechend dem prozentuellen Anteil der Bevölkerung wahrgenommen oder reduziert sich ihre Präsenz auf Debatten zu Sozialpolitik, Pensionsalter und Pflege? Auch in der Verfolgung dieser zweifelsohne wichtigen Punkte wird kaum auf den unterschiedlichen Bedarf und die Bedürfnisse von Frauen bzw. Männern eingegangen. Genderaspekte werden weitgehend ausgespart. Hier zeigt sich das Paradoxon unserer zunehmend alternden Gesellschaft: In Medien, Werbung, Berichterstattung, Kunst und Kultur dominiert der Jugendkult. Dies trifft insbesondere auf die Omnipräsenz junger, dem normierten Schönheitsideal entsprechender faltenloser, überschlanker Frauen zu. Es ist einer gesellschaftlichen Ästhetisierung der Jugend sowie der Diskriminierung und dem Verschwinden alter Personen, insbesondere der Frauen, in der medialen Präsenz und Öffentlichkeit gegenzusteuern.

Eine qualitative Analyse von Gesundheitsinformationsbroschüren für ältere Männer und Frauen ergab den Befund auffallender Genderunterschiede in Text und Bild. Wurden Frauen durchgängig als passiv, leidend, negativ und gefährdet dargestellt, so sind auf denselben Sujets Männer im gleichen Alter aktiv, dominant und erklärend abgebildet. Die Leitorientierungen, so die Autorin Martin (2012), entsprechen den klassischen Geschlechter-Stereotypen, wobei Möglichkeiten für „Active-Aging" häufiger anhand von Männern, sowohl textlich als auch anhand von Fotos und Illustrationen, erklärt wurden. Hinweise auf Risikofaktoren und Gefährdungen im Alter wurden jedoch anhand von Abbildungen von marginalisierten, kränklichen, alten Frauen erklärt.

In einer Medienanalyse von Filmen zur Primetime im deutschen Fernsehen zeigte Appel (2008) auf, dass nur 3 bis 4% der Rollen Frauen im Alter von 65+ betreffen. Bei Hauptrollen sind es sogar nur 2,7%. Die Charaktere dieser Rollen sind starrsinnig, exzentrisch oder lächerlich. Das Frauenbild entspricht dem klassischen weiblichen Rollenverständnis „hilflos, passiv und ängstlich". Ein Vergleich der Altersgruppen der 50- bis 60-Jährigen zeigt ferner eine Zunahme der männlichen und eine Abnahme der weiblichen Rollen. Bazzini (1997) stellte ebenfalls fest, dass Rollen für Männer zwischen 51 und 65 Jahren 17% ausmachen, verglichen mit 9% der Frauen in dieser Altersgruppe. Beide Autorinnen resümieren, dass in Film und Fernsehen Jugendlichkeit als kultureller Standard propagiert wird und eine Ästhetisierung des jugendlichen Frauenkörpers transportiert wird. Hingegen erfährt die ältere Frau eine Abwertung bis hin zur gänzlichen Eliminierung im medialen Kontext. Dies ermutigt Frauen in keinster Weise, zu ihrem Alter stehen zu können.

Über omnipräsente Bilderwelten werden Szenarien mit Personen von perfektem und jugendlichem Aussehen inszeniert, die die soziodemographische Wirklichkeit konterkarieren. Diese Kluft wird durch zunehmend als selbstverständlich angenommene Angebote der Schönheitschirurgie verstärkt. Ein jugendliches Aussehen wird als Produkt beworben und versprochen, Falten und ein altersadäquates Aussehen werden zum ästhetischen Makel umdefiniert. Diese Entwicklung betrifft längst auch breite soziale Schichten. Schönheitsoperationen und vor allem Gesichtsliftings werden zu 91% an Frauen vorgenommen.

Gesund altern, aber das mit jugendlichem „Look", wird zu einer nicht erfüllbaren und widersprüchlichen Botschaft und signalisiert Altersdiskriminierung. Der natürliche, alternde Körper wird zum „Schönheitsfehler", der korrigiert werden muss. Die gesellschaftliche Herausforderung muss darin bestehen, reifes Aussehen als positiven Wert zu adressieren, Lebenserfahrung, Wertschätzung und Persönlichkeit in den Fokus der Altersdiskussionen zu stellen.

Entsprechend der vorhandenen kulturellen Standards wird auch ein attraktives Gesicht mit Eigenschaften wie Jugendlichkeit, Erfolg und Intelligenz assoziiert. Ein wesentlicher Faktor dabei ist demnach das Alter. Gesichter, die als alt eingestuft werden, werden als weniger attraktiv bewertet. Dies entspricht einer doppelten Marginalisierung: Ältere Menschen werden als weniger fähig bewertet, gleichzeitig über ihr Aussehen auch als weniger attraktiv angesehen (Foos & Clark, 2011). Weiters werden graue Haare bei Männern als Zeichen von Erfolg und Reife wahrgenommen, bei Frauen hingegen als „sure signs of old age and old age, some say, does not look good on a woman" (Foos & Clark, 2011, S. 166). Abbildungen von betagten Frauen werden in den Medien negativer wahrgenommen als von gleichaltrigen Männern (Arber & Ginn, 1991, zitiert nach Foos & Clark, 2011).

Arber und Ginn (1991) untersuchten, inwiefern Abbildungen von männlichen und weiblichen Gesichtern von Jugendlichen vs. Personen in den mittleren Jahren sowie im fortgeschrittenen Alter als attraktiv wahrgenommen werden. Beurteilungen erfolgten durch männliche und weibliche Versuchspersonen der drei Alterskategorien. Die Ergebnisse lassen sich dahingehend zusammenfassen, dass die klassischen Rollenstereotypen durchgängig bestätigt wurden. Gesichter von Frauen im Alter von ca. 70 Jahren wurden signifikant schlechter bewertet als jene der Männer im gleichen Alter. Porträtfotos von Frauen aller Altersgruppen wurden generell von männlichen Versuchspersonen kritischer beurteilt als von weiblichen (Arber & Ginn, 1991, zitiert nach Foos & Clark, 2011).

Alter(n) im Spiegel der Gesellschaft: Vom Defizit-Modell zu Productive Aging

Der Ausspruch: „Man ist so jung, wie man sich fühlt" birgt zwar richtige und wichtige Erkenntnisse über das Potenzial subjektiver Mobilisierung von Potenzialen, de facto erfolgt die gesellschaftliche Ein- und Zuordnung jedoch noch immer nach dem kalendarischen Alter. Dieses wiederum ist streng und von langer Hand gesellschaftlich und sozialpolitisch strukturiert und orientiert sich noch ganz am traditionellen Beitrag im Sinne einer Leistungsgesellschaft zum gesellschaftlichen Nutzen. Kindheit, Jugend als Lernprozess und Beginn des produktiven Lebens und somit Beitrag zur Gesellschaft – Leistungshöhepunkt und Stabilisierung bis ins mittlere Erwachsenenalter und anschließend kontinuierliches Abflachen bis zum Verlust mentaler und körperlicher Fähigkeiten. Die drei Phasen und Komponenten Aufstieg, Stabilisierung und Abfall sind zwar biologisch und medizinisch und auch psychologisch längst widerlegt, haben aber dennoch sehr nachhaltige Spuren hinterlassen: Dieses Entwicklungs- und Leistungsphasenmodell wurde in den 1960er-Jahren als Defizitmodell, ausgehend von den USA, propagiert. Relevant sind diese auch aus der Genderperspektive, da sie folgende gesellschaftliche Annahmen implizieren: für den Mann noch im Sinne des traditionellen Rollenbildes Verlust an Prestige, beruflicher Position, Einkommen, Macht und Ansehen, für die Frau hingegen entsprechend der typisch weiblichen Rollenzuschreibung: Verlust der Schönheit, Attraktivität und der Fruchtbarkeit. Dies geht einher mit einer Pathologisierung des Älterwerdens der Frau nach der Menopause, da ihre weiblichen reproduktiven Funktionen nun deaktiviert sind und eine Schwangerschaft nicht mehr möglich ist. Insbesondere das in dieses Bild passende „Empty-Nest-Syndrom", das ein Leiden der Frauen durch das Beenden ihrer Fruchtbarkeit und Verlusterlebnisse durch das Selbstständig-Werden der Kinder („Empty Nest") postuliert, konterkariert und negiert neue Perspektiven dieser Phase in Hinblick auf die Gewinnung von Ressourcen. Stattdessen schreibt es zum einen eine auf familiale und reproduktive Rollen reduzierte weibliche Identität fort, zum anderen haben sich auch diese Zuschreibungen durch diverse medizinische Möglichkeiten der reproduktiven Medizin sowie eine Verlängerung der Verantwortung der Eltern in Folge längerer Ausbildungsdauer ihrer Kinder oder zu hoher Mietkosten überlebt und ad absurdum geführt. Dies zeigt uns einmal mehr, wie sehr Zuschreibungen an das und Sichtweisen vom Alter gesellschaftlichen Trends unterliegen. Diese gesellschaftlichen Konzepte wurden jedoch entscheidend als Leitorientierungen von (Un-)Werten über das Alter verankert und sind daher mitverantwortlich für eine negative und „defizitorientierte" Betrachtung des Alters. Entscheidend war die Zäsur vom Erwerbsleben in den „wohlverdienten" Ruhestand, der „Wandlung vom tätigen zum zuschauenden Leben" (Blättner, 1957, zitiert nach Van Dyk, 2007, S. 96) auf der Basis biologisch-medizinischer und heute längst überholter Erklärungen und Interpretationen. Längst ist erwiesen, dass der vermeintliche „naturgegebene Abbau" in diesem Ausmaß sich nicht aufrechterhalten lässt bzw. nicht gegeben ist. Da Frauen dieser alten Generation noch weniger über eine Berufsrolle identifiziert oder gar nicht berufstätig waren, wurde daher auch das „Defizit", nicht mehr für Kinder zuständig zu sein, als belastend postuliert. Ein weiteres, ebenfalls auf überkommene medizinische Vorstellungen eines körperlichen Verfalls aufbauendes Konzept betrifft die „Disengagement Theorie" (Cumming & Henry, 1961, zitiert nach Van Dyk, 2007, S. 96). Diese wurde als gegebener Rückzug alter Menschen aus der Rolle der Erwerbstätigkeit (disengagement) ebenfalls einem Belastungselement gleichgesetzt „In our theory, aging is an inevitable mutual withdrawal or disengagement, resulting in decreased interaction between the aging person and others in the social system he belongs to." (Cumming & Henry, 1961, S. 14 f., zitiert nach Van Dyk, 2007, S. 96) Älteren Personen wäre es demnach „ein natürliches Bedürfnis sich aus der Gesellschaft zurückzuziehen" (Van Dyk, 2007, S. 96). Diese Annahmen helfen jedoch, gesellschaftliche Ausgrenzungen von alten Menschen zu verschleiern (Backes & Clemens, 2003, zitiert nach Van Dyk, 2007, S. 97). Allen diesen Positionen gemeinsam ist die negative Konnotierung des Alters als Verfall, Defizit und Abbau und dem damit einhergehenden sozialen Rückzug (Katz, 1996, zitiert nach Van Dyk, 2007, S. 97). Der Alterssoziologe Markus Pohlmann belegt anhand von Studien der Universität Heidelberg zu Perspektiven des Alters, wie sehr unser soziales Alter von der gesellschaftlichen Statushierarchie bestimmt wird: „[H]öhere Lebenserwartung und geringere Krankheitsauffälligkeiten sind auch in einem Statuseffekt begründet. (. . .) das Matthäus-Prinzip der gesundheitlichen Ungerechtigkeit gilt auch in modernen Gesellschaften." (Pohlmann, 2012, S. 44) Erfolg ist ferner, dass „die statistischen Chancen – oder besser Risiken, eines angelernten oder Facharbeiters, früher zu sterben als sein Manager, im Quotenvergleich mehr als vier Mal so hoch" sind (Pohlmann, 2012, S. 44). Daraus wird auch ersichtlich, dass soziale Anerkennung sich auf subjektive Lebenszufriedenheit, Lebensstil und somit auch auf die Lebenserwartung im Alter positiv auswirkt.

Ein gesellschaftlicher Trend, der mit dem Negativimage von Alter kalkuliert, ist die Propagierung von Anti-Aging. Dem liegt die These zugrunde, dass durch diverse „Lifestylemedikation", Nahrungsergänzungsmittel, gesundheitsförderliche Verhaltensweisen wie regelmäßiger Sport, bewusste Ernährung (z. B. „Dinner Cancelling") bis zu plastisch-chirurgischen Interventionen von diversen Liftings und Botox, Haar-Implantationen, Lasereingriffen etc. das Alter bekämpft werden könne. Mit der Propagierung von Maßnahmen zur Verjüngung hat sich ein breites Machtsegment entwickelt, das jugendliches Aussehen zur käuflichen Ware macht und somit Jugendlichkeit als gesellschaftlichen Wert verstärkt. Insgesamt gilt es zu bemerken, dass Menschen 60 plus mittlerweile auch eine zahlungskräftigere Konsumentinnen- und Konsumentengruppe ausmachen. Der Markt orientiert sich jedoch wenig bis gar nicht an deren Bedürfnissen, sondern bietet Konsumprodukte, die jugendliches Image versprechen, Altern in Würde hingegen zu einer kaum zu gelingenden Übung machen, an. Dies betrifft vor allem Frauen. 91% aller plastisch-ästhetischen Eingriffe erfolgen bei Frauen (American Society of Plastic Surgeons, 2010). Der Begriff Anti-Aging als Verkaufsetikette bleibt jedoch nicht unwidersprochen, da Altern als etwas zu bekämpfendes und somit zum Feindbild avanciert. Ein dazu konträr gelagertes Paradigma ist das der WHO (2002, S. 12) zum Active Ageing, als ein „process of optimizing opportunities for healthy, participation and security in order to enhance quality of life as people age. It applies to both individuals and population groups". Dies ist ein inkludierender und nicht segregierender Ansatz: „The word ‚active' refers to continuing participation in social, economic, cultural, spiritual and civic affairs, not just the ability to be physically active or to participate in the labour force." (WHO, 2002, S. 12). Betont wird ferner, dass Autonomie gesichert werden muss und Unabhängigkeit ein zentrales Ziel für gesellschaftliche Rahmenbedingungen von Active Ageing sein muss. Diese globale Initiative der WHO deklariert die folgenden wichtigen Zielsetzungen:

„inspire, inform and promote health
provide enjoyment to all generations
draw attention to the public health benefit of Active Ageing." (WHO, 1999)

Eine wichtige sozialpolitische Initiative setzte das Europäische Parlament gemeinsam mit dem Europarat 2012 mit der Proklamierung des Europäischen Jahres zum aktiven Altern und der Solidarität zwischen den Generationen. Diese europaweite Initiative zielte darauf ab, für die Herausforderungen und Chancen einer langlebigen Gesellschaft zu sensibilisieren. Das Europäische Jahr 2012 für aktives Altern will

„das allgemeine Verständnis für den Wert des aktiven Alterns erhöhen, um Beiträge älterer Menschen besser bekannt zu machen und dadurch

Potenziale zu mobilisieren und

älteren Menschen ein Leben in Würde und Unabhängigkeit zu ermöglichen." (Zechner, 2011, S. 32)

Für Österreich lagen die Schwerpunkte vor allem bei besseren Möglichkeiten am Arbeitsmarkt, Teilhabechancen und Partizipation, Altern in Gesundheit und Würde, Generationen, Politik und Solidarität. So wurde das österreichische Programm „fit2work", ein bundesweites Beratungsangebot zur Förderung der Arbeitsfähigkeit, nachhaltig etabliert, weiters ein Netzwerk zu „ Älter werden, Zukunft haben" mit dem Ziel, für Sensibilisierung in der Öffentlichkeit zu sorgen, ebenso erfolgte die Etablierung des Gütesiegels „NESTOR", das Unternehmen mit altersadäquatem Arbeitsumfeld auszeichnet. Für den Ausbau von partizipativen Gesundheitsförderungsprogrammen für gesundes Altern wurde nachhaltig gesorgt (Zechner, 2011).

Resümee

Die Lebensphase des Alter(n)s ist, so zeigt sich, je nach gesellschaftlichen Trends und Blickwinkeln unterschiedlicher Ansprüche gefärbt und spannt die Perspektive von Defizit als jene Lebensphase, die gesellschaftliche Ressourcen und Mittel „verbraucht", die die älterwerdende Gesellschaft als Belastung betrachtet und die sich im Individuellen nur als Abbau und Abstieg darstellt, bis zur neueren Betrachtung des Alters als Ressource von Erfahrungswerten und der Öffnung von neuen Möglichkeiten. Die Medizin konnte aufzeigen, dass mentale Fähigkeiten aber auch zum Beispiel Muskelkraft „bei guter Wartung" und Training bis ins hohe Alter erhalten bleiben können. Die Propagierung von Active und Productive Ageing wirft jedoch auch Fragen auf, etwa jene, inwieweit ein „Ruhestand" nach einem erfolgreichen und langen Arbeitsleben solidarisch ist. Weiters klingt leicht eine Diskriminierung für jene alten Menschen an, die nicht mehr aktiv sein können oder wollen, immobil sind und pflegebedürftig. So werden nach Van Dyk (2007) in ihrem Beitrag diese Ressourcen der Älteren neuerdings zum Gegenstand öffentlichen Interesses und deren private Nutzung zum Gegenstand der Kritik und „welfare dependancy als Freifahrtschein zur Passivität problematisiert" (Van Dyk, 2007, S. 94). Das heißt, es entsteht aus der Überwindung der Betrachtung des Alters als Defizit in Richtung Aktivität gleichzeitig eine gesellschaftliche Wiederverpflichtung und somit eine Gefahr einer Instrumentalisierung. Zu-

dem, so führt Van Dyk (2007, S. 103) weiter aus, kann „die rhetorische Beschwö-
rung der Altersproduktivität einen starken Mittelschicht-Bias haben, der von wissenschaftlicher Seite weitgehend unproblematisiert bleibt (. . .)". Mit der Perspektive auf erfolgreiches Altern ist die gesellschaftliche Erwartung verknüpft,
dass diese Leistung – gesund und selbstständig zu altern als gesellschaftliche
Kostenersparnis – auch erbracht wird (Biggs & Powell, 2001, zitiert nach Van
Dyk, 2007, S. 107).

Es soll an dieser Stelle nicht unerwähnt bleiben, dass 12% der Frauen ab
65 Jahren in die Altersarmut geraten. Welche Antworten und Ressourcen hat die
Gesellschaft für diese Gruppe bereit? Die Policy der WHO, die in aktives Altern
Werte des Respektes und der Solidarität inkludiert, erscheint hier eine richtige
Antwort zu sein, die uns alle angeht. Sie fordert uns als Gesellschaft auf, Alter als
Lebensphase zu sehen, die mit Respekt, Achtung und positiven Werten verbun-
den ist. Dies ist noch längst nicht gelungen und nur als gesamtgesellschaftliches
Projekt zu bewältigen. Dies sind Aufgaben, die sich jenseits der Ressourcen-
orientierung unserer Leistungsgesellschaft bewegen.

Kritische Wissenschafterinnen weisen auf die gesellschaftliche Gefahr hin,
die daraus folgt, dass das Konzept von Anti-Aging darauf abzielt, Alter zu einer
Krankheit zu definieren, die behandelt werden müsse. (Mykytyn, 2006; Garnham, 2013). „Science of the ageing process – wrinkles, sagging breasts and frag-
ile skin – are legitimately pathologized by the anti-aging industry in order to sell
the aging women a cure." (Smirnova, 2012, S. 1236). Dies führe ferner dazu, dass
Jugend und Schönheit quasi zu einer wichtigen Eigenverantwortung werden, speziell für die Frau im Alter, die die Ausgrenzung riskiert, wenn sie sich „gehen
lässt". Der Wert der Frau in der Gesellschaft wird nach wie vor mehr an ihrer Erscheinung und an ihrem Äußeren gemessen als an ihren physischen und geistigen
Leistungen. „Her self-appraisal is conditioned by the male gaze which constructs
her aging process as a loss of femininity." (Smirnova, 2012, S. 1236). Dies bedeutet, Alter gesellschaftlich nicht mehr defizitär zu definieren und dem kalendarischen Alter, das historisch als „Demarkationslinie" zwischen Jung und Alt galt,
die biografische Bedeutung zu nehmen.

„Public Health-Strategien für ein gesundes Altern müssen also vor allem auch bei
den von der Gesellschaft vermittelten Werten ansetzen. Der Verlust des jugendlichen
Aussehens durch das Altern darf nicht zu einem ästhetischen Stigma werden. Denn
solange Alter als ästhetischer und somit gesellschaftlicher Makel weggespritzt und
weggeliftet werden muss und solange – insbesondere bei Frauen – nur jugendliches
Aussehen mit Erfolg, Dynamik und Leistungsfähigkeit verbunden wird, ist ein
selbstbewusstes und zufriedenes Altern in ‚Schönheit, Würde und Gesundheit' in
unserer Gesellschaft nur schwer lebbar." (Wimmer-Puchinger, 2012, S. 7)

Literatur

American Society of Plastic Surgeons (2010). Report of the 2010 Plastic Surgery Statistics. 2010 Cosmetic Surgery Gender Distribution. Female. http://www.plasticsurgery.org/Documents/ news-resources/statistics/2010-statisticss/Male-vs-Female/2010-women-cosmetic-surgery-minally -invasive-statistics.pdf (Zugriff am 08.10.2013).

Appel, M. (2008). Medienvermittelte Stereotype und Vorurteile. In B. Batinic & M. Appel (Hrsg.), *Medienpsychologie* (S. 313–335). Heidelberg: Springer Medizin Verlag.

Arber, S. & Ginn, J. (1991). *Gender and later life: A sociological analysis of resources and constraints*. London: Sage.

Bäcker, G., Naegele, G., Bispinck, R., Hofemann, K. & Neubauer, J. (2008). *Sozialpolitik und soziale Lage in Deutschland*. Wiesbaden: VS Verlag für Sozialwissenschaften.

Backes, G. M. (2008). Alter(n): Ein kaum entdecktes Arbeitsfeld der Frauen- und Geschlechterforschung. In R. Becker & B. Kortendiek (Hrsg.), *Handbuch Frauen- und Geschlechterforschung: Theorien, Methode, Empirie* (S. 454–460). Wiesbaden: VS Verlag für Sozialwissenschaften.

Bazzini, D. G., McIntosh, W. D., Smith, S. M., Cook, S. & Harris, C. (1997). The aging woman in popular film: Underrepresented, unattractive, unfriendly, and unintelligent. *Sex Roles, 36,* 531–543.

Blitzko-Hoener, M. & Weiser, M. (2012). Soziale Ungleichheit und Geschlecht – Zur Situation von Frauen im Alter. In G. Kleiner (Hrsg.), *Alter(n) bewegt: Perspektiven der Sozialen Arbeit auf Lebenslagen und Lebenswelten* (S. 119–153). Wiesbaden: VS Verlag für Sozialwissenschaften.

Börsch-Supan, A. (2013). SHARE – Survey of Health, Ageing and Retirement in Europe 2012. http:// www.share-project.org/fileadmin/SHARE_Brochure/ share_broschuere_web_final.pdf (Zugriff am 07.10.2013).

Bundesministerium für Arbeit, Soziales und Konsumentenschutz (2012). *Sozialbericht 2011–2012. Ressortaktivitäten und sozialpolitische Analysen*. Korneuburg: Ueberreuter Print GmbH.

Corsini, V. (2010). Population and social conditions [elektronische Version]. http://epp.eurostat. ec.europa.eu/cache/ITY_OFFPUB/KS-SF-10-024/EN/KS-SF-10-024-EN.PDF (Zugriff am 24.09.2013).

EUROSTAT (2012). Mortality and life expectancy statistics. http://epp.eurostat.ec.europa.eu/statistics_explained/index.php/Mortality_and_life_expectancy_statistics (Zugriff am 24.09.2013).

Foos, P. W. & Clark, M. C. (2011). Adult age and gender differences in perceptions of facial attractiveness: Beauty is in the eye of the older beholder. *The Journal of Genetic Psychology, 172* (2), 162–175.

Garnham, B. (2013). Designing ‚older‘ rather than denying ageing: Problematizing anti-ageing discourse in relation to cosmetic surgery undertaken by older people. *Journal of Aging Studies, 27,* 38–46.

Gleichweit, S. & Rossa, M. (2009). *Erster Österreichischer Demenzbericht*. Teil 1: Analyse zur Versorgungssituation durch das CC Integrierte Versorgung der österreichischen Sozialversicherung. Wien: Wiener Gebietskrankenkasse.

Hauptverband der österreichischen Sozialversicherungsträger & GKK Salzburg (2011). *Analyse der Versorgung psychisch Erkrankter. Projekt „Psychische Gesundheit"*. Abschlussbericht. http://www.hauptverband.at/mediaDB/948928_Bericht_160611-Endfassung.pdf (Zugriff am 08.10.2013).

Hradil, S. (2001). *Soziale Ungleichheit in Deutschland*. Wiesbaden: VS Verlag für Sozialwissenschaften.

Klimont, J., Ihle, P., Baldaszti, E. & Kytir, J. (2008). *Sozio-demografische und sozio-ökonomische Determinanten von Gesundheit: Auswertung der Daten aus der Österreichischen Gesundheitsbefragung 2006/2007*. Wien: Statistik Austria und Bundesministerium für Gesundheit, Familie und Jugend.

Kohli, M. & Künemund, H. (Hrsg.). (2005). *Die zweite Lebenshälfte. Gesellschaftliche Lage und Partizipation im Spiegel des Alters-Survey.* Wiesbaden: VS Verlag für Sozialwissenschaften.

Lehr, U. (1977). *Psychologie des Alterns.* Heidelberg: Quelle & Meyer.

Martin, W. (2012). Visualizing risk: Health, gender and the ageing body. *Critical Social Policy, 32* (1), 51–68.

Mykytyn, C. E. (2006). Anti-aging medicine: A patient/practitioner movement to redefine aging. *Social Science & Medicine, 62,* 643–653.

Oksuzyan, A., Juel, K., Vaupel, J. W. & Christensen, K. (2008). Men: good health and high mortality. Sex differences in health and aging. *Aging Clinical and Experimental Research, 20* (2), 91–102.

Oksuzyan, A., Petersen, I., Stovring, H., Bingley, P., Vaupel, J. W. & Christensen, K. (2009). The Male-Female Health-Survival Paradox: A Survey and Register Study of the Impact of Sex-Specific Selection and Information Bias. *Annals of Epidemiology, 19* (7), 504–511.

Österreichisches Bundesinstitut für Gesundheitswesen (2005). Situation pflegender Angehöriger. Endbericht. http://www.bmask.gv.at/cms/site/attachments/9/0/6/CH2247/CMS1229093595174/situation_pflegender_angehoeriger.pdf (Zugriff am 24.09.2013).

Perrig-Chiello, P. & Hutchison, S. (2010). Health and well-being in old age: the pertinence of a gender mainstreaming approach in research. *Gerontology, 56,* 208–213.

Perrig-Chiello, P. & Stählin, H. B. (1996). Frauen und Gesundheit im Alter: Objektive und subjektive Gesundheit und Gesundheitsverhalten von pensionierten Arbeiterinnen und Angestellten. *Zeitschrift für Gerontopsychologie und -psychiatrie, 9* (3), 195–205.

Pohlmann, M. (2012). Das zugewiesene Alter. http://archiv.ub.uni-heidelberg.de/ojs/index.php/rupertocarola/article/view/9441/3310 (Zugriff am 02.10.2013).

Smirnova, M. H. (2012). A will to youth: The woman's anti-aging elixir. *Social Science and Medicine, 75,* 1236–1243.

Statistik Austria (2013). Jahresdurchschnittsbevölkerung seit 2002 nach fünfjährigen Altersgruppen und Geschlecht. http://www.statistik.at/web_de/statistiken/bevoelkerung/bevoelkerungsstruktur/bevoelkerung_nach_alter_geschlecht/023427.html (Zugriff am 24.09.2013).

Statistik Austria (2012). Brutto- und Nettojahreseinkommen der Pensionisten und Pensionistinnen 1997 bis 2011. http://www.statistik.at/web_de/statistiken/soziales/personen-einkommen/jaehrliche_personen_einkommen/020056.html (Zugriff am 24.09.2013).

Statistik Austria (2010). Bevölkerung insgesamt und in Anstaltshaushalten nach Alter, Geschlecht und Anstaltstyp zum 1.1.2009. http://www.statistik.at/web_de/statistiken/bevoelkerung/haushalte_familien_lebensformen/lebensformen/035114.html (Zugriff am 24.09.2013).

Statistik Austria (2007). Bevölkerung 2001 nach Alter, Familienstand und Geschlecht. http://www.statistik.at/web_de/statistiken/bevoelkerung/volkszaehlungen_registerzaehlungen/bevoelkerung_nach_demographischen_merkmalen/022888.html (Zugriff am 24.09.2013).

Tews, H. P. (1993). Neue und alte Aspekte des Strukturwandels des Alters. In G. Naegele & H. P. Tews (Hrsg.), *Lebenslagen im Strukturwandel des Alters* (S. 15–42). Opladen: Westdeutscher Verlag.

Van Dyk, S. (2007). Kompetent, aktiv, produktiv? Die Entdeckung der Alten in der Aktivgesellschaft. In *PROKLA. Zeitschrift für kritische Sozialwissenschaft, „Bevölkerung" – Kritik der Demographie, 146,* 93–112. Münster: Verlag Westfälisches Dampfboot.

WHO (2002). Active Ageing: A Policy Framework. http://whqlibdoc.who.int/hq/2002/WHO_NMH_NPH_02.8.pdf (Zugriff am 04.10.2013).

WHO (1999). In a society for all ages Active Ageing makes the difference. http://www.who.int/ageing/publications/alc_embrace2001_en.pdf (Zugriff am 04.10.2013).

Wimmer-Puchinger, B. (2012). Alter als ästhetischer Makel? In Gesundheit Österreich GmbH, *gesundes österreich* (S. 7). Wien: Ferdinand Berger & Söhne GmbH.

Wittchen, H.-U. & Jacobi, F. (2005). Size and burden of mental disorders in Europe – a critical review and appraisal of 27 studies. *European Neuropsychopharmacology, 15,* 357–376.

Zechner, E. (2011). Europäisches Jahr 2012: Aktives Altern und Solidarität zwischen den Generationen. In *Lebenswelt Heim, 52/2011,* 32–34. http://www.lebensweltheim.at/cms/dv/images/lwh%2052_aktives%20altern.pdf (Zugriff am 04.10.2013).

Tabellenverzeichnis

Abbildungsverzeichnis

Das Alter(n) – eine Bestandsaufnahme.
Mit Freda Meissner-Blau (87) im Gespräch

Cornelia Brunnauer

Freda Meissner-Blau referierte im Rahmen der Ringvorlesung „Geschlecht und Alter(n)" an der Universität Salzburg über Möglichkeiten und Zwänge, aktiv und selbstbestimmt zu altern. Sie sprach von ihrem persönlichen Zugang zum Altern, davon, wie sich körperliche Veränderungen für sie anfühlen, wie sie ihrer Umwelt begegnet und kritisierte die Erwartungshaltungen an ältere Menschen, möglichst bis an ihr Lebensende wenn schon nicht Produzentinnen und Produzenten, dann zumindest Konsumentinnen und Konsumenten zu sein.

Die Auseinandersetzung mit dem Prozess des Alterns mit Fokus auf das fortgeschrittene Lebensalter erfolgt in dieser Publikation aus verschiedenen wissenschaftlichen Perspektiven. Dieser Beitrag gibt Raum für eine Sicht von innen. In einem sehr persönlichen Gespräch geben wir das Wort wieder an Freda Meissner-Blau und bitten sie, ihr Referat der Ringvorlesung noch einmal Revue passieren zu lassen. Ausgehend vom Erkennen des eigenen Alt-Seins denkt sie über mögliche Freiheiten und Weisheiten im Alter nach, blickt auf Markantes und Richtungsweisendes zurück und auf Grundlegendes, das sie in ihrem Leben von jungen Jahren bis heute begleitet hat.

Die Botschaft, die sie übermittelt, lässt sich im Schlagwort „Mut zum Altern" zusammenfassen. Im offenen Zugehen auf das nicht abzuwendende Alter sieht sie Möglichkeiten einer persönlichen Entfaltung und eines ungeahnten Erlebens innerer Freiheit.

Bewusst Alter(n)

So viele Jahre schien es mir, dass ich die Jüngste war, sowohl in der Familie als auch in der Öffentlichkeit, und plötzlich bemerke ich, dass ich die Älteste bin, und damit nicht genug, ich stelle fest, dass ich die weitaus Älteste bin. Ich dachte mir, wie es das geben kann, dass ich nur von Jüngeren umgeben bin. Es ist mir sehr spät aufgefallen, weil ich sehr viel mit jüngeren Menschen zusammen bin. Ich habe Kinder und Enkel, die mich an andere Altersgruppen gewöhnt haben, und ich bewege mich in einem Kreis von politisch engagierten Leuten, also in einem sehr dynamischen Umfeld. Es gibt zwar andere, die weiße Haare haben, aber ich bin mindestens zwanzig Jahre älter als sie. Zu Beginn war ich in vereinzelten Kreisen die Älteste, aber in letzter Zeit bin ich amüsanterweise überhaupt nur mehr „die Älteste".

Ich erlebe das aber nicht als unangenehm. Wenn ich früher in meinem Leben weniger selbstsicher war und ich mir sehr gut überlegte, was ich sage und wie ich meinen Diskussionsbeitrag einbringe, wenn ich mich, wie viele Frauen es tun, zurückhielt, dann erlebe ich jetzt einen gewissen Respekt. Man wendet sich an mich: „Was meinst du, Freda?", oder: „Was meinen Sie, Frau Meissner-Blau?" Weder muss ich darauf warten, zu Wort zu kommen, noch muss ich mir Gehör verschaffen. Es wird mir mit Ruhe und geduldig zugehört und ist sogar bemüht, mich ja nicht zu unterbrechen.

In dieser Hinsicht hat sich einiges gewandelt. Ich nehme an, dass ein Grund dafür mein Alter ist. Andererseits liegt es mit Sicherheit daran, dass ich bestimmter und selbstsicherer spreche. Ich weiß, wovon ich spreche. Ich krame nicht nach in meinem Gedächtnis und werde unruhig, weil ich etwas Originelles sagen möchte und es mir in diesem Moment nicht einfallen will. Dieses Problem gibt es nicht mehr.

Selbstbild und Alter(n)

Es passiert mir immer wieder, dass ich ein paar Damen im Park sitzen sehe, die ich als alt wahrnehme. Bei genauerer Betrachtung muss ich feststellen, dass zwischen diesen Damen und mir viele Lebensjahre liegen. Das sind die Momente, in denen ich mir meines Alters gewahr werde. Aber ich habe nichts gegen dieses Bewusstwerden, ich habe meine Jahre ja gelebt, ich habe sie ganz bewusst durchlebt, und ich habe etwas herzuzeigen für die Jahre. Vielleicht ist das auch der Grund, warum ich nie ein Problem mit der Frage des Aussehens hatte. Natürlich nahm ich den Prozess des Älterwerdens wahr und stellte fest, dass meine Falten immer mehr werden. Aber ich nahm es als selbstverständlich, und es wäre mir nie in den Sinn gekommen, meine Falten verleugnen zu wollen. Im Gegenteil, es wäre mir peinlich gewesen, mich liften zu lassen und als Pseudo-Vierzigjährige aufzutreten. In jeder Altersphase stand ich zu meinem Alter, denn ich hatte und habe es ja.

Es gehört zu meiner prinzipiellen Lebenseinstellung, dass ich nicht akzeptieren kann, dass die Natur manipuliert wird. Daher bin ich auch gegen Schönheitsoperationen. Ganz abgesehen von Nebenwirkungen und Gefahren einer Operation, halte ich es für eine Erniedrigung der Frau, ihr das Gefühl zu geben, sie müsse ihr Aussehen von einem Arzt verändern lassen, damit sie einem gesellschaftlich vorgeschriebenen Bild entspricht. Wir haben lauter Bilder, denen Menschen entsprechen müssen, von Kindern und Jugendlichen, von berühmten 25-jährigen Frauen, und wir haben ein Bild von der 40-jährigen, reifer werdenden Frau. Diesem Bild sollen Frauen dann bis ins hohe Alter gerecht werden. Von Frauen wird verlangt, dass sie äußerlich besonders attraktiv sein müssen. Diese Ansprüche kommen nicht von den Frauen selbst, sie werden von der Konsumwelt produziert. Dieses Diktat habe ich seit jeher abgelehnt, und auch heute empfinde ich es als ungemeine Freiheit, mich ihm nicht unterzuordnen.

Freiheit des Alter(n)s

Manchmal, in träumerischen Stunden, denke ich an mich oder an etwas, das mich involviert. In diesen Tagträumen sehe ich mich meistens als 40- bis 50-Jährige. Ich sehe mich nicht, wie ich heute bin. Ich glaube, ich habe ein statisches inneres Bild von mir. Dieses Bild hat seine Vorteile, denn ich kann mir einiges vorstellen und viel mehr umsetzen, als vielleicht einer 87-Jährigen zugetraut wird. Oft höre ich: „Was, das machst du noch alles?" – „Ja", sag ich dann, „ich habe ein Bild von mir, das nicht altersabhängig ist." Langsam merke ich allerdings, dass mich Dinge anzustrengen beginnen, die ich früher als selbstverständlich gemacht habe. Ich lasse mir auch ganz gerne das eine oder andere abnehmen. Ich versuche, bewusst zu reduzieren.

In meinem Leben habe ich mich bestimmt dann und wann übernommen und auch Aufgaben, die mir persönlich nicht wirklich wichtig schienen, aus einem Pflichtbewusstsein heraus erledigt, oder weil ich der Meinung war, es gehöre sich. Mit dem höre ich nach und nach auf. Ich sage auch Vorträge ab, die außerhalb von Wien sind. Einen halben Tag unterwegs zu sein, um eine Stunde zu sprechen, möchte ich mir nicht mehr zumuten.

Das Alter macht mich freier. Ich muss nicht mehr „dabei sein", ein Gefühl, das mich sehr motiviert hat. Es ist auch nicht mehr meine Pflicht, „dabei zu sein". Ich muss überhaupt nirgends dabei sein. Ich muss überhaupt nichts mehr. Ich MUSS nichts mehr! Was ich tue, tue ich freiwillig. Das ist ein unglaubliches Gefühl der Freiheit, der Freiheit von sich selbst, von seinen vorgefassten Ideen. Ich habe mich auch von „Das gehört sich", „Das macht man" oder „Das wird von dir erwartet" entledigt. Ein Stück weit halte ich diese Anforderungen an sich selbst für Selbstbetrug. Dieses „Du musst nicht" empfinde ich als große Annehmlichkeit, es gibt mir innere Sicherheit.

Ich habe es auch nicht mehr nötig, mich zu zeigen. Ich muss nicht mehr in der Öffentlichkeit sein und finde dies herrlich. Dieser Zugang zur Öffentlichkeit hat sich verändert, denn früher war auch diese öffentliche Präsenz eine Selbstverständlichkeit, in der ich mich sehr wohlfühlte. Es ist doch etwas Schönes, wenn die Leute nicht auf mich vergessen. Heute ist es mir ganz recht, wenn sie auf mich vergessen.

Weisheit des Alter(n)s

Vielleicht möchte ich diese innere Unabhängigkeit auch Altersweisheit nennen. Denn sie rührt von Einsichten her, die ich mir im Laufe meines Lebens angeeignet habe und die ich mit meinen körperlichen Beschwernissen verbinde. Denn natürlich fühle ich mich nicht mehr so energievoll wie früher, ich spüre meine Müdigkeit, ich nehme sie zur Kenntnis. In jüngeren Jahren habe ich meine Müdigkeit ignoriert und habe sie überspielt. Jetzt erkenne ich mein Schwächeln an. In diesem Zusammenklang von Einsicht und Anerkennung meiner Schwäche liegt auch viel Freiheit.

Hinzu kommt, dass ich gerne alleine bin. Ich leide nicht darunter, nicht jeden Abend Gesellschaft zu haben, sondern im Gegenteil, dies ist mir eine Last. Ich möchte mich nur mit wirklich lieben Leuten umgeben. Das ist auch ein Privileg meines Alters, das ist auch ein Stück meiner Freiheit.

Es liegt sicher an meinem Alter, dass ich mir diese Freiheiten erlaube. Ich vergleiche das Alter gerne mit einem Bild: Wenn ich in meinem Leben einen echten Kummer hatte oder sehr viel Zorn und mit meinem Sturm der Gefühle nicht wusste wohin, und ich die Gelegenheit hatte, auf einen Berg zu steigen und von oben die Welt entfernt und klein zu sehen, ist alles verflogen. Lange habe ich dies unbewusst gemacht, erst im Laufe der Zeit erkannte ich dieses Potenzial für mich und setzte es bewusst ein. Ich werde ruhiger dabei. Das passiert ähnlich im Alter, so wie ich es erlebe. Ich sehe die Dinge mit mehr Distanz als vorher. Vorher war ich am Geschehen zu nah dran. Hatte ich früher eine Auseinandersetzung, dann sah ich noch nachher die Gesichter, über die ich mich geärgert habe, vor mir, oder eine Ungerechtigkeit, über die ich mich gerade empört hatte, lebte in mir weiter. Jetzt kann ich Halt machen und schaue mir die Vorkommnisse aus der Ferne an und sehe plötzlich andere Aspekte. Vielleicht lässt sich das „weiser werden" nennen, sich die Zeit zu nehmen, die Dinge mit ein wenig Distanz zu sehen, ohne selbst innerlich zu sehr involviert zu sein.

Interessant ist für mich, dass ich dabei den Eindruck gewinne, gerechter zu werden. Denn ich nehme das spontan Gesagte nicht mehr als bare Münze, als Beleidigung oder Frechheit wahr, sondern jetzt gelingt es mir oft, die Dinge von mehreren Seiten zu betrachten. Dadurch wird mir klarer, warum dieser Mensch diesen Standpunkt vertritt und warum sie oder er ihn aus ihrem oder seinem „So-Sein" heraus vertreten muss. Ich will damit nicht sagen, dass ich toleranter geworden bin. Aber ich habe die Möglichkeit bekommen, andere Positionen vielschichtiger zu erkennen als früher.

Je mehr ich von jemand anderem weiß, desto mehr Toleranz kann ich auch üben. Diesen Zugang hatte ich nicht seit jeher, in jüngeren Jahren war ich sehr jäh mit meinen Meinungen. Das hat mich oft sehr gestört an mir. Gleichzeitig muss ich zugeben, dass dieses sehr spontane Agieren mit dieser schnellen Überzeugung sich auch bewährt hat. Heute kann ich mich mit meinen Gefühlen zurücknehmen, ich rege mich nicht mehr so auf über vieles, weil ich weiß, dass ich es nicht ändern kann. Ändern und Verbessern war früher meine Prämisse, das war mein ewiger Kampf. Heute sehe ich das vielleicht sogar mit einem gewissen Lächeln: „Schauen wir uns das einmal genauer an", ist jetzt meine Devise, und erkenne dann, dass ich zwar immer noch nicht der Meinung meines Gegenübers bin, aber dass ich nachvollziehen kann, woher seine Überzeugung oder sein Handeln kommt. Ich nehme mir die Zeit dafür. Zeit ist ein großes Privileg meines Alters.

Zeit gewinne ich auch, indem ich mich, wie ich bereits sagte, von Ansprüchen lossage, auch von Ansprüchen, die das „Aktive Altern" der Werbung an mich stellt. Wenn wir erst trendige Sportmode, Herzschlagmessgeräte und Multivitaminpräparate kaufen, bevor wir in den Wald laufen, werden wir selbst zu Dienerinnen und Dienern des Konsums. Es muss jede und jeder für sich entscheiden, ob sie oder er mitmachen möchte. Ich bewege mich gerne und so viel ich kann. Aber ich finde es auch zu rechtfertigen, wenn jemand sagt: „Ich habe mich das ganze Leben abgemüht, ich lege mich lieber hin. Die Werbung schert alle über einen Kamm, wir sollen so sein, wie es die Werbung uns erzählt, und besonders sollen wir Alten aktiv sein, ansonsten werden wir unbrauchbar. Daran sieht man, dass all diese schönen Dinge, die wir glauben zu brauchen, nicht für uns gemacht sind, sondern für die, die davon profitieren. Daher nehme ich mir auch die Freiheit, Werbung nicht mehr anzuschauen.

Werte im Alter(n)

Ich mag die aktuelle mediale Wertediskussion nicht. Nicht, weil ich im Alter über den Werten stehe, sondern weil sie gekünstelt und künstlich sind. Es wird behauptet, Werte zu haben, die um jeden Preis erhalten und verteidigt werden müssen. Ich brauche niemanden, der mir sagt: „Du sollst nicht töten", oder: „Du sollst nicht begehren den Mann deiner Nachbarin", mir geht es um etwas anderes. Meiner Meinung nach ist es wichtig, dass wir eine Orientierung im Leben haben, einen Kompass, der uns darauf hinweist, was geht und was nicht geht. Es braucht Menschen, die vorleben, wie ein gutes Zusammenleben funktionieren kann. Dieser Orientierungskompass ist in verschiedenen Kulturen unterschiedlich. Ich habe zum Beispiel selbst erlebt, während meiner Zeit in Zentralafrika, dass Dankbarkeit, so wie ich sie verstanden habe, dort nicht gelebt wird. Die Menschen sind nicht dankbar, wenn sie viel geschenkt bekommen. Im Gegenteil, sie werden skeptisch, denn es könnte bedeuten, dass die Geberin oder der Geber ein schlechtes Gewissen hat, weil sie oder er vielleicht einen Fluch auf sie gesprochen hat. Sie bekommen Angst. Man tut sich etwas Gutes, aber gegenseitig. Ich nenne dieses Beispiel, um zu verdeutlichen, dass es ethnische und kulturelle Unterschiede von Werten gibt.

Bei den Wertediskussionen unserer Politikerinnen und Politiker macht mich die Rede von DEN Werten besonders skeptisch. Wer, welches Gremium, welche Philosophinnen oder Philosophen, die wie wir ratlos angesichts des Weltgeschehens sind, sollen bestimmen, was DIE Werte sind und wie weit sie gehen? Ich kann das große Seufzen, dass unsere Werte verloren gegangen sind, nicht mehr hören. Wessen Schuld ist dies denn, wenn nicht unsere selbst?

Wenn Menschen Hassreden gegen Ausländerinnen und Ausländer führen, dann sollen sie mir bitte nicht gleichzeitig über Werte sprechen. Diese Sprache habe ich schon einmal gehört, in den 1930er-Jahren bis 1945, als Hetzreden gegen „Untermenschen" gehalten und gleichzeitig „nationale Werte" gefeiert wurden. Der Nationalismus dominierte diese Sichtweise, diesen Mangel an Erkenntnis, dass andere Ethnien auch Menschen sind. Dies hat mich zutiefst erschüttert und mein ganzes Leben lang begleitet. Für die Rechte von Menschen setze ich mich heute genauso ein wie früher, so wie ich gegen jede verlogene Moral, die sich in einen Mantel scheinbarer Demokratie hüllt, eintrete. Das sind meine selbstverständlichen Werte, meine Orientierung. Daran hat sich im Laufe meines Lebens nichts geändert.

Die Radikalität des Alter(n)s

Ich habe das Buch von Margarete Mitscherlich gelesen und ich habe die Autorin sehr gut verstanden, ihre Radikalität, die ich bei mir zunehmend wahrnehme. Margarete Mitscherlich wandte sich, nachdem ihr Buch geschrieben war, verstärkt von der Öffentlichkeit ab. Ich wende mich von Dingen ab, die ich nicht beeinflussen kann. Mit den Energien, die mir bleiben, möchte ich sparen für das, was wirklich zählt. Es zählen für mich ein humaner Umgang mit anderen, vor allem mit Schwächeren, andere erkennen und andere in ihrem „So-Sein" akzeptieren.

Dazu gesellt sich bei mir – und das ist mein Existenzboden – eine tiefe Achtung und Liebe, und davon ausgehend die Einsatzbereitschaft, immer noch, für die Natur. Menschen und Natur sind für mich in Wirklichkeit ein und dasselbe. Die Verderbnis für Menschen ist die Verderbnis für die Natur und umgekehrt. Das ist mein ganz persönlicher und ganz wichtiger Zugang, das erfüllt mich noch leidenschaftlicher als je zuvor. In dem Maße, in dem ich die Zerstörung um mich herum erleide, beobachte und zur Kenntnis nehmen muss, wird die Natur für mich noch kostbarer. Das ist mit Sicherheit mein Hauptkompass in meinem Leben.

Es ist für mich auch eine Selbstverständlichkeit, mich um Menschen, wie die Flüchtlinge in der Votivkirche, zu kümmern. Ich kümmere mich um Asylwerberinnen und Asylwerber, ich habe eine pakistanische Familie in Betreuung. Ich kläre ihre behördlichen Angelegenheiten und hoffe, dass sich ihr Asylantrag letztendlich durchsetzen lässt. Das sind meine Werte, den Schwächeren zu helfen. Hier trifft meine Radikalität des Alters auf meine Kompromisslosigkeit in Bezug auf die Wertediskussionen irgendwelcher Möchtegern-Philosophinnen oder Möchtegern-Philosophen im Anzug von Politikerinnen oder Politikern. Solange Asylgesetze gemacht werden, wie wir sie haben, und Menschen behandelt werden, wie sie in diesem reichen prächtigen Land Österreich behandelt werden, lasse ich mich auf keine Wertediskussion ein. Auch die katholische Kirche überzeugt mich hier in keiner Weise. Ich möchte nicht behaupten, dass nicht einzelne Würdenträger sehr wohl ihre tiefen christlichen Werte in sich tragen. Ich kenne persönlich Vertreter der katholischen Kirche und schätze sie sehr. Aber die Kirche als Institution sollte uns mehr geben, außer dass wir uns schuldig fühlen sollen.

Ich weiß, dass viele ältere Frauen der Kirche treu ergeben sind. Nachdem ich nicht zu ihnen gehöre, habe ich dazu nur eine Vermutung. Diese alten Frauen, die ich mit Rollator und Stöcken zum Stephansdom kommen sehe, haben die Doktrin der katholischen Kirche ihr Leben lang in sich aufgesogen, sie bedeutet in ihrem Leben viel. Auf der anderen Seite wird die Kirche ihnen, die im Leben kaum mehr wahrgenommen werden, ein Gefühl der Zugehörigkeit geben. Ich verstehe, dass die Kirche eine Art Zuflucht sein kann, und bin der Meinung, dass es ein Glück ist, dass diese Frauen die Kirche haben.

Mich persönlich spricht Spiritualität viel mehr an. Ich denke dabei in eine absolut freie Richtung, ohne Amtskirche und ohne Religion. Die Transzendenz hat für mich eine große Bedeutung und macht einen kleinen Teil meines Lebens aus. Aber sie wird in keiner Weise von irgendwelchen Gottheiten dirigiert, weder männlichen noch weiblichen.

Subjektives Alter(n)

Manchmal habe ich das Gefühl, als würde nur ich alt werden. Aber wenn ich in den Kreis meiner Freundinnen blicke, dann sehe ich, dass das nicht stimmt, aber dass wir alle unterschiedlich altern. Diese Frauen erleben das Altern sehr verschieden: Eine, sie ist um einiges älter als ich, organisiert selbst noch Einladungen mit Gästen und allem drum und dran. Dann gibt es eine andere, die sehr viel jammert, und eine dritte, die in ihrer Gartenarbeit aufgeht. Es ist also subjektiv, wie sie mit dem Altern umgehen. Manche empfinden das Alter als schrecklich und andere wieder überhaupt nicht. Ich würde mich nicht trauen, eine allgemeine Aussage zu treffen.

Ich kenne leider nicht viele alte Männer, aber diejenigen, die ich kenne, altern anders als die Frauen, die ich kenne. Bei den meisten Männern ist das Altern mit Statusverlust verbunden, und ihnen, die sich nur über ihre Arbeit oder ihre Position definiert haben, geht es damit sehr schlecht. Ich vermute, dass darin auch ein Grund liegen könnte, warum Männer früher sterben. Frauen sind im Gegensatz dazu beweglicher und haben einen Reichtum an Möglichkeiten, auch wenn es der Küchengarten ist oder das Versorgen der Enkelkinder. Sie haben Alternativen zum „Jemand-gewesen-Sein".

Mir fällt öfters bei alten Menschen auf, dass sie die Sorge um ihre Beschwernisse zum Lebensinhalt machen. Dies sind solche, die nur mehr bei Ärztinnen und Ärzten sitzen und nur mehr um ihre „Wehwehs" besorgt sind. Beschwerlichkeiten, Schmerzen und Lästigkeiten sind Teil des Alterns. Mein Zugang dazu ist ein ziemlich kaltschnäuziger: „Willst nicht auch ein bisschen leiden, dann verabschiede dich beizeiten." Das Altern hat interessante Seiten, aber auch schmerzhafte. Wer das nicht will, Angst davor hat oder die Schmerzen zum Zentrum des Lebens macht, wird leiden. Aber es besteht auch die Möglichkeit, es als Beigabe des Alterns zu sehen und zu sagen: „Okay, ich spüre meine Schmerzen, aber sie dirigieren mich nicht. Sie sind zwar Teil meines Alters, aber nicht meiner Person."

Für mich steht im Vordergrund, dass ich geistig fit bin, mich für vieles interessiere und am Leben teilhaben kann. Dadurch werden Schmerzen nicht so wichtig, sie laufen mit.

Positives Alter(n)

Ich lache gerne, aber ich bin eher ein ernsterer Mensch und befasse mich mit Dingen, die gar nicht lustig sind. Das ist möglicherweise im Alter stärker geworden. Ich habe mich furchtbar mit den Problemen der Welt herumgeschlagen und mitgelitten, was immer passiert ist. Das tue ich viel weniger.

Ich habe ein Spenderherz. Dadurch habe ich viele Co-Transplantierte kennengelernt und habe erlebt, dass sie sich, nachdem das wirklich ein großer Eingriff im Leben ist, in ihr Drama haben hineinfallen lassen, dass sie nichts mehr von dem Leben hatten, das ihnen neu geschenkt worden ist. Und mir hat diese Erfahrung schon damals, da war ich 72 Jahre alt, ein Gefühl der Kostbarkeit des Lebens geschenkt. Ich war glücklich, dass ich wieder da war, und dass ich noch Jahre leben darf.

Es kommt wahrscheinlich sehr auf den Menschen an, wie viel Lebensenergie und wie viel Lebenszugewandtheit man hat. Das mag jetzt banal klingen: Aber um Lebenszugewandtheit zu haben, muss man auch trotz all dem Schlechten und Hoffnungslosen auf der Welt das Leben lieben. Wir lieben ja auch Menschen, und manchmal halten wir sie fast nicht aus, das schmälert aber nicht unser Grundgefühl der Liebe. Genauso halte ich es auch mit dem Leben. Ich kann damit hadern und sagen: „Verdammtes Leben, es gibt nichts wie Ungerechtigkeiten", und dann denke ich wieder an die vielen fabelhaften Menschen, die es gibt. Das ist für mich weiterschauen und nicht bei dem Bedrückenden stehen zu bleiben.

Meine positive Sicht auf das Leben ist sicher stärker als in jüngeren Jahren, und daran ist auch eine Hoffnung für die Generationen nach mir geknüpft. Aber was meinen Blick in die Zukunft betrifft, bin ich skeptischer geworden, fast pessimistisch durch die Entwicklung der letzten Jahre.

Rückblicke

Erst heute im Rückblick wird mir klar, dass ich eine außergewöhnliche Biographie habe. Das klingt so, als wäre mir etwas gelungen. In der Tat ist mir etwas gelungen, habe ich etwas aus dem, was mir der Augenblick geboten hat, gemacht. Aber ich sehe mich nicht nur als Bevorzugte, sondern ich fühlte mich oft behindert in meinem Tun.

Als ich mit 17 Jahren quer durch das brennende Deutschland flüchtete, war ich heimatlos. Ich hatte kein Dach über dem Kopf, es war kein Mensch da, der mich geschützt hätte, oder der mir eine Unterkunft geboten hätte. Ich wurde über Nacht als relativ behütetes junges Mädchen hinaus in eine chaotische Welt geworfen und hatte die Verantwortung für mich zu übernehmen. Mir blieb gar nichts anderes übrig, sonst wäre ich einfach untergegangen.

So eigenartig es klingen mag, aber es war für Flüchtlinge damals eine leichtere Zeit als heute, weil es damals allen Menschen schlecht ging. Ich war unter lauter Flüchtlingen, alle waren arm und alle hatten Hunger. Ich hatte nie das Gefühl, ein schlimmes Schicksal zu erleiden, sondern fühlte mich mit dem, dass ich als Kind zu Hause lernen durfte, privilegiert. Ich hatte die Möglichkeit gehabt, Sprachen zu lernen, und ich konnte mich bewegen. Ich sah mein Schicksal nie als ein besonders trauriges an, obwohl ich einsam war und mich fürchtete, und obwohl ich annehmen musste, dass außer mir niemand von meiner Familie mehr lebte. Aber ich hatte nie Selbstmitleid, sondern nutzte meine Energie, um zu überleben.

Ich tat, was die Situation erforderte. Rückblickend würde ich heute viel organisierter vorgehen. Aber das sage ich mit meinem Wissen von heute, damals war es nicht anders möglich. Ich habe auch nicht das erreicht oder das tun können, was ich wollte und erstrebte. Zuerst hat die Situation des Krieges und die Armut mein Leben in völlig andere Bahnen gelenkt. Dann kam das Handicap vieler Frauen, besonders in der damaligen Zeit: Ich heiratete und hatte drei Kinder, und bedachte nicht, dass ich dadurch in meiner beruflichen Entwicklung sehr gebremst werde. Heute können sich Frauen auch anders entscheiden, aber ich konnte das damals nicht, ich hatte das noch nicht in meinem Denken. Ich habe mich an gegebene Situationen anpassen müssen.

Ich begann mehrere Studien, schloss aber keine ab. Ich konnte mein Studium nicht mit der Versorgung meiner Kinder vereinbaren. Ich hatte für drei Kinder, zwei davon waren Zwillinge, zu sorgen, finanziell, seelisch, materiell, in jeder Hinsicht, war also stets berufstätig. Dazu kam mein Engagement in der Frauen- und Umweltbewegung. Ich hätte sehr gerne Medizin fertig studiert und wollte in die Gehirnforschung. Aber in Afrika, wo ich hinmigrierte, war dies nicht möglich. Heute frage ich mich, wenn ich ein zweites Leben hätte, ein drittes in meinem Fall, ob ich mich immer noch für die Gehirnforschung interessieren würde. Ich glaube ja, weil da vielleicht Hinweise zu finden sind, warum wir sind, wie wir sind, und wir handeln, wie wir handeln. Es ist ein Thema, das mich nach wie vor interessiert.

Rückblickend ist mein Leben das Ergebnis vieler mehr oder weniger glücklicher Umstände. Ich habe situationsspezifisch entschieden, das ist alles. Ich blicke heute nicht mehr mit Wehmut auf nicht ergriffene Möglichkeiten oder verlorene Chancen. Viele Jahre habe ich gehadert, aber das tue ich schon lange nicht mehr, denn letzten Endes war meines ein reiches Leben. Ich bedaure nichts, denn das Positive in meinem Leben wiegt sehr viel, und mein Leben bliebe dasselbe, auch wenn ich es bedauern würde. Also bin ich lieber froh über das, was ich hatte.

Brennen im Leben

Voll entbrannt bin ich für die Anti-Atom-Bewegung, das war mein Hauptengagement. Ich ließ mich so sehr ein, dass alle früheren Wünsche in meinem Leben in den Hintergrund traten. Es gab dieses große Ziel, Zwentendorf zu verhindern, auch in Hainburg entwickelte ich ein ähnlich starkes Engagement. Ich bin auch heute noch der Meinung, dass die Atomenergie ein Desaster für die Welt ist und wir Alternativen mehr nutzen müssten. Meine jüngeren beiden Kinder waren damals schon 15 Jahre alt, dadurch hatte ich mehr Spielraum. Aber ich hatte nie beabsichtigt, eine „Grüne Alternative" zu gründen. Das ist einfach passiert.

Es war auch keine Selbstverständlichkeit, als Frau an der Spitze einer Bewegung zu stehen und politisch an vorderster Front zu kämpfen. Das war für viele ein Schock. Genauso irritierend war es, als ich als Präsidentschaftskandidatin aufgestellt worden bin, ich habe ja nicht selbst kandidiert. Ich werde die erste Pressekonferenz nie vergessen, in der mich ein Journalist fragte: „Was sagt denn Ihr Mann dazu, dass sie kandidieren?" Ich habe gesagt: „Wenn Sie mir sagen, was Frau Waldheim dazu sagt, dass ihr Mann kandidiert, antworte ich gerne." Da war Stille. Aber allein diese Frage zu stellen, war eine Zumutung. Es interessierte nicht, wer ich bin, was ich möchte und wie mein Programm aussah. Sondern wichtig war, was mein Mann dazu sagt, dass seine Frau da sitzt.

Diese Präsidentschaftskandidatur war eine harte Zeit. Für mich war es kein Durchbruch, sondern ein Einbruch. Ich habe mich überreden lassen, aus eigenem Antrieb hätte ich mich nie darum bemüht, denn ich hatte große Angst vor dieser Aufgabe. Heute bin ich sehr froh, dass ich es gemacht habe, weil es zur besonderen Erfahrung wurde, aus der ich eine Menge erfuhr und lernte.

Vielleicht könnte ich mein Leben auch als ein Etwas bezeichnen, in dem schwere und schöne Zeiten durcheinanderwirbelten. Zweifellos waren es mehr harte Zeiten als leichte und schöne, aber auch die schwierigen Zeiten waren nicht sinnlos, sondern haben mir im Nachhinein immer neue Erfahrungen und Chancen eröffnet.

Feminismus

Für mich war der Feminismus ein großer Augenöffner. Ich habe den Mai 1968 in Paris erlebt und war mitgerissen von der Energie, die von der Studentinnen- und Studentenbewegung ausging. Ich sehe mich heute noch in meiner Erinnerung staunend vor einem Slogan stehen, der auf die Wände geschmiert war: „Es ist verboten zu verbieten!" Ich dachte mir: „Sind die verrückt geworden, was soll das heißen?"

Aber plötzlich habe ich es verstanden: Uns Frauen ist vieles verboten. Unsere Positionen als Frauen, unsere Lebensläufe und unsere Rollen sind festgeschrieben. All das ist auf mich eingestürzt. Ich hatte das große Glück, diese großartigen Frauen von „Psychologie et Politique" kennenzulernen, intellektuelle Französinnen, Psychoanalytikerinnen und Philosophinnen. Ich hörte zu und war vom Niveau der Diskussionen beeindruckt.

Das war eine ganz wichtige Phase in meinem Leben, denn ich fing an, mich in meinen Rollen zu sehen und mir eine Menge Fragen zu stellen: Warum folge ich meinem Mann, wenn er einen wunderbaren Job bekommt, und muss meinen auch nicht uninteressanten aufgeben? Warum sitze nur ich, die genauso arbeitet und am nächsten Tag aufsteht, die ganze Nacht beim kranken Kind? Warum legt nicht der Vater das Kind einmal in den Kinderwagen und geht mit ihm spazieren? Warum wechselt er nie die Windeln? Ich stellte mir Fragen, die mir vorher nie in den Sinn gekommen waren. Ich komme aus einer Generation, wo die Rollen von Mann und Frau vorgegeben waren. Ich fing an zu lesen: Betty Friedan war die erste, Simone de Beauvoir natürlich, diese Urliteratur. 1972 kam ich nach Wien zurück und bin als 13. der AUF, der Aktion Unabhängiger Frauen, beigetreten. Damals war Feminismus meine nebenberufliche Hauptbeschäftigung.

Erst als mir die Bedrohung unserer Natur so schmerzhaft bewusst wurde, dominierten die damit zusammenhängenden Probleme. Es war mir klar und es ist mir heute unverändert klar, wie wichtig der Feminismus war und ist. Ich habe selbst zahlreiche feministische Texte geschrieben. Aber dennoch, die Gefahr durch die Atomenergie wurde zu meiner absoluten Priorität. Das haben mir manche Feministinnen übel genommen. Für sie gab es nur Feminismus und alles hatte sich daraus zu definieren. Ich sah das anders. Heute sehen das die Feministinnen, mit denen ich spreche, auch wieder anders. Sie erkennen die Gemeinsamkeit in der Ausbeutung der Natur und der Frauen. Ich würde mich nach wie vor eine zutiefst überzeugte Feministin nennen, aber setze hinzu, dass für mich persönlich Feminismus nicht mehr das wichtigste Problem ist.

Die Entwicklung, die ich miterlebte, ist unglaublich. Unsere Töchter, sie stehen längst auf unseren Schultern. Wir haben uns damals über den Lohn für Hausfrauen den Kopf zerbrochen. Nun sehe ich Frauen, die die gläserne Decke angekratzt, durchlöchert und auch schon ganz durchbrochen haben, in Frankreich, in Amerika, in Österreich etwas zaghafter. Sehr viele Frauen sind darunter, die ich heute male-adapted-women nenne, die sich männlichen Normen anpassen, um in ihrer beruflichen Karriere weiterzukommen. Mir fällt das in der österreichischen Politik sogar sehr stark auf. Eine Politikerin kommt nicht in eine hohe Stellung, wenn sie echte Opposition betreibt. Johanna Dohnal ist die Einzige, an die ich mich erinnere. Zurzeit sehe ich in erster Linie der Partei ergebene Frauen, die selten Feministinnen sind. Ihr Handlungsspielraum ist oft nicht groß, und es ist ein Zurück nach gestern auf die konservative Seite festzustellen. Aber ich bin dennoch optimistisch, weltweit wird es immer schwieriger, den Anspruch auf totale Männerherrschaft aufrechtzuerhalten.

Mut zum Alter(n)

Ich halte es für ganz wichtig, dass wir Älteren auch weitergeben, was am Alter positive Aspekte sind. Zum einen ist da diese innere Freiheit, jeder und jedem auf gleicher Augenhöhe zu begegnen, die man früher vielleicht nicht hatte. Früher haben wir uns vielleicht vor mächtigen Männern gefürchtet, auch vor mächtigen Frauen, und sind uns klein und unbedeutend vorgekommen. Das vergeht. Man bekommt mehr Respekt vor sich selbst und merkt: „Du bist du und du bist in Ordnung, wie du bist", auch wenn jemand anderer oder eine andere in einem Spezialbereich mehr weiß. Das ist gut und wichtig für sie oder ihn und hoffentlich auch gut für die Welt, aber mich beeindruckt das wenig. Sie oder er ist ein Mensch wie ich. Dieses Gefühl, dass ich irgendwo riesige Flügeltüren aufmachen und vergnügt hineingehen kann in eine Menge wichtiger Leute, und in mir kommt nicht das leiseste Gefühl auf, unterlegen zu sein oder nicht schön genug oder nicht jung genug oder nicht klug genug, dieses Gefühl ist wunderbar.

Ich weiß nicht, ob die junge Generation genauso hadert, wie wir gehadert haben, dass wir nicht so sind, wie wir sein „sollen", nicht so schön und schlank wie auf den Werbeplakaten; damit, dass unsere Busen zu klein oder zu groß sind, dass wir nicht klug genug sind und nicht so schnell denken können wie wir sollten. Wir waren doch dauernd Mängelwesen in uns selbst. Als ob mich das als Mensch geändert hätte?! Ich hatte viele Ängste. Das Leben lehrte mich, dass diese Ängste nicht notwendig sind. Wir müssen uns nur zutrauen, wir selbst zu sein.

Wir sind wir, wenn wir authentisch sind und uns so sein lassen, wie wir sind, wenn wir keine Rollen spielen, um allen und uns selbst zu beweisen, dass wir dazugehören, sondern sagen, was wir empfinden. Deshalb möchte ich hier wiederholen, was ich auch damals in der Ringvorlesung gesagt habe: Fürchtet euch nicht vor dem Alter, sondern nehmt das Positive an! Es liegt so viel Stärkendes im Alter, das ihr vorher nicht hattet: das Nicht-dabei-sein-Müssen, das Nicht-irgendeinem-Bild-entsprechen-Müssen, die Chance, sich unserer inneren Entwicklung bewusst zu sein, die in Wirklichkeit eine Übersicht, eine Durchsicht und eine Einsicht vermittelt, die vielleicht nicht unbedingt glückselig macht, aber realistisch ist. Die Altersbeschwerden sind da, aber man lernt, sich nicht von ihnen beherrschen zu lassen. An das in uns, das sich ausbreitet und aufgeht, daran sollten wir denken. Das Alter kommt in jedem Fall, auch wenn wir uns davor fürchten. Deshalb fürchtet euch nicht, es gibt viel Gutes im Alter. Wir reifen und das Alter ist der Höhepunkt unserer Reife.

AutorInnenverzeichnis

Ulrike Aichhorn, a.o. Univ.-Prof.[in] Mag.[a] Dr.[in]; Universität Salzburg, venia docendi für Rechtsgeschichte und Frauenrecht, Gastprofessorin in Wien, Klagenfurt, Graz, Mitglied der Marie-Andeßner-Jury. Aktuelle Forschungsschwerpunkte: Das Recht der Partnerschaften (Familienrecht, Eherecht, nicht eheliche Lebensgemeinschaft, gleichgeschlechtliche Partnerschaften, eingetragene Partnerschaften), Universitätsrechtsgeschichte.

Christiane Bahr, Dr.[in]; Klientenzentrierte Psychotherapeutin und Personzentrierte Supervisorin in freier Praxis, weiters Psychologin und Lektorin im Fachbereich Erziehungswissenschaft der Universität Salzburg, sowie Redaktionsmitglied der Fachzeitschrift „Person" – Internationale Zeitschrift für Personzentrierte und Experienzielle Psychotherapie und Beratung. AFS: Geragogik, Gerontagogik, Nachhaltigkeit, Gerontopsychotherapie/Gerontopsychologie, Supervision, Coaching.

Andrea Bramberger, Univ.-Doz.[in] Mag.[a] Dr.[in]; Studium der Pädagogik, Psychologie und Soziologie in Salzburg. Doktorat 1994, Habilitation 2000. Arbeits- und Forschungsschwerpunkte: Kulturelle und ästhetische Erziehung und Bildung, Frauen- und Geschlechterforschung, Historische und kulturelle Anthropologie.

Cornelia Brunnauer, Mag.[a]; Universität Salzburg, gendup, Zentrum für Gender Studies und Frauenförderung. Studium der Erziehungswissenschaft und Gender Studies. Mitglied im Interdisziplinären ExpertInnenrat für Gender Studies. Areits- und Forschungsschwerpunkte: gender sensible Sozialpädagogik, Laufbahnberatung und Jugendarbeit sowie Gender Studies.

Gabriele Hörl, Ass.Prof.[in] MMag.[a] Dr.[in]; Universität Salzburg, Fachbereich Erziehungswissenschaft. Studium der Erziehungswissenschaft und Soziologie. Stellvertretende Vorsitzende des Interdisziplinären ExptertInnenrats für Gender Studies. Aktuelle Forschungsschwerpunkte: Gender Studies, Bildungsforschung, Beratung, Evaluation.

Bernhard Iglseder, Primar Univ.-Prof. Dr.; Facharzt für Neurologie und Psychiatrie, Professor für Geriatrie an der PMU Salzburg, Mitglied des Beirats für Altersmedizin des BMGFJ, Vorstand der Christian-Doppler-Klinik Salzburg für Geriatrie, Stellvertretender Ärztlicher Direktor der Christian-Doppler-Klinik. Arbeits- und Forschungsschwerpunkte: Schlaganfall, Atherosklerose, Neurologische Intensivmedizin.

Meike Lauggas, Mag.[a] Dr.[in]; Studium der Geschichte und Politikwissenschaft, Soziologie, Philosophie in Innsbruck, Wien und Neapel. Lehrbeauftragte an mehreren Universitäten. Freiberufliche Trainerin, Moderatorin und Coach. Aktuelle Forschungsgebiete: Transferprozesse von Geschlechterwissen, lebensbegleitendes Lernen, Medizingeschichte.

Ingrid Schmutzhart, Mag.[a]; Universität Salzburg, Studium der Rechtswissenschaften und Gender Studies. Leiterin des gendup, Zentrum für Gender Studies und Frauenförderung. Mitglied im Interdisziplinären ExpertInnenrat für Gender Studies. Rechtsberaterin. Arbeits- und Forschungsschwerpunkte: Familienrecht, Gleichbehandlungsrecht, Gender Studies.

Irmtraud Voglmayr, Dr.[in]; freie Sozialwissenschafterin. Studium der Publizistik und Kommunikationswissenschaft. Feministisches Grundstudium. Lehrbeauftragte an den Universitäten Wien, Linz, Salzburg sowie der Universität für Bodenkultur Wien. Schwerpunktthemen: Alter(n)forschung, Medientheorie, Prekäre Lebenswelten in den Medien. Stadt- und Freizeitforschung.

Beate Wimmer-Puchinger, a.o. Univ.-Prof.[in] Dr.[in]; Klinische und Gesundheitspsychologin, Frauengesundheitsbeauftragte der Stadt Wien, Professorin am Institut für Psychologie der Universität Salzburg, Lehrtätigkeiten im In- und Ausland, Reviewerin int. Fachzeitschriften, Vorstandsmitglied der ISPOG, ORF-Stiftungs- und Publikumsrätin, Forschungsprojekte: reproduktive Gesundheit, Gewalt in der Familie, Sexualität.

Renate Wieser, MMag.[a] Dr.[in] theol.; Akad. Gerontologin; Wissenschaftliche Mitarbeiterin am Institut für Praktische Theologie der Kath.-Theol. Fakultät Wien. Forschungsschwerpunkte: Religions/Gerontologie, theologische Genderforschung und feministische Theologie, qualitative Sozialforschung, Erwachsenenbildung in den Bereichen Spiritualität im Älterwerden und kirchliche SeniorInnenarbeit.

ırer's authorised representative in the EU is Springer

' Service Centre GmbH, Europaplatz 3, 69115 Heidelberg,

ʻe any concerns regarding our products, please

@springernature.com

ʻroup (UK) Ltd, Croydon, CR0 4YY

V/2026

ʻ-0011